21 世纪高职高专规划教材 ◆ 旅游与酒店管理系列

旅游心理学

（第三版）

LÜYOU XINLIXUE

吕 勤 沈 苑 编著

中国人民大学出版社
·北京·

第三版前言

旅游心理学是心理学的一门分支学科，是将心理学应用于旅游和旅游业中的一门新兴学科。国外学者对旅游心理学的研究始于20世纪70年代末期，其研究的思路主要有两条：一条思路是以旅游消费者为对象，分析知觉、学习、人格、动机、态度等心理因素以及角色与家庭、参照群体、社会阶层、文化和亚文化等社会因素对旅游消费行为的影响，总结旅游者消费行为的一般规律；另一条思路是以相互作用分析理论为基础，研究旅游接待业中的旅游工作者和旅游者的互动关系。

1986年，浙江教育出版社翻译出版了美国学者小爱德华·J. 梅奥和兰斯·P. 贾维斯两位博士所著的《闲暇旅行心理学》(*The Psychology of Leisure Travel*)，中译本即称为《旅游心理学》。该书自译成中文以后，对国内的旅游心理学教学和研究产生了深远的影响。同年，南开大学出版社出版了我国自行编写的第一部旅游心理学教材《旅游心理学》，这是我国最早的旅游心理学著作，编者为上海旅游专科学校的屠如骥、南开大学的甘朝有、北京第二外国语学院的吴正平和王柯平。该书分为四编，按照"总论""旅游者心理""旅游服务心理""旅游企业管理心理"的顺序编排。"旅游者心理"部分参照《闲暇旅行心理学》的结构，探讨了旅游消费者的动机、知觉、态度、人格以及团体对旅游者的影响，并分析了旅游者心理和行为的一般特征；"旅游服务心理"探讨了旅馆服务、导游服务、旅游商品服务、旅游交通服务等几个旅游服务环节的心理；"旅游企业管理心理"则全盘借鉴了组织行为学关于"个体心理""团体心理""领导心理"的内容。这样构架起"消费者行为学和组织行为学在旅游业中的应用"的体系。以后国内诸多学者编撰的旅游心理学教材基本上沿用了梅奥和贾维斯的思路，因袭了屠如骥等主编的《旅游心理学》构建的体系。

20世纪80年代末期，现任北京首都旅游集团有限责任公司副总裁张润刚先生带回瑞士洛桑酒店管理学院所使用的教材《饭店心理学和饭店销售技巧》。该书上篇完整地介绍了一种源于精神分析学派的心理治疗的理论——相互作用分析理论，这种理论后来发展成为一种帮助人们了解别人、了解自己、了解人与人之间关系的心理训练方法和人际交往分析工具；下篇则探讨了相互作用分析理论在饭店销售和饭店服务中的应用。美国旅游专家伦德博格在其著作《接待业中的人际关系》(*Human Relation in Hospitality Industry*)中也用了大量的篇幅阐述相互作用分析理论，并运用这一理论对旅游业中的人际交往进行了深刻的分析。但是，由于这些著作迄今尚无中译本，国外学者对旅游心理学研究的另一条思路的影响远不及《闲暇旅行心理学》。

编者在编撰这部《旅游心理学》教材时，就尝试着整合国外学者对旅游心理学研究的两条思路，在全面借鉴和总结西方学者关于旅游教育与科研中的资料和观点，吸取日本学者的旅游和服务心理学思想，以及我国学者大量研究成果的基础上建立一个比较完整的旅游心理学体系。第二版修订时，删去了与整个教材关联度不大的“现代心理学三大流派”一章，代之以作为旅游心理学理论基础的心理学的一些相关理论；合并了原书中关于旅游工作者心理素质的两章内容；相关章节增加了一些新的研究成果，并在每一章前后都增加了“导入案例”和“案例分析与讨论”。

为了使教材的体系更加完整，此次修订增加了“旅游产品与营销”和“严与爱相结合的旅游企业员工管理”两章内容，主要探讨了旅游产品设计和旅游营销中的心理学问题，以及心理学在旅游企业员工管理中的应用，这个体系涵括了心理学在旅游营销、旅游服务和旅游管理中的应用，形成了一个相对全面的构架；在第一章的第一节中增加了“情绪理论与旅游者的旅游行为”的内容，与后面第三章的第二节“影响旅游消费的心理因素”中的“情绪对旅游消费的影响”相呼应；更新了部分章节中的“导入案例”和“案例分析与讨论”。此次修订还删去了第二章第四节“旅游产品的提供与设计”以及第九章第一节中的“双胜原则与管理”的内容，因为这些内容与补充的章节具有一定的重复。

本书以党的二十大精神为引领，全面贯彻党的教育方针，落实立德树人根本任务，推进习近平新时代中国特色社会主义思想进教材、进课堂、进头脑，力求成为培根铸魂、启智增慧、适应时代要求的精品教材。全书由吕勤谋篇构思，提出思路和构建框架。本次修订主要由吕勤和沈苑参与，新增加的两章内容以及第一章的第一节中关于“情绪理论与旅游者的旅游行为”的内容由吕勤编写，沈苑修订和整理了部分章节的“导入案例”和“案例分析与讨论”，并对文字进行了润色。

由于编者水平有限，书中难免有疏漏和错误，恳请使用本教材的教师和同学们提出批评和改进的意见。

最后，衷心感谢中国人民大学出版社对本教材出版的支持！

编　者

目录

第一章
心理学与旅游

学习目标

通过本章的学习,你将了解、掌握:

1. 从心理学角度研究旅游的两条思路;
2. 影响旅游者行为的心理因素;
3. 相互作用分析理论的四个组成部分。

导入案例

小张在北京一家酒店餐饮部已经工作一年多了，这天她刚接待完一桌客人，就听到隔壁桌的客人怒气冲冲地叫她，小张赶紧过去询问客人发生了什么，客人十分生气，指着还剩了很多的菜肴说:“为什么点菜的时候你们也不提醒一下菜量的大小，让我点了这么多菜，剩下这一大堆菜吃不完怎么办？太浪费了嘛！要不，你把它们全吃了。”小张看了一下这个客人的桌子，确实有好几盘菜只动了几口，还剩了不少。她明白这也并不全是服务员的错，但她还是温和地对客人说:“先生，实在很不好意思，是我的同事刚才疏忽了，没注意到您这一桌有老人，如果可以的话，我帮您打一下包，好吗？这些菜的味道很不错的，回去热一热还可以吃。”客人的情绪还没有完全平复下来，欲言又止。小张接着说:“下次我们一定会注意提前说明，再次向您表示歉意，也谢谢您对我们酒店的支持!”小张诚恳的态度使客人转变了态度，不再发脾气了，而是示意小张打包。小张带着歉意点点头，赶紧拿来包装盒利索地打起包来。

案例中的服务员小张巧妙地运用了相互作用分析中的“三个自我”理论应对客人的“家长自我”，通过向客人诚恳地道歉来平复客人的情绪，诱导出对方的“成人自我”，把交往引入“互补的相互作用”的轨道。

第一节 从心理学角度研究旅游消费者

一、知觉理论与旅游者的旅游行为

（一）知觉理论

知觉是选择、组织并解释感觉刺激，使之成为一个有意义的、连贯的整体映像的过程。知觉有以下特点。

1. 选择性

人的感官和大脑接受、加工信息的能力是有一定限度的，加上主体的主观经验和情感的影响，于是人在对外界的众多刺激进行知觉时，只能以少数事物为对象，而以其他事物作为背景，这就产生了知觉模糊，如图 1－1 所示。

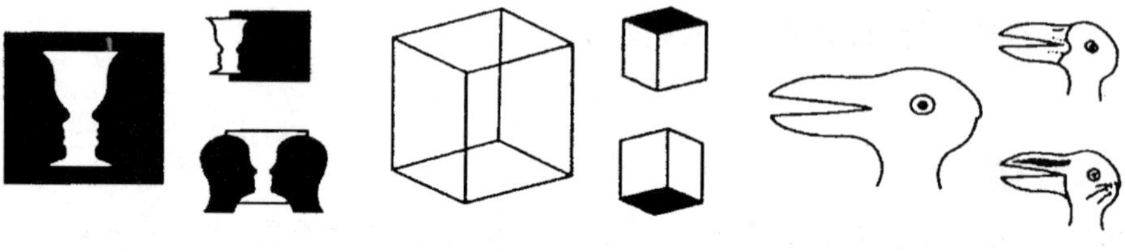

图 1－1 知觉模糊

资料来源：理查德·格里格，菲利普·津巴多．心理学与生活．19 版．北京：人民邮电出版社，2016：106.

“花瓶还是人脸”和“Necker 立方体”的例子表明了知觉组织阶段的模糊性。在“花瓶还是人脸”的图中，如果以黑色为对象，而以白色为背景，看到的是两个相对的人脸；如果以白色为对象，而以黑色为背景，则看到的是一个花瓶。“Necker 立方体”可以看成从左下方朝上的或者右上方朝下的三维中空的立方体。对于这两个图形，模糊变换都是由于三维空间中的物体在物理上的不同安排，但都基于同一个刺激图形。

“鸭子还是兔子”的例子表明了知觉识别阶段的模糊性。在两种解释中，其物理形状是相同的，模糊性出现在决定它代表哪种动物以及在这种信息混淆的情况下如何对其进行分类。

2. 整体性

知觉的整体性是指超越部分感觉刺激相加之总和所产生的一种整体性经验。

比如苏州园林中，山石、流水、小桥、植物、楼亭单独看起来无甚趣味，但组合在一起就会构成从各个角度看都不同的精美画面；看一个人也绝不是对头发、眼睛、嘴等分散来看的，而是作为一个整体来感知的。

知觉的整体性遵循以下三个原则：

（1）邻近性原则。

人们对于在时间、空间上彼此接近的感觉刺激，容易知觉为一个整体。在图 1－2 中，人们知觉上倾向于按行构成图形，即通常会看作 4 行，而很少看成 9 列。这一原则经常被运用到旅游广告的画面处理上。

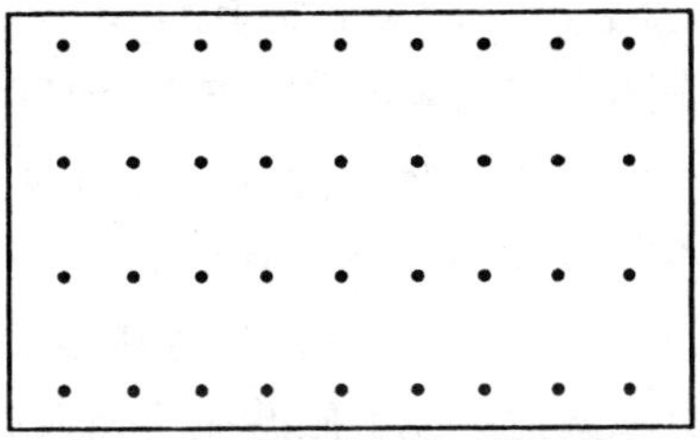

图 1－2　邻近性对知觉的影响

资料来源：马谋超，高云鹏. 消费者心理学. 北京：中国商业出版社，1997：31.

（2）相似性原则。

人们容易将在形状、颜色、大小或其他属性上相似的刺激归为一类。在图 1－3 中，人们通常把三角形知觉为一列，把圆形知觉为一列，而很少会按行排列。我们也经常把这一原则用于旅游宣传中，如将某个风景区命名为“小桂林”“小三峡”等，就是利用其与著名景区的相似性来招徕游客。

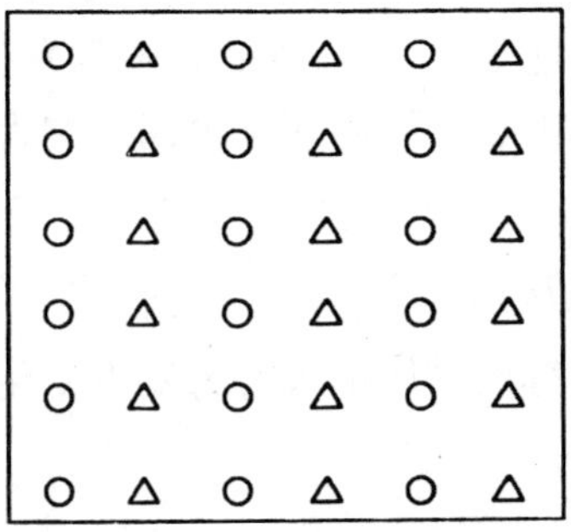

图 1－3　相似性对知觉的影响

资料来源：马谋超，高云鹏. 消费者心理学. 北京：中国商业出版社，1997：32.

（3）完好性（封闭性）原则。

对于不完整的、零散的刺激，知觉倾向于将其充满与完善，大脑会自动补充某些信息使之成为“完形”。在图 1－4 中，对于左边的图形，人们通常会知觉到一棵杉树，但其实这里并没有杉树的图形；右边的图形则通常被知觉为一个三角形叠加在另一个三角形上，其实这两个三角形都不是真实存在的，而是知觉的完好性造成的错觉。在山水旅游中，人们常把互相没有关联的山水景物联系在一起知觉，然后加以想象，使之形成一个整体。

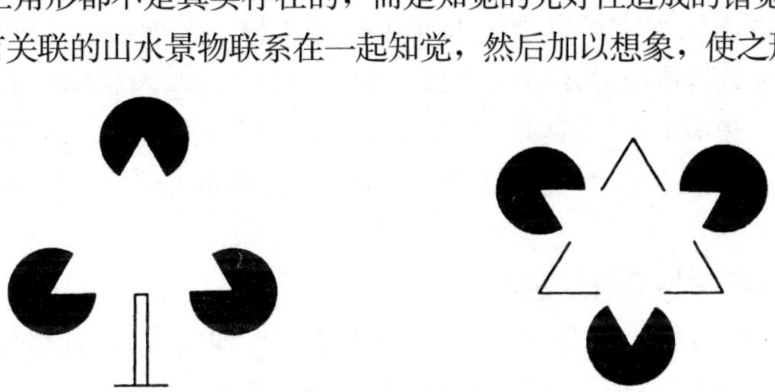

图 1－4　完好性对知觉的影响

资料来源：理查德·格里格，菲利普·津巴多. 心理学与生活. 19 版. 北京：人民邮电出版社，2016：115.

3. 理解性

知觉是一个主动的信息加工过程，人们将其意识、经验、情感、态度融入其中，并将知觉的对象用词、概念表述出来的倾向称为知觉的理解性。

知觉的理解性对旅游者有着十分重要的意义。它会使旅游富有乐趣，使旅游者获得更多收获。自然的山水原本是没有意义的，但经过人们的"加工"就变得有旅游价值了。如北京市房山区著名的"石花洞"，对某些特殊形状的钟乳石进行神话式、拟人式、拟物式的理解就会使其更具魅力。经常旅游能增强人们对旅游的理解性。

（二）知觉与旅游行为

世界是一个复杂的环境，知觉是一种复杂的过程，不同的人对同一事物有不同的知觉，因此会做出不同的反应。有同样的需要和动机的旅游者也会选择不同的方式来使其旅游需求得到满足。有不同的知觉就会有不同的选择，旅游经营企业如果能够对旅游者的知觉施加影响，就能使他们的惠顾行为发生对自己有利的变化。而且，某地实际上是什么样子，这是一回事；某地在某人的心目中是什么样子，即某人对某地产生了什么样的知觉，这又是另外一回事。某人改变了对某地的态度，可能是因为某地的实际情况发生了变化，也可能是某人对某地的知觉发生了变化。旅游经营企业做广告、搞宣传，实际上都是通过影响人们的知觉进而影响人们的态度和行为。

二、学习理论与旅游者的旅游行为

学习是通过积累经验和获得信息使个人行为发生变化的过程。

（一）几种学习理论学说

1. 桑代克的试误说

20 世纪初，美国心理学家桑代克提出：人的学习是尝试错误的结果。他将一只猫关在笼里，笼中有许多按钮，其中只有一个可以打开笼门，猫经过多次错误尝试后找到了可以打开笼门的按钮，学会了开笼门的行为。桑代克通过这个实验总结出：带来满意后果的行为被重复的可能性更大，而导致不满意后果的行为被重复的可能性很小。

2. 条件反射学习理论

（1）巴甫洛夫的经典条件反射学习理论。

20 世纪初，俄国生理学家巴甫洛夫在对狗的实验中发现，每次喂食时都响一声铃，食物刺激狗的舌头引起唾液分泌（无条件反射），铃声（无关刺激）和食物（无条件刺激）多次结合后，单有铃声无食物时也可引起狗的唾液分泌。这时学习或者条件联系就产生了，铃声由无关刺激变成了条件刺激（食物的信号）。经典条件反射图解如图 1－5 所示。

（2）斯金纳的操作性条件反射学习理论。

经典条件反射的过程公式是 S－R（S 即刺激，R 即反应），而操作性条件反射公式正相反，是 R－S。美国心理学家斯金纳认为个体先有行为反应，再经过无条件刺激强化，才发生学习。

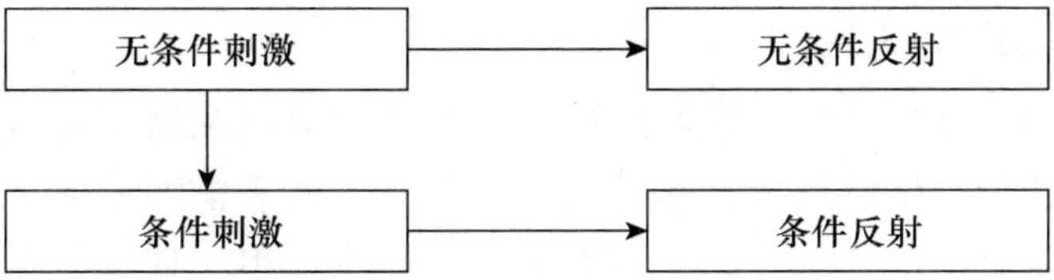

图 1-5 经典条件反射图解

资料来源：JERRY M BURGER. 人格心理学. 8 版. 陈会昌，译. 北京：中国轻工业出版社，2014：270.

斯金纳是新行为主义心理学的代表人物。他用著名的“斯金纳箱”做了大量的动物实验，最著名的实验是在实验箱内放一只处于饥饿状态的白鼠，箱子里有一个杠杆，下面放了一个盘子，上面有一盏指示灯，如果杠杆被按压，指示灯会闪亮，接着食物会掉入盘子里。白鼠在箱内不停地乱窜时，偶尔会按压到杠杆，这时指示灯就亮了，食物落到盘子里，白鼠就能获得食物，这一行为被强化几次以后，白鼠进入箱内直接按压杠杆的次数明显增加。

斯金纳的操作性条件反射学习理论是他的新行为主义理论的重要部分。他强调人的行为和行为所产生的结果，用操纵行为的后果发展出一套完整而新式的行为工程，其核心概念是“强化”。“强化”就是指用及时给予奖励的办法来增大行为重复出现的可能性。

斯金纳认为行为是可以塑造的，通过对所期望的某种行为给予奖励，这种行为就会获得强化，即“如果一个操作发生后，接着给予一个强化刺激，那么该操作强度就增加”。他研究了一系列经过系统地操纵奖赏而塑造和保持个体行为的技术。斯金纳还主张用撤销正强化（即不再给予奖赏）的方式引起行为的消退，即如果不希望某种行为发生，最好的办法是忽视这种行为而不是给予惩罚。

3. 班杜拉的相互决定论

美国心理学家班杜拉在传统的行为主义学习理论的基础上增加了认知学习的成分，强调人对环境刺激能动的反应性。他提出了由内部力量和外部力量共同决定人的行为的相互决定论，认为奖励与惩罚等外因和信念、思想与期望等内因与人的行为是相互影响的，不是环境单向影响行为，行为也可能对环境造成影响。班杜拉的相互决定论模型如图 1-6 所示，其中，外因、内因和行为之间的箭头都是双向的。

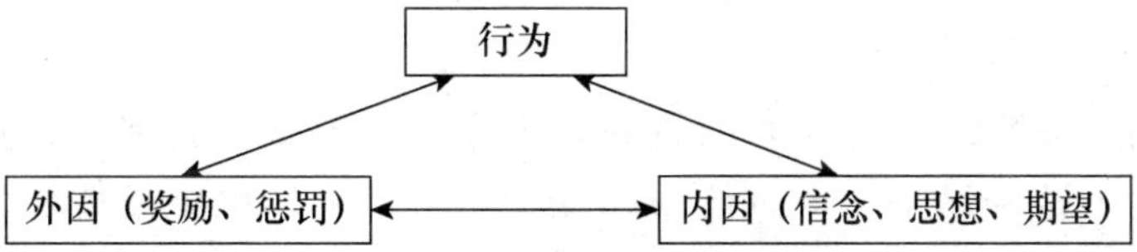

图 1-6 班杜拉的相互决定论模型

资料来源：JERRY M BURGER. 人格心理学. 8 版. 陈会昌，译. 北京：中国轻工业出版社，2014：278.

班杜拉认为，学习不仅仅发生在经典条件反射和操作性条件反射中，人们还可以通过观察别人的行为来进行学习，所以他的理论使传统的行为主义理论得到了扩展。

（二）学习与旅游行为

这里的“学习”是广义的，学习的过程是对我们自己和周围环境的变化的适应过程，学习能对旅游者的旅游行为产生重大的影响。旅游者需要学习如何消费，学习如何处理在市场上做出决定后随之产生的疑虑。旅游决策很大程度上取决于旅游者学习到了什么，而旅游者学习到的东西很大程度上取决于旅游经营者向他们输送了什么。旅游经营者应该了解旅游者的需要，向他们说明自己的产品如何能够使他们满足这些需要，以及如何能够帮助他们克服伴随其旅游决策而产生的风险和心中的疑虑。旅游经营者可以通过影响旅游者的学习进而影响其态度和行为。

三、人格理论与旅游者的旅游行为

人格是人在先天的生理基础上，在适应后天环境的过程中所表现出的系统的、稳定的态度和行为反应模式。

（一）几种人格理论学说

1. 类型人格理论——四种体液说

最早的类型人格理论是古希腊医生希波克拉底提出的。他认为人体内含有四种体液，每种体液与一种特定的气质类型相对应。气质是人格结构中稳定的、不依活动目的而转移的心理活动动力特征，具有先天性。气质主要表现在心理活动的速度、强度、灵活性、指向性方面。速度是指生活中有的人行动敏捷，有的人行动缓慢。强度是指行为、情绪等表现的程度。灵活性是指有人遇事比较灵活、反应转换快，有人则因循守旧、爱讲死理。指向性是指人是内向的还是外向的。这都是由于气质类型不同而造成的。希波克拉底把人的气质类型分为以下四种：

（1）胆汁质。

这种类型的人在情绪表现上无论是高兴还是忧愁，体验都非常强烈，情绪很快暴发，也能很快平息，易怒、易激动；在智力活动方面具有极大的灵活性，但对问题的理解有粗枝大叶的倾向；在行动方面表现得精力旺盛、生气勃勃、顽强有力，但缺乏耐心，不喜欢单调的工作内容。

总的说来，胆汁质的人外向、精力旺盛、表里如一、刚强、容易感情用事。

（2）多血质。

这种类型的人在情绪上容易表露自我，也多变、敏感，遇到不如意的事就会不高兴，但也容易马上转变过来，情感体验不深；在智力上，思维反应灵活，但往往不求甚解；行动上反应迅速，工作表现热情，喜欢参加各种活动，但工作劲头持续时间不长；对环境适应能力强，善于交往。

总的说来，多血质的人外向、反应迅速、有朝气、活泼好动、动作敏捷、情绪不稳、热情开朗。

（3）黏液质。

这种类型的人情绪比较平稳，很难出现波动的情绪状态，不容易产生强烈的不安和激情；在智力上喜欢深思，在进行任何工作之前都会进行深入细致的考虑，能坚定执行已做出的决定；行动上较为迟缓，通常会不慌不忙地去完成工作，对已习惯的工作表现出极大热情，但不容易适应新的工作和生活环境，不善于交往。

总的说来，黏液质的人内向、稳重、踏实、有些刻板、沉着冷静、缺乏生气。

（4）抑郁质。

这种类型的人在情绪上极为敏感、易动感情、细腻、多愁善感，但很少外露自己的感情，情感深刻，一旦产生就会长时间受这种情绪体验的影响，自尊感极强；在智力上，对事物的反应有较高的敏感性，能观察到一般人所觉察不出来的事物，有丰富的内心生活，想象力丰富；行动上显得缓慢、单调、深沉，很少表现自己，尽量避免出头露面，不爱与人交往。

总的说来，抑郁质的人内向、敏感、稳重、情感深刻、怯懦、孤独、行动缓慢。

从现代心理学的观点来看，上述四种气质类型只是一种典型的划分。事实上，在日常生活中大多数人的气质都是近似于某种典型的气质，同时又与其他的气质融合在一起，几乎没有人只有一种气质类型的特点。

2. 特质人格理论

（1）卡特尔的人格理论。

美国心理学家卡特尔采用因素分析技术，确定了人类人格的 16 种根源特质（见表 1－1），提出了人类人格的 16 种因素的学说，并编制了第一个得到广泛应用的、国际公认十分有效和可靠的人格测量工具——卡特尔 16 项人格因素调查表，简称 16PF。

表 1－1　　人格的 16 种根源特质

人格因素	高分特征	低分特征
A（乐群性）	外向与热心	冷漠与刻薄
B（聪慧性）	聪明与抽象思考能力强	愚钝与抽象思考能力弱
C（稳定性）	沉静与情绪稳定	不稳定与易激动
E（恃强性）	武断与好斗	温顺与随和
F（兴奋性）	热情与活泼	冷静与严肃
G（有恒性）	自觉与道德	玩世不恭与漠视规则
H（敢为性）	胆大与冒险	退缩与犹豫
I（敏感性）	幻想与敏感	讲求实际与自食其力
L（怀疑性）	怀疑与警觉	信赖与接纳
M（幻想性）	想象与心不在焉	现实与脚踏实地
N（世故性）	老练与精明	坦率与朴实
O（忧虑性）	不安与焦虑	自信与满足
Q_1（求新性）	思想自由与求新	保守与传统
Q_2（独立性）	自立与足智多谋	依赖群体与遵从
Q_3（自律性）	受约束与强迫	任性和松懈
Q_4（紧张性）	紧迫感与紧张	无拘束与沉着镇定

资料来源：JERRY M BURGER. 人格心理学. 8 版. 陈会昌，译. 北京：中国轻工业出版社，2014：131.

（2）“大五”人格因素模型。

许多特质论者对语言中描述人格的形容词进行因素分析，发现了较一致的结果：人格的基本结构是由五大因素构成的，称为“大五”人格因素模型（见表1-2）。众多的心理学家认为“大五”人格因素模型可以很好地描述人格结构。美国心理学家科斯塔（Costa）和麦克雷（Mocrae）把这五种因素命名为：神经质性（Neuroticism）、外向性（Extraversion）、开放性（Openness）、随和性（Agreeableness）和尽责性（Conscientiousness）。

表1-2　“大五”人格因素模型

因　素	高分特征	低分特征
神经质性	烦恼 不安全感 自怜	平静 安全感 自我满意
外向性	好交际 爱娱乐 感情丰富	不好交际 严肃 含蓄
开放性	富于想象 寻求变化 自主	务实 遵守惯例 顺从
随和性	热心 信赖 乐于助人	无情 怀疑 不合作
尽责性	有序 谨慎细心 自律	无序 粗心大意 意志薄弱

资料来源：JERRY M BURGER. 人格心理学. 8版. 陈会昌，译. 北京：中国轻工业出版社，2014：131.

神经质性维度反映人们情绪的稳定性和情感调节过程。在神经质性的维度得高分的人会经常感到忧伤、情绪容易波动；而得低分的人多表现为平静、自我调适良好，不易于出现极端和不良的情绪反应。

外向性维度得高分的人大都热情、自信、精力充沛，还具有幸福感强和善社交的特性；而得低分的人这些表现则不突出，通常表现为“含蓄而不是不友好，自主而不是追随他人，稳健而不是迟缓”。

开放性是指对经验持开放、探求态度，而不仅仅是一种人际意义上的开放。构成这一维度的特征包括活跃的想象力、对新观念的自发接受、发散性思维和好奇心。得分高的人独立性和创新性较强，得分低的人则比较保守和传统。

随和性维度得高分的人表现为利他、友好、可以信赖、富有爱心并乐于助人，注重合作而不强调竞争；而得分低的人则多抱有敌意、为人多疑，喜欢为了自己的利益和信念而争斗。

尽责性维度得分高的人做事有条理、有计划，自我控制力较强，并能持之以恒；

而得分低的人则马虎大意、见异思迁、可靠性差。

（二）人格与旅游行为

对人格的描述有多种方式，旅游经营者应将每个旅游者看成是具有不同人格特征的个体。具有不同人格特征的人对旅游持不同态度，理解这些态度有助于旅游经营者更好地理解旅游者的旅游行为。在推销旅游产品和服务时，我们应该针对不同人格特征的旅游者设计不同的旅游产品和采用不同的促销方式，以满足具有不同人格特征的旅游者的旅游需求。

四、动机理论与旅游者的旅游行为

动机是推动一个人的行为去实现其目标的一种内在动力。

引发动机有两方面的条件：一是内在条件；二是外在条件。内在条件是指需要，即因个体对某些东西的缺乏而引起的内部紧张状态和不舒服感，需要使人产生欲望和驱力，进而引起活动。外在条件包括个体之外的各种刺激，即物质环境的刺激因素和社会环境的刺激因素，它们被称为诱因，也能够引起动机。

动机是在需要的基础上产生的，当某种需要尚未得到满足时，就会推动个体去寻找能够满足需要的对象。需要是内在的、隐蔽的、支配个体行为的内部原因；诱因是与需要相联系的环境刺激物，它可能使需要获得满足。没有需要，就没有行为的目标；而没有诱因，就不能把个体引向某一具体的目标。在动机的产生过程中，需要与诱因缺一不可。需要在诱因的影响下获得了满足以后，动机就减弱或消失了；个体产生了新的需要，诱因再吸引个体的活动，新的动机又产生了。

（一）需要层次理论

马斯洛是人本主义心理学的倡导者和代表人物之一。他所关注的是人类最高层次的潜能，他的学说是一种健康的、成长的心理学，其代表著作有《动机与人格》《存在心理学探索》《人性能达到的境界》等。

马斯洛认为，人类所有的行为都是由“需要”引起的，需要又有高低层次之分，他把人类的需要分为五个层次（见图 1－7），当较低层次的需要获得满足以后，较高一层次的需要才可能产生。五个层次的需要由低到高包括以下内容：

1. 生理的需要

在一切需要中，维持生命生存和种族延续的需要是最基本的需要，包括对衣、食、住、睡眠、性等方面的需要。这些需要使个体感受到强烈的驱动力，这种生理的驱动力优先于其他任何需要。马斯洛虽然强调较低层次的需要，但他认为较高层次的需要才是人类特有的需要，才能真正带给人们比较持久而强烈的满足感。

2. 安全的需要

安全的需要是第二层的需要，指人对秩序、稳定和可确定性的需要，人们需要常规的、可预测性强的、能够避免危险与威胁的环境。人在童年时期对安全的需要最为强烈。

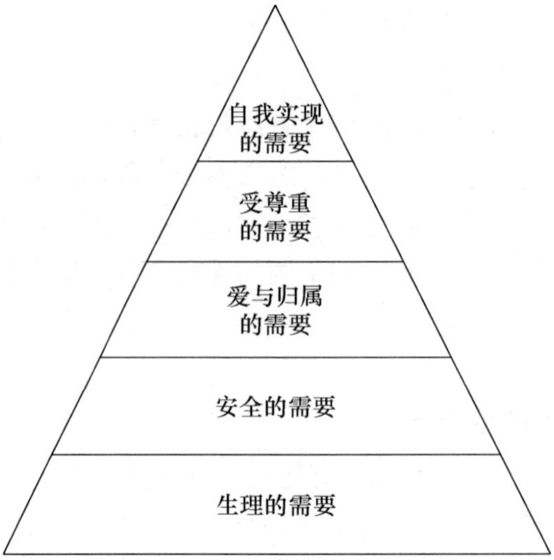

图 1－7　马斯洛的需要层次

资料来源：JERRY M BURGER. 人格心理学. 8 版. 陈会昌，译. 北京：中国轻工业出版社，2014：228.

3. 爱与归属的需要

人是一种社会性的动物，有着参与或隶属于某些团体、与他人建立亲密关系的需要。当生理和安全的需要已经被部分满足以后，人最关心的就是被他人接纳、被他人爱。按马斯洛的说法：现在这个人开始追求与他人建立友情，即在自己的团体里求得一席之地，他会为了这个目标而不遗余力。

4. 受尊重的需要

当爱与归属的需要获得了一定的满足之后，就会产生受尊重的需要。马斯洛区分了两类受尊重的需要：一种是来源于别人对自己的尊重；另一种是来源于自己对自己的尊重。别人对自己的尊重包括承认、接纳、欣赏，而自己对自己的尊重包括自信心、独立、成就和自爱。当个人的能力和成就等被他人承认、重视和欣赏时，人就会感到自己有价值、有力量。自尊的建立植根于自己真正的实力，是自我努力的结果。

5. 自我实现的需要

自我实现的需要是最高层次的需要，是指一个人能够成为自己希望成为的那种人——达到其潜能的顶峰。用马斯洛的话来说：自我实现的需要就是指促使他的潜能得以实现的趋势。这种趋势可以说成是希望自己越来越成为自己所期望成为的人物，完成与自己的能力相称的一切事情。

（二）动机与旅游行为

人们为什么要旅游？对于这个问题，往往许多答案显得很肤浅，因为它们没有触及人们的心理原因。旅游者自己所说的旅游动机可能只是他们内在需要的反映，而他们自己对于这些内在需要并不理解，可能还没有意识到，或者不愿意一语道破。假如有一个能最好地解释人们为什么要旅游的答案的话，那就是人类对于多样性的需要。旅游为人们提供了一种摆脱厌倦生活的方式，它使人们得以变换生活的环境和节奏，并且使人们获得一些新鲜的经历和感受。

五、态度理论与旅游者的旅游行为

态度是个体以特定的方式对待人、事物、思想和观念的一种习得的反应倾向性。这种倾向性通过语言、文字、表情、行动等方式表现出来。

（一）态度理论概述

1. 态度的性质

态度具有以下几方面性质：

（1）态度不是与生俱来的，而是后天习得的，先天的需要只是态度产生的基础。

（2）态度针对一定对象，是具有明确意识的。

（3）态度有方向性、强度和信任度。方向性是指赞同（肯定）或反对（否定）；强度是方向性的程度，如很赞同还是比较赞同；信任度是指对态度对象的确信水平，如越赞同越信任。

（4）态度具有稳定性和可变性。态度一旦形成就不易改变，只有在一定的条件下才有可能发生改变。

2. 态度的结构

态度的结构由三要素组成，即认知、情感和行为倾向性。这三个因素彼此制约，其中，认知是态度的基础。

（1）认知。

态度的认知表现为个体对态度对象的感知、判断、记忆、想象。旅游者在对旅游产品认知的基础上才能形成相应的态度。

（2）情感。

态度的情感是指个体对态度对象的评价和喜欢、厌恶的程度，情感的强度代表了态度的强度，对凡是有好感的对象，态度认知首先予以肯定的评价。

（3）行为倾向性。

行为倾向性是态度对个体活动的支配，表明人的行为意向。旅游者对旅游的行为意向决定他将到哪儿去旅游。

3. 态度的功能

（1）调节功能。

态度的调节功能指个体行为遵循受益最大、受损最小的原则。凡是能使个体的需要获得满足的东西，会形成个体对它的肯定的态度；反之，凡是不能使个体的需要获得满足或受惩罚的和让个体害怕的东西，则会形成个体对它的否定的态度（见图1-8）。

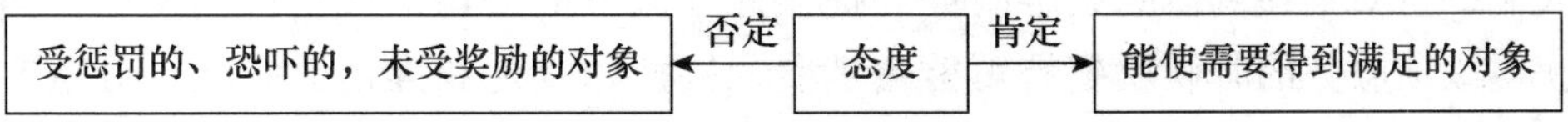

图1-8 态度的调节功能图示

资料来源：马谋超，高云鹏．消费者心理学．北京：中国商业出版社，1997：32.

（2）自我价值功能。

态度的价值功能表现在维护自身价值和自我形象上。特有的态度常常表现个体主要的价值观和自我概念。

（3）自我防御功能。

态度作为一种自卫机制，当个体受到贬抑时可以用来保护自己。

（4）认识或理解功能。

一旦个体对某个对象产生了兴趣，就会形成态度，这时就会主动搜寻有关该对象的知识。一种态度可以提供一种建构世事手段的参照框架，所以它能引起意义感。

4. 态度改变

态度不是一成不变的，人们的态度总是随着时间、环境的改变而发生变化。态度改变是指态度在性质上或强度上的改变。性质上的改变指从肯定或否定的一端改变到另一端，比如原来喜欢去某个旅游景点，而现在变得讨厌去那里了；而强度上的改变是态度在强度上的加强或减弱。

社会心理学中有一种关于“态度转变”的理论，这一理论认为，人的态度从“拒绝”变为“接受”一般要经历以下三个阶段：

（1）依从阶段。

依从指个体为了获得奖赏或避免受惩罚，按照社会的要求、群体的规范或别人的意志而采取的表面服从的行为。这是态度形成的一种最常见的形式，比如一个单位组织去某地旅游，要求成员都参加，个体只好选择去那里旅游。

（2）认同阶段。

个体对社会压力不是被迫服从，而是自觉自愿地接受他人的观点、信念、态度与行为影响，以使自己的态度和行为逐渐地与他人或某个团体的态度与行为相接近的过程。比如有的人因为看到自己的好朋友外出旅游，看到他们在旅游中的幸福体验，所以自己也选择去旅游。

（3）内化阶段。

这一阶段是指个体真正从内心深处相信并接受他人的观点，彻底地转变自己的态度。这意味着他把外部的思想、观点归于自己的思想体系中，成为自己态度体系中一个有机的组成部分。内化阶段是人的态度和行为最稳定、最持久、最系统的阶段，并且还是带有强烈的情感体验的阶段。比如旅游者真正认识到旅游是现代生活的一项重要内容，就会自觉地把旅游当作一种重要的消费方式。

（二）态度与旅游行为

人们一旦对某项具体的旅游服务和提供此项服务的公司形成赞许的态度，当他们需要获得该项服务的时候就更有可能去消费。因此，宣传和推销的一项十分重要的任务就是使人们形成这种赞许的态度。

在影响旅游行为的心理因素中，态度是直接影响旅游决策的因素。一个人如果对旅游持否定态度，他就不会把他的时间和金钱花在旅游上；决定外出旅游的人，如果对某地持否定态度，就不会把它选作自己的旅游目的地。

六、情绪理论与旅游者的旅游行为

（一）情绪及三种情绪理论

1. 情绪的概念、发展和类型

情绪是一种躯体和精神上的复杂的变化模式，包括生理唤醒、感觉、认知过程以及行为反应。美国心理学家伊扎德认为情绪的概念包括生理反应、主观体验和表情行为三个方面。

生理反应是情绪的一个侧面，当一个人情绪激动时，他的一系列生理指标都会偏离正常值。

情绪的另一个侧面是个体对它的主观体验，情绪体验是脑的感受状态，是在个体与环境长期的相互适应过程中，在生存和需要的满足与否中发展而来的，体验是情绪的心理实体。情绪与有机体的需要紧密联系，能够满足人们某种需要的对象会引起人所希望的、积极的情绪体验，如高兴、喜悦、快乐、恬静、满意、希望、放松等愉快而有效的情绪体验，而积极的情绪又能够提高人的生命活力，驱使人积极地行动；妨碍和干扰人们需要的满足的对象会引起人所反感的、消极的情绪体验，如愤怒、憎恶、痛恨、抑郁、忧愁、沮丧、焦虑、悲伤、不满、失望、内疚、羞愧、惊慌、恐惧、害怕、紧张等不愉快而无效的情绪体验，而消极的情绪又会降低人的生命活力，妨碍人积极地行动。

情绪的第三个侧面是它的外显表现，也就是表情行为，情绪体验与外显表情行为具有确定的先天一致性。美国加州大学的保罗·埃克曼等学者对表情进行了深入的研究，他们对新几内亚前文化民族与西方民族的各种表情进行了比较，证明了达尔文的最初假设——不同文化种族的人类的表情具有普遍性。

情绪从儿童到成人是从单一发展到复杂、从简单原始的基本情绪发展到复杂的高级情感的过程。加拿大心理学家布利兹斯经研究提出，婴儿的原始情绪是一般性的激动或称之为未分化的兴奋；到出生后三个月，出现了痛苦与快乐两个一般性的积极的和消极的情绪反应；到一岁左右，痛苦又分化为愤怒、厌恶和恐惧，快乐也分化为高兴、愉快和亲爱；到两岁左右，儿童基本上已经拥有成人的大部分复杂情绪。

埃克曼等学者认为人类有四种基本情绪：快乐、悲哀、恐惧、愤怒。哈佛大学教授、《情绪智力》的作者丹尼尔·戈尔曼在埃克曼划分的四种基本情绪的基础上增加了惊讶、羞耻和爱。

2. 三种情绪理论

三种情绪理论的示意图如图 1－9 所示。

（1）詹姆斯-兰格理论。

心理学家詹姆斯和生理学家兰格在 19 世纪末期分别提出了内容相同的情绪理论，强调情绪是植物性神经系统活动的产物，被心理学界称为詹姆斯-兰格情绪外周学说，且被认为是第一个真正的情绪学说。詹姆斯认为，使人激动的外部事件所引起的身体变化是情绪产生的直接原因，指出情绪就是对身体变化的知觉：高兴是由笑容所引起的，愤怒是由打斗而引起的，悲伤是由哭泣所引起的，恐惧则是从战栗而来的。兰格认为情绪是内脏活动的结果。他们的基本观点都是由情绪刺激情境唤起身体的生理反应，被知觉到以后引发特定的情绪反应。

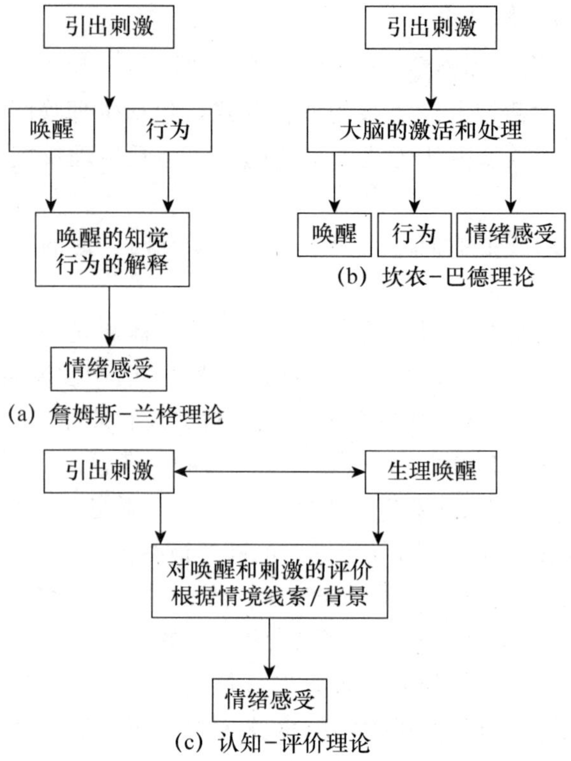

图 1-9　三种情绪理论

资料来源：理查德·格里格，菲利普·津巴多. 心理学与生活. 19 版. 北京：人民邮电出版社，2016：105.

（2）坎农-巴德理论。

坎农最早对詹姆斯的理论提出了批评，他认为情绪的中心不在外周神经系统，而在中枢神经系统的丘脑。由外界情绪刺激引起感觉器官的神经冲动，通过内导神经传到丘脑，再由丘脑同时向上向下发出神经冲动，向上传到大脑产生情绪的主观体验，向下传到交感神经引起机体的生理变化。情绪体验和生理唤醒反应以及行为是同时发生的，它们都受丘脑的控制。坎农的学说得到巴德的支持和发展，所以被心理学界称为坎农-巴德理论。

（3）认知-评价理论。

阿诺德的“情绪评价-兴奋学说”认为刺激情境并不直接决定情绪的性质，从刺激出现到情绪产生，要经过对刺激的认识和评价，情绪产生的基本过程是刺激情境—评估—情绪。同一刺激情境，由于对它的评估不一样，就会产生不同的情绪反应。

拉扎勒斯的“认知-评价理论”认为情绪是综合性反应，包括环境的、生理的、认知的行为的成分，每种情绪都有它自身所独有的反应模式。“情绪体验不能被简单理解为在个人或大脑中发生了什么，而要考虑和评估环境的交互作用。”“认知-评价理论”的三个要点是：情绪的发展来自环境信息；情绪依赖于短时的或者持续的评价；情绪是一种生理心理反应的组织。

（二）情绪与旅游行为

对于情绪的概念和类型以及相关情绪理论的了解，有助于旅游工作者理解日本学者前田勇提出的旅游者在旅游过程中紧张感与解放感这两种相反的情绪体验会同时高涨，可以帮助旅游工作者针对旅游者在旅游过程中存在的这两种相反的、矛盾的情绪体验来设计旅游产品。

七、潜意识理论与旅游者的旅游行为

（一）潜意识理论

1. 精神活动的三个层次

潜意识理论是弗洛伊德精神分析心理学的理论基石。弗洛伊德在治疗精神病患者的实践中发现，病人的行为是用可以意识到的动机或欲望所无法解释清楚的，他认为致病的原因是患者的本能冲动和经历过的情绪体验被压抑，或被排挤到意识之外，而这些冲动和体验依然存在，它们潜伏在内心深处，而且像烧开的水一样在“沸腾”。由此，弗洛伊德创立了他的潜意识学说，他把人的精神活动分为三个层次：意识、前意识和潜意识。

意识是指人们能够直接感知的心理过程。潜意识是深层的心理活动，包含了个人的原始冲动和各种本能以及被压抑的欲望。在意识与潜意识之间，还有一种前意识，前意识是指人们目前未思及的心理内容，内、外在刺激都可以使它们浮现到表面来，即前意识是可以回忆起来的、可以变成意识的心理内容。潜意识可以通过人的梦、日常生活中的失误以及神经疾病反映出来。了解潜意识有两个途径：自由联想和释梦。

2. 人格结构的三个层次

（1）本我（Id）。

本我也称为伊底，是较低层次的我，是人格最原始的部分，包括人类本能的内在驱力和被压抑的习惯倾向。本我处于精神活动的无意识层，奉行快乐原则。

（2）自我（Ego）。

自我是意识中心的主宰者，是本我和外部世界之间的中介，可以参考现实来调节本我与外部世界以及与超我之间的矛盾。自我试图为本我找到一条可以被接受的发泄途径，并且管制其表现。自我有一部分处于精神活动的意识层，另一部分处于前意识层和无意识层，奉行现实原则。

（3）超我（Superego）。

超我是较高层次的我，包括两个重要的人格层面：一是良心；二是自我理想。它对自我施加压力，要求其遵循道德标准和自己的理想，并且反对本我的直接表现。超我是由意识、前意识和无意识三者混合而成的。

3. 三个我的冲突与自我防御机制

本我与超我之间存在着冲突，自我居于其间。自我要感受并满足本我的需要，还要接受超我的监督，还得应付外部现实，是各种冲突的焦点。当自我受到各种冲突的夹攻时，就可能产生焦虑。焦虑是一种紧张不安、带有恐惧和痛苦的情绪状态。自我防御机制能够降低焦虑、保护自我，但只能暂时地解除个体的痛苦。自我防御机制包括以下几方面内容：

（1）压抑。

压抑是指自我把意识所不能接受的欲望、感情和想法驱逐到无意识层中，也就是自己对自己隐瞒。压抑是一种最基本的自我防御机制，但并不能给人带来内心的安宁。

（2）转移作用。

转移作用也称替代作用，是指人在不能以特定的对象或特定的方式来满足自己的欲望、表达自己的感情时，就会转移到其他相对安全的、更容易为大众所接受的对象或方式上来使自己得到一种“替代”的满足或表达，以维护内心的安宁。

（3）投射作用。

投射作用是指人把自己不能接受的欲望、动机、观念、态度等“投射”到别人身上，说成是别人有这些欲望、动机、观念、态度等，以此来降低自己的焦虑。

（4）反向作用。

反向作用是一种动机和行为的逆转，是指人无意识地把自己的动机用相反的形式在意识中呈现出来，或是无意识地做出相反的行为。反向作用所表现出的行为常常会过火。

（5）合理化作用。

合理化作用是指通过使用一种歪曲现实的解释来使自己的行为在自己和他人的心目中显得更合乎理性，以达到保护自己自尊心的作用。找借口、自我辩解、自我解嘲、自欺欺人等，都属于合理化作用。

（6）升华作用。

升华作用是转移作用的另一种“好”的表现形式，是把原来“不正当”的、用于“做坏事”的心理能量转移到做社会能够接受的、对社会有益的“好事”上来。这是一种健康的、具有建设性的自我防御机制。

（二）潜意识与旅游行为

旅游者的深层心理——从旅游中去寻求补偿、寻求解脱和寻求平衡的“三求”心理是潜藏在人们的潜意识之中的。弗洛伊德的人格结构理论是相互作用分析理论的基础，而相互作用分析理论是研究旅游活动中的人际交往的心理学依据。旅游工作者应该采用成熟的自我防御机制调整好自己的心态，为客人提供优质的服务，避免采用不成熟的自我防御机制激化客我矛盾，降低旅游服务质量。同时，旅游工作者还应利用旅游者的自我防御机制为客人提供补救性服务。

第二节 从心理学角度研究旅游业的人际交往

一、研究旅游业人际交往心理的意义

旅游业属于“高接触”的行业，“高接触”是指频繁地和各种各样的人打交道。要

做好旅游接待工作，就必须喜欢与人打交道，还要善于与人打交道。研究旅游人际交往心理就是研究旅游工作者如何与人打交道的学问，这对于旅游企业的经营战略和“三个提高”都具有重要意义。

（一）有助于旅游企业制定经营战略

现代旅游业市场竞争十分激烈，旅游企业制定经营战略要以“企业本身”“服务对象”和“竞争对手”之间的三角关系作为出发点（见图1－10）。不仅要考虑企业本身的特点，而且要弄清楚服务对象的要求，还要了解竞争对手，才能够赢得客人，在竞争中取胜。

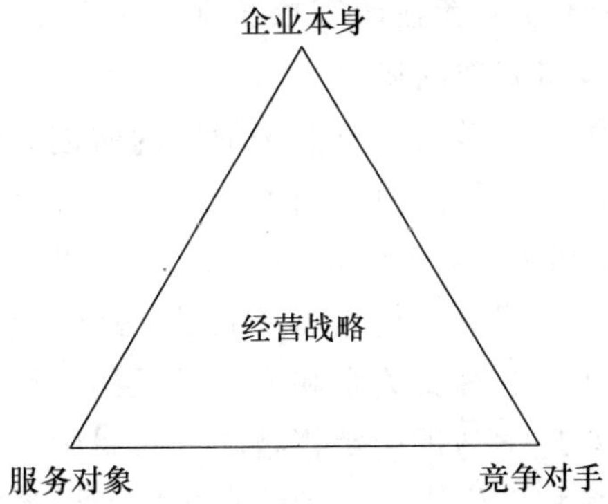

图1－10　旅游企业的“战略三角”

（二）有助于旅游企业的“三个提高”

旅游企业的“三个提高”是指提高服务质量、提高管理水平和提高人员素质。服务和管理都是通过人际交往来实现的。旅游企业要提高服务质量、管理水平和人员素质，不仅要了解“接受服务者”的心理，而且要研究“提供服务者”的心理，要研究服务人员应该如何进行客我之间的交往，如何处理好客我关系。

服务质量、管理水平和人员素质的问题涉及“客人”、“服务人员”和“管理人员”之间的三角关系，如图1－11所示。能否处理好这三者之间的关系涉及旅游工作者是否能够赢得客人满意、与同事关系是否和谐、个人心情是否舒畅三个方面。

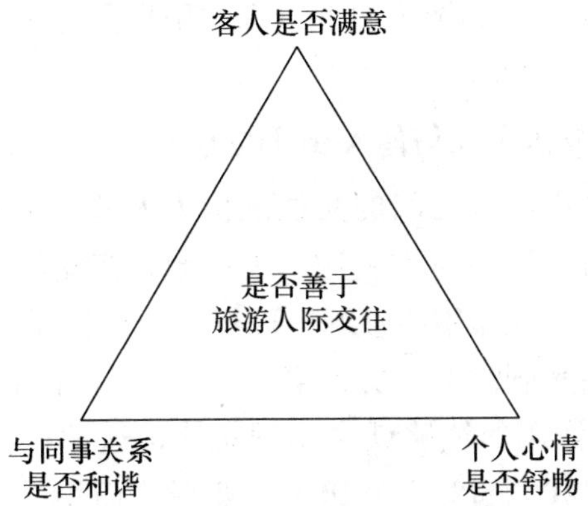

图1－11　旅游企业客服管关系图

客人是否满意是关系到旅游企业生死存亡的大问题。对于旅游工作者个人而言，是关系到能否继续从事旅游接待工作的重要问题。

同事之间关系是否和谐是关系到能否很好地分工合作、能否为客人提供优质服务的问题。对于旅游工作者个人而言，关系紧张会使人产生烦恼。

个人心情如果不舒畅，往往是看什么都不顺眼。如果没有高高兴兴的旅游工作者，也就不会有高高兴兴的客人。

二、从心理学角度研究旅游业人际交往的理论基础

美国旅游专家伦德博格等学者在研究旅游业的人际交往时，把心理学的一种流派——相互作用分析作为其研究理论基础。

相互作用分析是由美国心理学家爱里克·伯恩内所创立的一种用于心理治疗的理论。后来，这种理论被推广为一种帮助人们了解别人、了解自己、了解人与人之间的关系的心理训练方法。M. 詹姆斯等学者认为相互作用分析理论能够为我们提供一种分析人际交往的方法。所以，一些学者把它引入旅游心理学或者饭店心理学领域，使这种理论成为我们分析旅游业中的客我关系和员工关系的一种工具。比如瑞士洛桑饭店管理学院所使用的《饭店心理学与饭店销售技巧》教材中，上篇全部用于介绍相互作用分析理论，下篇则是讲解相互作用分析理论在饭店业中的应用。伦德博格在其著作《接待业中的人际关系》中也用了大量的篇幅阐述相互作用分析理论，并运用这一理论对旅游业中的人际交往进行了深刻分析。

下面我们简要地对相互作用分析理论进行介绍。伯恩内把相互作用分析概括为四种分析，即结构分析、交往分析、游戏分析和脚本分析。

（一）结构分析——分析个体的人格组成

心理分析源于弗洛伊德的精神分析学派，弗洛伊德把人格结构分为三个组成部分：本我、自我和超我。伯恩内也建立了一个三部分的人格结构模型，人格的三个组成部分是：家长自我（P）、成人自我（A）和儿童自我（C）。伯恩内认为：家长自我、成人自我和儿童自我不像超我、自我和本我这样的概念，而是现象学中的真实存在，每个人身上都具有家长自我（P）、成人自我（A）和儿童自我（C）这三个不同的自我。三个自我结构图如图 1－12 所示。

（二）交往分析——分析个人与他人交往的方式

相互作用分析理论把人与人之间的交往剖析为人的三个不同的“自我”之间的交往。当一个人以某个“自我”向对方发送一个刺激，接受的一方以发送的一方所期待的“自我”做出反应时，相互作用能够继续进行，这种相互作用叫作互补的相互作用。当发送刺激的一方或者接受刺激的一方或者双方都没有得到期待的反应时，就会引发不适当的“自我”，相互作用的线路就会出现交错，这种相互作用叫作交错的相互作用。当一个人以某个“自我”向对方发送一个刺激，而用另一个“自我”间接地表达另一种含义时，就会引发双重的相互作用，这种相互作用叫作暧昧的相互作用。

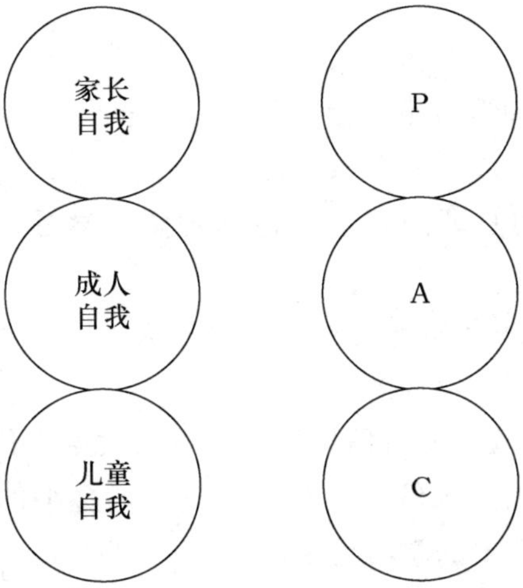

图 1-12　三个自我的结构简图

（三）游戏分析——分析人际交往中的心理游戏

心理游戏是相互作用分析理论的一个特有的概念，伯恩内用《人们玩弄的游戏》整整一本书来探讨人际交往中的“游戏”。他给游戏下的定义是：游戏是一系列不断发展的、互补的暧昧性相互作用，它将会引出具有明确含义的预想结果。可以把游戏描述为一套原地转圈的相互关系，它们经常是重复的，表面上好像很有道理，实际上有着隐蔽的动机，或者说得更加通俗一点，就是设置圈套或“机关”的一系列活动。心理游戏具有两个特点：一是隐蔽性；二是惩罚性。实际上每一场游戏都是不诚实的，其结果不仅有刺激性，而且有戏剧性。心理游戏就是人们通过扮演“惩罚者”“受害者”“拯救者”等心理角色而进行的一种特殊的人际交往，但它对人际交往有着破坏作用。

（四）脚本分析——分析人们潜意识中的“生活脚本”

人们常常反复地玩着某种心理游戏，反复地扮演着自己偏爱的心理角色，人们的生活仿佛是一次又一次地按照预先写好的“脚本”上演的“戏剧”。这个“脚本”就是人的潜意识中的“生活计划”，它规定了一个人生活的主题，规定了他在现实生活的舞台上所要扮演的角色，也规定了他周围的人所要扮演的角色。伯恩内指出：几乎所有的人类活动自童年开始就被脚本所限定。因此自主的感觉几乎是一种幻想，这种幻想是人类生活过程中最大的悲哀，因为使人有自觉、诚实、创造力和亲密行为的自主能力只有少数的幸运者能够拥有。其他人则把别人看作操纵的目标，他们利用各种方式操纵别人——煽动、劝诱、迷惑、贿赂以及强迫别人扮演某种角色，来强化自己的心理地位、制定自己的“脚本”。专心于此的人，就会使自己与现实世界和真实自我相互脱离。人们的人生态度与其“生活脚本”有关，人们在心理游戏中对的角色偏爱也与其“生活脚本”有关。一个人要从根本上改变自己的生活，就必须深入地分析并“改写”自己的“生活脚本”。

本章小结

本章主要探讨了“心理学与旅游者”和“心理学与旅游业”的人际交往两个问题。这也是国外学者研究旅游心理学的两条思路。

1. 影响旅游者行为的心理因素主要包括知觉、学习、人格、动机、态度以及潜意识。

2. 知觉是选择、组织并解释感觉刺激，使之成为一个有意义连贯的整体映像的过程。知觉具有选择性、整体性、理解性三种特性。

3. 学习是通过积累经验和获得信息使个人行为发生变化的过程。本章介绍了桑代克的试误说、巴甫洛夫的经典条件反射学习理论、斯金纳的操作性条件反射学习理论和班杜拉的相互决定论等重要的学习理论。

4. 人格是在先天的生理基础上，在适应后天环境的过程中所表现出的系统的、稳定的态度、行为反应模式。本章介绍了类型理论中希波克拉底的四种体液说和特质理论中卡特尔的人类人格 16 种因素说，以及“大五”人格因素说。

5. 动机是推动一个人的行为去实现其个人目标的一种内在动力。本章重点介绍了马斯洛的需要层次理论。

6. 态度是个体以特定的方式对待人、事物、思想和观念的一种习得的反应倾向性。这种倾向性通过语言、文字、表情、行动等方式表现出来。本章介绍了态度的性质、结构、功能，以及态度改变的三个阶段，即依从、认同和内化。

7. 情绪是一种躯体和精神上的复杂的变化模式，包括生理唤醒、感觉、认知过程以及行为反应。人类有快乐、悲哀、恐惧、愤怒四种基本情绪。本章介绍了詹姆斯-兰格理论、坎农-巴德理论和认识-评价理论三种情绪理论。

8. 人的精神活动分为三个层次：意识、前意识和潜意识。人格结构分为本我、自我、超我三个部分，自我要面对本我和超我以及外部环境之间的矛盾和冲突，从而产生焦虑，这时潜意识会自动化地发展出一套自我防御机制来降低焦虑。

9. 研究旅游业人际交往心理对于旅游企业制定经营战略，提高服务质量、提高管理水平和提高人员素质都具有重要意义。

10. 相互作用分析是从心理学角度研究旅游业人际交往的理论基础，它包括结构分析、交往分析、游戏分析和脚本分析。

思考与练习

1. 请解释知觉、学习、人格、动机和态度这些心理学概念。

2. 知觉的三种特性是什么？

3. 巴甫洛夫的经典条件反射学习理论和斯金纳的操作性条件反射学习理论有什么区别和联系？

4. 简述卡特尔的人类人格 16 种因素说和“大五”人格因素说。

5. 简述马斯洛的需要层次理论。

6. 态度改变要通过哪三个阶段？请分别描述。

7. 当人们面临焦虑的时候，各种自我防御机制能够起到什么样的作用？哪种自我防御机制是具有建设性的？

8. 相互作用分析理论是由哪几个部分组成的？

案例分析与讨论

汤夫人对赵先生说："那个刘先生可不是好东西！这几天，他的眼睛老是在我身上瞄来瞄去，还专门坐在我的边上。昨天晚上都十二点了，他还来敲我的门，说是要和我聊天，我根本就不理睬他！今天吃早餐的时候，我没有看见他来吃饭，哼，他又不知道搞什么名堂去了……"

听了汤夫人的话，赵先生感到很纳闷。汤夫人说的那位刘先生，昨天晚上已经按计划离团了，是赵先生亲自把他送到飞机场去的。刘先生的航班是晚上六点的，为什么汤夫人还说昨天晚上十二点，刘先生去敲门要和她聊天呢？

赵先生回想了一下这几天刘先生和汤夫人在团里的情况。

刘先生来自 M 国，是 M 国某科学研究机构的高级研究人员，性格开朗，相貌堂堂。刘先生是一个人独自外出旅游，在这几天的游览中，他一直是和很漂亮的领队林小姐坐在一起。他们就坐在赵先生背后的座位上，所以赵先生能很清楚地听到他们在一起有说有笑。在三峡的游船上开舞会的时候，刘先生还借此机会向领队林小姐献过花。

汤夫人也是一个人独自外出旅游。她来自 G 国，保养得比较好，年过芳龄，风韵犹存。她自称有丈夫、有孩子，经济上比较宽裕，花钱大手大脚，每天晚上都去舞厅跳舞。团队在游船上开舞会的时候，汤夫人缠住刘先生，让刘先生每次都和她一起跳舞。跳了几次以后，刘先生嫌她太缠人，就不再和她跳了。那一晚，汤夫人第一次没有等到舞会结束就回了自己的舱室。

把前前后后的情况一想，赵先生就明白汤夫人为什么要说刘先生"不是个好东西"了。

[分析]

在本案例中，汤夫人对刘先生的攻击是出于一种自我防御机制，即"投射"。

所谓"投射"，是指一个人把自己的某种"见不得人"的想法投射到别人的身上去。与"压抑"一样，"投射"也是在潜意识支配下的一种自我保护。本案例中汤夫人说刘先生对她"有想法"，正说明她对刘先生"有想法"。如果她承认自己对刘先生"有想法"，而刘先生又看不上她，那么，她的自我形象就太不美妙了。于是，她要让赵先生相信，不是她对刘先生"有想法"，而是刘先生对她"有想法"。这正是作为一种自我防御机制的"投射"。

"投射"严重的人常常抓住别人片段的言行来进行"演义"，甚至不惜捏造出一些"事实"。他们的"投射思维"有两大特点：一是推理过程很有逻辑性，但论据却是虚假的；二是有强烈的"故事化"倾向。人们出现"投射"，也许是因为有病态人格，也许是因为有损人利己的阴暗心理，也许是因为在社会交往失败时产生的“复仇”念头。“投射”严重的旅游者的言行常常会引起严重的人际冲突。

就“认知调控”的效率而言，他人很少能改变那些“投射”严重的旅游者的内心状态。导游员不要纠缠于那些“投射”的内容，因为那些是是非非实在是很难弄得清楚的。要着重分析“投射”旅游者的目标和结果。如果他们只为了减轻已经发生的事所引起的心理压力而投射一下，导游员就不妨在他们面前做一名“忠实的听众”。当他们通过诉说而减轻了心理压力后，他们在与其他人的交往中就不大可能再去“投射”了。如果某些旅游者想要去做一些不光彩的事情，通过“投射”一下使自己在做这些事情的时候心里好受一点，导游员这时就要弄清楚他们想做的是什么事情，对旅游团会有什么影响。如果这些事情会影响旅游计划的顺利执行，导游员就要进行积极的干预，把他们的言行“扼杀”在萌芽状态。由于“投射”一般是发生在个别交往或者小范围的交往之中，所以导游员的积极干预通常会有比较明显的效果。干预的要点是要用适当的方式指出（“指出”不等于“直说”）要“投射”的旅游者本人身上也可能有他所要“投射”的内容。

［讨论］

1. 汤夫人为什么会说刘先生“不是个好东西”？

2. 针对汤夫人这类过度使用“投射”的自我防御机制的游客，旅游工作者应该采取什么应对策略？

第二章
旅游者的“三求”心理

学习目标

通过本章的学习，你将了解、掌握：

1. 旅游者如何通过旅游来寻求补偿；
2. 旅游者如何通过旅游来寻求解脱；
3. 旅游者如何通过旅游来寻求平衡。

导入案例

不久前在某间酒吧遇到一位瑞士旅行家，我问他为什么爱上旅行，他回答：“生活在瑞士太舒适，雪山、白云、绿草，一切如天堂般完美，完美到让人懒散和压抑，失去对生活的追求和斗志。”追求不完美是这位朋友爱上旅行的原因。对于每天生活在忙碌中的我来说，让他感到压抑的完美瑞士也许正是我所渴望的。终于有一天，在广州忍受持续许久的湿热后，我登上了飞往瑞士的班机，去亲身感受一下那传说中的天堂。

从心理学角度可以把旅游理解为一种“特殊的生活方式”，一种“不同于人们日常生活的生活方式”，一种“日常生活之外的生活”。因此，研究旅游者心理要从研究人们的日常生活开始，要了解人们在日常生活中所缺少的是什么，多余的又是什么。这是一条研究旅游者心理的思路。

现代人的日常生活，一方面普遍缺少新鲜感、亲切感和自豪感这三种最重要的满足感；另一方面充满着使人们感到沉重的精神压力。所以，人们需要从旅游中寻求补偿、解脱和平衡。

第一节 旅游者的求补偿心理

人们在日常生活中，日复一日地过着同样的生活，难免单调乏味，缺少了新鲜感；激烈的社会竞争使现代人的人际关系变得复杂，变得不再单纯，人们为了个人利益压抑了自己的真情，同时，现代科学技术又给人们创造了一种“冷冰冰”“硬邦邦”的环境，因而缺少了亲切感；人们在日常生活中还缺少了一种自豪感，因为不是所有的人都有出众的机会、都能够出类拔萃，现实生活不能给予人们充分的自豪感。

旅游者的求补偿心理是指旅游者需要通过旅游来寻求补偿，使自己在日常生活中缺乏的那些满足感——新鲜感、亲切感和自豪感得到补偿。

一、通过旅游来寻求新鲜感的补偿

日常生活的单调乏味使人们希望通过旅游来寻求新鲜感。这里所说的新鲜感含义十分丰富，它是包含着惊奇、喜悦、清新和振奋等多种成分的满足感，富有新鲜感的生活是生趣盎然的生活。

追求新鲜感是由人的“本性”所决定的，人们不会仅仅满足于温饱，而是要不断地寻找和开辟更加广阔的天地。心理学家弗洛姆指出：一个人生理上和生物学上的需求得到了满足，但是他仍然不满意，他自己仍然不安宁，因为他缺少了“一种能够使他变得主动的蓬勃生机”。弗洛姆还用富于哲理的语言深刻地阐述道：人的基本选择是生与死的选择。这里所说的生与死不是指生物学状态，而是指存在的状态。生意味着不断地变化和不断地产生；死意味着发展的停止，意味着僵化和重复。他认为，人与人之间的最基本的差别是“爱生”与“爱死”的差别。我们可以这样来理解：“爱生”就是去过一种生机勃勃、充满活力的生活；“爱死”就是去过一种死气沉沉、毫无新鲜感的生活。

人们外出旅游正是为了寻求这种不断扩展、不断更新的，能够给人新鲜感的生活。所以，我们认为希望通过旅游来扩展和更新自己的生活是旅游者的一种最为普遍的心理。

二、通过旅游来寻求亲切感的补偿

亲切感最重要的来源是人与人之间真诚的爱，这里所说的“爱”是广义的爱。在隐藏于人们内心深处的种种需要中，一种十分重要的需要就是对人与人之间的以互相关心、理解和尊重为要素的爱的需要。

马斯洛的需要层次理论把人类的基本需要划分为五个层次：生理的需要、安全的需要、爱与归属的需要、受尊重的需要和自我实现的需要。在这五个层次的需要中，爱的需要正好是承前启后的中间环节。低层次的满足不能给人带来真正的幸福，而高层次的满足是以得到“必需的爱”为前提的。正如缺乏维生素会有害于人的身体健康一样，爱的体验是心理健康的“营养素”，营养不良就会“生病”。所以，缺乏爱的人可以说是心理学意义上的“病态人”。

弗洛姆认为：在当代西方社会中，爱只是一种罕见的现象。他尖锐地指出：支撑资本主义社会的准则与爱的准则是不相容的。激烈的市场竞争使人与人之间的关系变得冷酷无情，人们为了在竞争中获胜而彼此倾轧，因而克制和压抑了对真诚相爱的渴求。但是，这种埋藏于人们内心深处的对于广义的爱的需要是不可磨灭的，一有机会人们就要想方设法地去寻求补偿，人们热衷于外出旅游就是基于这种寻求补偿的心理。

我国是一个十分讲究人情味的国家，但是随着市场经济的发展，竞争意识的增强，传统的人情观念也逐渐变得淡薄了。应该说，冲破传统的人情世故有利于经济和社会的发展，然而从另一个角度来看，是不是也将造成一些“心理沙漠”和“爱的荒原”呢？这使得人们渴望得到亲切感的补偿。

现代科学技术的迅猛发展使人们的生活日益方便。然而，美国未来学家奈斯比特却认为：失去了高科技与深厚感情的平衡，令人烦恼的不协调现象就会产生。社会上的高科技越多，就越是需要创造有深厚感情的环境，用人的柔性来平衡技术的刚性。在现代社会中，人们更多地与冰冷的、刚性的机器打交道，而与活生生的、柔性的人打交道的机会相对减少了。比如过去人们要参观一处景观，就必须出门，在拥挤嘈杂的车厢里颠簸，置身于熙熙攘攘的人群之中。而今只需坐在电视机前，通过“玩转地球”“超级旅行团”等节目环游世界，足不出户就能领略到“世界真奇妙”。但是，通过电视来“旅游”和外出旅游的感受是不一样的，因为缺少了人与人的交流。瑞士旅游学专家塞伊杜提出：旅游之所以不能被新闻媒介所代替，是因为它具有特殊的接待功能。接待是旅游业中最富有人性的因素，它决定了旅游业的前途。塞伊杜认为，如果旅游变成了“无接待旅游”，那将是旅游业的自我毁灭。我们可以把接待理解为旅游经营者用富有人情味的方式与客人打交道，与旅游者建立良好的人际关系，使他们获得亲切感。如果不能做到这一点，现代旅游业就不可能生存和发展。因为人们外出旅游的一个重要原因就是寻求广义的爱的补偿性满足。

所以，我们认为，通过旅游来寻求广义的爱是一种旅游者内心中极为深刻的心理。

三、通过旅游来寻求自豪感的补偿

人的自豪感来源于肯定的或者更高的自我评价，而提高自我评价的欲望在一般人的日常生活中难以得到满足。因为在日常生活中人们不能充分地成为自己、表现自己和突出自己。

首先，旅游使人们充分地成为自己。在日常生活中，人们普遍地要受到各种限制，要按照一定的常规来生活，而不能充分地主宰自己。在旅游时，人们可以摆脱某些常规的束缚，自由自在地过一段日子，充分地成为自己。在社会生活的舞台上，人们还有一种从观众变为演员的表现自己的愿望。如果说生活是一台戏，人们不满足于仅仅作为观众，而是都希望登上舞台展示自己的风采。旅游为人们在日常生活之外充分表现自己提供了一个“大舞台”。人们不仅要表现自己，而且要突出自己。通常人们都觉得自己被淹没在芸芸众生之中，旅游使他们享受到贵宾的待遇，使他们因为终于有了“脱颖而出”的体验，从而得到了极大的自豪感的补偿。

其次，旅游还为人们的充实和提高创造了条件。马斯洛指出：自我实现是人的最高层次的需要。自我实现就是充分发挥人的潜能、实现人的价值。心理的认知理论认为：人有理解环境的需要。美国心理学家韦恩·W. 戴埃说过：从来就没有一种生物在其栖息地上画上一个圈并永远待在里面。如果人总是局限于自己的小圈子，就好像井底之蛙，孤陋寡闻，就不可能充实和提高自己，也无法满足理解环境和自我实现的需要。中国自古以来就有“读万卷书，行万里路”这一促使人成长的说法。旅游使人们走出狭小的空间，“仰观宇宙之大，俯察品类之盛”，达到一种“超凡脱俗”的境界，从而使人产生强烈的自豪感。

所以，我们认为，通过旅游来获得自豪感也是旅游者一种非常重要的心理。

综上所述，人们能够在旅游中寻求到日常生活中所缺乏的新鲜感、亲切感和自豪感的补偿。

第二节 旅游者的求解脱心理

旅游者的求解脱心理是指旅游者要借助于旅游，从日常生活的精神压力中解脱出来。

一、旅游是一种“被迫”的行为

旅游一方面是旅游者自发地、主动地探索世界，另一方面也是为现实所迫、不得不对现实进行必要的逃避。

现代生活的高度紧张和快节奏使人们的精神压力越来越大，用脑过度使人们的脑力与体力失去平衡。繁忙的日常事务和复杂的人际关系困扰着人们，使人们精神高度紧张。于是人们不堪重负，产生了一种逃避现实的愿望，外出旅游正是寻找一方“世外桃源”以求得解脱，消除由于种种原因造成的精神压力，恢复脑力与体力的平衡。

就我国的情况来看，旅游还被看作是“锦上添花”，而没有被当作对现实的一种必要的逃避。但是，随着市场竞争的日益激烈和生活节奏的日益加快，为了寻求解脱而外出旅游的人会越来越多，旅游将从“奢侈品”逐渐变成人人都不可缺少的“生活必需品”。

二、旅游具有“治疗”作用

旅游能够在人们的日常生活中起到补偿的作用，也能够起到治疗的作用。

现代文明的发展使人与自然之间、人与人之间的距离变得更远。现代人的日常生活呈现出一定程度的“病态”，其“病因”就在于失去了人与自然之间、人与人之间的和谐。弗洛姆认为：人类最深切的需要就是克服分离、找回和谐。在西方社会，文明的发展伴随着越来越多弊病的产生，人们外出旅游正是为了回归大自然，过一种接近大自然的生活，享受和谐的人际关系，体验人与人之间的真挚感情。从这种日常生活之外的生活中找回人与自然之间、人与人之间的和谐。所以，对于不堪都市生活之苦的现代人来说，旅游可以说是一副疗治心灵“疾病”的“良药”。

第三节 旅游者的求平衡心理

旅游者的求平衡心理是指旅游者要在变化与稳定、复杂与简单、新奇与熟悉、紧张与轻松等矛盾心理中寻求一种平衡。

一、求安、求稳与求新、求变

人们通常有两种矛盾的心理：一方面，人们有求安、求稳的心理；另一方面，人们有求新、求变的心理。旅游者的种种矛盾心理都是由此而产生的。

人们在安全、稳定的环境中生活得比较踏实，任何人都不愿意生活在动荡不安之中。当人们过着不安稳的、危机四伏的生活时，便不可能有更高层次的需求，只要过上安定的生活就心满意足了。而人们一旦过上了安稳的生活，求新、求变的欲望便出现了。

从世界范围来看，总的趋势是逐渐走向和平与繁荣，人们已经过上了相对安稳的生活，求安、求稳的心理已基本上获得满足。于是，人们就要追求一种新的生活，希望生活中出现新的东西、出现变化。所以，和平与繁荣使人们求新、求变的欲望变得更加强烈。

这样就产生了一个矛盾：安稳的生活就没有变化，变化的生活就意味着不稳定。要进入一个新领域，就必须冒一定的风险，就会缺乏安全感；在熟悉的环境中生活，可预测性很强、很踏实，却使人感到乏味、腻烦。人们在渴望生活中有新东西、有变化的同时，求安、求稳的心理并没有消失。这样，就造成了人们求新、求变与保持安全和稳定这两种需求之间的矛盾和冲突。人们外出旅游常常是为了满足求新、求变的心理，但是，也不可忽视旅游者求安、求稳的心理。

外出旅游是日常生活的“中断”，旅游作为“日常生活之外的生活”必须与日常生活有明显的差异，但又必须与日常生活有一定的“连续性”。旅游者外出旅游意味着改变平常的生活方式，探索和尝试新的生活，但又并不等于完全抛弃既有心态。尤其对于那些日常生活本来就是复杂多变的旅游者而言，旅游并不是为了寻求更多的变化，而是为了过一段相对安稳的生活。即使是那些以寻求变化为目的的旅游者，他们寻求稳定的心理也仍然存在。

二、在矛盾中求平衡

旅游者的矛盾心理主要是指“矛盾的追求”和“矛盾的体验”。

“矛盾的追求”表现为：既需要变化，又需要稳定；既需要复杂，又需要简单；既需要新奇，又需要熟悉。

“矛盾的体验”表现为：既体验到紧张，又体验到轻松。旅游一方面可以使人们从日常生活的紧张中解脱出来，另一方面也可能由于生活环境和生活方式的改变而带来日常生活中所没有的紧张。消除紧张感才能享受旅游的乐趣，但丝毫没有紧张感也无法完全感受到旅游的魅力。紧张对于旅游者而言有以下三方面的意义：首先，如果没有一种新的紧张，人们就难以从原有的紧张中解脱出来；其次，如果没有足够的紧张，人们也就体验不到解除紧张时的那种轻松；最后，紧张常常是由于受到约束而产生的，不受任何约束是最轻松不过的，但是完全放弃了适当的约束，就有可能“乐极生悲”。

寻求平衡不仅是要在矛盾心理的两个极端之间找到一个“平衡点”，而且是要让两种矛盾心理交替出现，从中得到平衡。旅游者的求平衡心理表现在两个方面：一方面是要通过旅游来纠正日常生活中的“失衡”；另一方面是在旅游中也要保持必要的“平衡”。

根据旅游者的求平衡心理，我们应该把旅游产品设计为包含着变化与稳定、复杂与简单、新奇与熟悉、紧张与轻松等对立面的“矛盾组合”，这样才能对旅游者具有强烈的吸引力。

本章小结

本章探讨了旅游者求补偿、求解脱、求平衡的“三求”心理。

1. 旅游者的求补偿心理是指旅游者要通过旅游来接触一些在日常生活中接触不到的事物，做一些在日常生活中想做而没有条件去做的事情，使自己在日常生活中所缺乏的那些满足感——新鲜感、亲切感和自豪感得到补偿。

2. 旅游者的求解脱心理是指旅游者要借助于旅游，从日常生活中的精神压力中解脱出来。

3. 旅游者的求平衡心理是指旅游者要在变化与稳定、复杂与简单、新奇与熟悉、紧张与轻松等矛盾心理中寻求一种平衡。这种求平衡心理表现在两个方面：一方面是要通过旅游来纠正日常生活中的“失衡”；另一方面是在旅游中也要保持必要的“平衡”。

思考与练习

1. 为什么研究旅游者心理要从研究现代人的日常生活开始？
2. 人们从旅游中寻求补偿、解脱和平衡的含义各是什么？
3. 试述“新鲜感”的含义。
4. 在现代人的日常生活中，为什么亲切感的缺乏是一种相当普遍的现象？
5. 如何理解塞伊杜的“如果旅游变成了‘无接待旅游’，那将是旅游业的自我毁灭”这一观点？
6. 人们是怎样通过旅游来提高自我评价、增强自豪感的？
7. 请根据弗洛姆关于“人类最深切的需要就是克服分离、找回和谐”的论述，谈谈旅游的“治疗”作用。
8. 通过对旅游者的“三求”心理的分析，你对旅游业有哪些新的认识？

案例分析与讨论

团队入境刚两天，全陪小孔就发现团里的王先生火气越来越大。

王先生是某大公司的部门经理。刚入境的时候，小孔觉得这位王先生比较豪爽，待人接物也都通情达理。可是，到了晚上，王先生的脸就有一点阴沉了。第二天，王先生的火气就上来了，莫明其妙地对人发脾气，连他太太都觉得不好意思了。

小孔不知道该怎么办才好，凑巧在火车上遇到了赵先生，便向他请教。赵先生问了王先生的职业等基本情况，又问了团里还有一些什么样的游客，最后，赵先生问：“王先生发脾气的时候有没有其他客人在场?”小孔想了一下说：“差不多都是有其他客人在场的。不过，我看他并不像是对某一位客人有意见，他每次发脾气的时候，在场的客人并不相同。”

听了小孔的话，赵先生松了一口气，对小孔说：“这就好办了！你每天抽出一点时间去和王先生聊聊天，聊的内容最好是让他谈谈他获得成功的经历。你要做一个好听众，要表现出一副崇拜他的样子，听得特别认真。照此办理，王先生的火气肯定会越来越小。”

全陪回来，小孔很高兴地对赵先生说：“赵大哥，你教我的这一招还真灵，那位王先生的火气果然是越来越小了。我就是不明白，你怎么会这么神呢?”

［分析］

心理学的研究表明，尊重的需要是由社会尊重需要和自我尊重需要构成的。本案例中王先生的“火气”正是由“社会尊重不足”引起的。

像王先生这样一位成功人士，在日常生活中受到许多人的尊重，常常会得到“众星捧月”般的待遇。但是，在旅游团中，他不仅没有得到“众星捧月”的待遇，甚至当他对其他旅游者表现出友好的态度时，也未能得到积极的回应。他的“火气”正是由“社会尊重不足”引起的，他发火是要表现出一种自我优越感。

赵先生教给小孔的做法之所以有效，原因在于两个方面：一方面，小孔请王先生谈成功的经历，这是因为成功的人对自己的成功经历有一种自豪感，能很好地满足他的自尊心。另一方面，小孔表现出一副崇拜他的样子，听得特别认真，则满足了王先生对“社会尊重”的需要。

根据一些资深导游的带团实践，旅游者感受到“社会尊重不足”而发生一些不当的行为表现大约出现在旅游团成行后一两天的时间，“灭火”工作在这两天内进行效果最好。

［讨论］

小孔的做法满足了王先生的什么心理？赵先生给小孔出的主意为什么能够奏效？

第三章
旅游者消费心理

学习目标

通过本章的学习，你将了解、掌握：

1. 旅游者消费决策的问题解决模型；
2. 心理因素对旅游消费行为的影响；
3. 社会因素对旅游消费行为的影响。

导入案例

新年将至，妈妈的学校像往年一样，通报了今年寒假教职工的福利旅游事项。今年的教师旅游队伍兵分两路，一部分人将前往四川九寨沟饱赏美景，而另一部分人可以选择“新马泰十日游”出国畅游。当然，由于旅游目的地不同，两条线路的价位也大相径庭，“新马泰十日游”是“九寨沟之游”的4倍之多。

从我上初中开始，妈妈几乎没有踏出过北京半步，她一边照顾我，一边忙于工作，拼命攒钱改善家里的生活。即使学校组织的旅游价位比市价低，她这些年也从未参与过。自我考上大学之后，妈妈有了更多自己的时间，她年轻时爱好游山玩水的情趣开始复苏。

尽管了解妈妈渴望游历天下胜景的心愿，可当妈妈向全家宣布她将参加今年学校组织的“新马泰十日游”时，我们还是吃惊不小。以妈妈这种敲着算盘过日子的“老一代人”的作风来看，旅游尚属奢侈之为，而她居然选择了价格贵的“新马泰十日游”。是什么改变了妈妈的旅游消费观念呢?

案例中提出的问题正是这一章要解决的问题，本章要探讨的是旅游者消费决策及其影响因素。

旅游者消费心理过程包含三个主要部分：旅游者消费决策过程，以及影响旅游消费的心理因素和社会因素。旅游者消费心理框架图如图3-1所示。

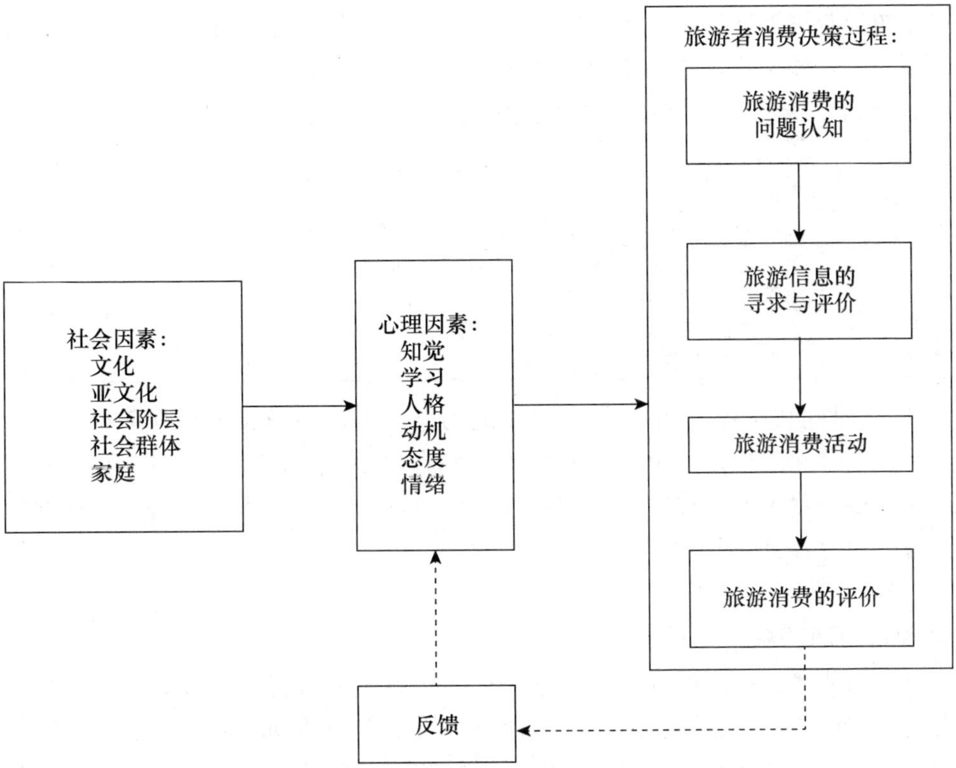

图 3-1　旅游者消费心理框架图

第一节 旅游者的消费决策过程

一、旅游者的消费决策的类型与决策过程中的角色

（一）旅游者的消费决策的类型

旅游者的消费决策可分为冲动型与理智型。冲动型（也叫偶发型）旅游消费是指事先未经计划、考虑，因偶然的情绪等原因引起的旅游消费行为，多见于儿童和青少年旅游者。理智型旅游消费是指旅游者为了实现旅游行为，去花时间搜集相关旅游信息，反复与他人咨询商量，做好充分准备和计划后再去旅游。

在现实生活中，旅游者为了有效进行旅游消费，会采取一些经验的手段来简化其旅游消费决策：一是把旅游的目标定在“满意”的范围内，而不是“完美”。二是参考周围人的旅游经验，或阅读报刊、看电视、听广播。其中，周围人的意见影响较大。三是对常去旅游的景点建立忠诚度。一个好的旅游景点会使旅游者多次前往，并会带其朋友和家人同去。

（二）旅游消费者在决策过程中的角色

在旅游消费决策过程中，每个人都可能扮演不同的角色。这些角色分为旅游的倡导者、策划者、影响者、购买者和使用者五种，如表 3－1 所示。

表 3－1　旅游消费者在决策过程中的不同角色

角色	描述
倡导者	提议购买某一旅游产品或服务的人
策划者	确定尚待满足的需要和授权别人去购买有关旅游产品或服务的人
影响者	通过言语或行动，有意或无意地影响别人的购买决策和购买行为，并对别人使用旅游产品或服务产生影响的人
购买者	实际付钱购买旅游产品或服务的人
使用者	直接消费旅游产品或服务的人

例如，在暑期旅游消费中，母亲可能成为倡导者，孩子成为影响者和使用者，而父亲则是策划者和购买者。而在某些家庭中，孩子既是倡导者，也是决策者和使用者。这说明在旅游消费决策过程中，旅游者常常可以同时是多种角色。当然，这五种角色集于一身的旅游者也是有的。

二、旅游者的消费决策过程

旅游者的消费决策过程可以看作是一个问题解决的过程，可以分为四个阶段：旅游消费的问题认知、旅游信息的寻求与评价、旅游消费活动和旅游消费的评价。消费决策的过程要受到旅游者心理因素的影响，并在旅游者的身上得以体现。外界刺激通过旅游者的心理因素对其消费决策产生影响。

（一）旅游消费的问题认知

问题是旅游者潜在的未满足的需要。旅游消费的问题认知主要表现在以下几点：

1. 个人成长的需要

旅游者出外旅游是基于主观的要求，暂时脱离现实环境，在新环境中审视自己、调整自己，并且认识外部世界。

2. 经济状况的变化

当经济条件达到一定程度，人们才会考虑旅游消费问题。旅游并非是柴、米、油、盐那样的生活必需品。当经济条件较差时，旅游就成为无法实现的需要。

3. 参照群体的影响

中国人自古有言："穷家富路。"虽然一个人在日常生活中穿着随便、朴素，但在旅游时会尽量向旅游团中的其他人看齐，也要穿着整齐，也要准备好充裕的费用。

4. 旅游经营者的影响

旅游经营者从各方面向旅游消费者宣传、灌输旅游信息，以激发他们对现状的不满和对旅游的渴望。

（二）旅游信息的寻求与评价

1. 旅游信息的寻求

旅游者从内部来源与外部来源中寻求旅游信息。

（1）内部来源。

内部来源是指人们对于以往的旅游经历的经验知识。到过海滨的人对海滨旅游会形成经验，因此在消费时就会依照这些经验做出决策。但有时内部经验是有限的，人们对于新的旅游景点、旅游项目往往知之甚少。

（2）外部来源。

外部来源包括：旅游经营者可以控制的信息来源，如广告、导游等；旅游者的口传信息，这是一种独立的信息来源；政府报告、新闻报道、旅游者调查报告等信息。一些有关消费的研究调查表明：在口传信息、个人探索的信息、广告信息三个信息源中，口传信息的影响是最大的。另一些调查表明：口传信息、消费者调查报告等中立信息比广告信息影响更大。

2. 旅游信息的评价

旅游信息的评价也称旅游计划，在对不同旅游目的地的选择中，旅游者根据一定的标准进行比较，进而选择一个与其心中标准最为接近的旅游目的地作为最后的旅游消费对象。

旅游者的消费计划根据其选择和使用旅游产品的多种属性分为两类，即补偿型和非补偿型。

（1）补偿型。

补偿型是指假设旅游产品有许多属性，有的低劣，有的优良，优良属性可能补偿低劣属性。旅游者通过权衡旅游产品的不同属性，形成一个综合性评价。补偿型决策包含两个决策法则：

1）总体态度决策。

旅游者只对某一旅游产品形成一个整体的态度，而不去估价某些个别属性。

2）加权决策。

加权决策是指在对旅游产品的有关维度上按重要性进行加权得出综合评价，综合评价最高的就选定为旅游消费的对象。在旅游宣传上，经常列出旅游产品的最佳景区、最佳服务等几条，目的是提高旅游者的加权决策。

（2）非补偿型。

非补偿型是认为每个产品属性都是独立的，一个属性是不能补偿另一个属性的。非补偿型有三种法则：

1）临界水平法则。

旅游者在各有关维度上形成一个临界点，属于临界水平以下的不予考虑。例如，去国外旅游，无中文导游的旅游景点将不予考虑，语言交流是一个临界点；除此之外，交通、住宿、时间、经济等都有可能成为临界点，比如双休日旅游就是一个时间临界点。

2）临界水平以上的法则。

备选的旅游产品和服务不仅要达到临界水平，而且必须超过临界水平才可接受。例如，旅游区必须有康乐项目，并且必须有保龄球馆等。

3）重要性排序法则。

根据不同旅游产品的相对重要性对产品的各特性进行排序，决策时按照最重要的特性将产品进行比较，并选定重要性最高的作为消费对象。例如，一位外国旅游者在中国只有两天时间旅游，如果在北京和桂林中进行选择的话，他可能会选择北京，因为那里中国文化气息最浓、历史文化景点也很多。但是如果他是一个厌倦都市生活的人，他很可能会去山水俱秀的桂林，而其他的特性将被第一重要性所排除。

（三）旅游消费活动

旅游者消费活动有三种类型，即计划消费、重复消费和无计划消费。

1. 计划消费

计划消费是指事先有旅游目的和计划的旅游消费活动。从某种意义上，重复消费也属于计划消费的范围。

2. 重复消费

重复消费指已对某些旅游产品形成品牌忠诚度的旅游消费。如有人每年坚持去某一景点旅游，有些北京旅游者每年都要登 1～2 次八达岭长城，更无须说上山进香的宗教信徒了。

3. 无计划消费

无计划消费又称冲动性消费，是指事先没有任何旅游目的与计划的旅游消费。如旅游者在旅游区看到某一旅游纪念品，事先没有消费计划，因其有纪念意义等而进行消费。

（四）旅游消费的评价

实际的旅游过程中，旅游者也同时把旅游产品的实际价值、特性与内心的期望标准做比较，从而形成新的旅游消费经验，从消费旅游产品中获得反馈，有助于调整未来的旅游消费策略。旅游消费的评价如图 3-2 所示。

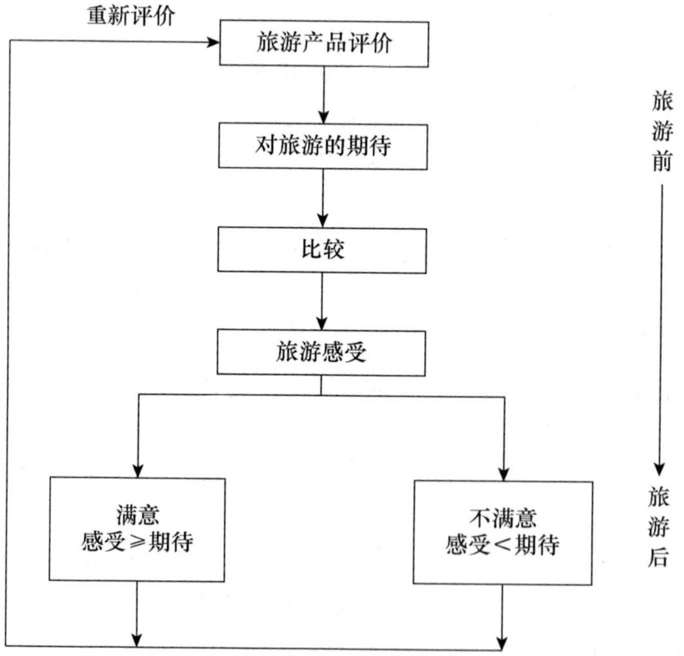

图 3-2　旅游消费的评价

在旅游者消费前对旅游的期望主要有三点：一是个体从旅游中能获得预期的利益，是否真的身心受益；二是这次旅游消费中所付出的代价和努力；三是这次旅游对其他人的影响，期望他人给予肯定性评价。旅游者在旅游后若感到这次旅游与自己的期望目标一致，就会对旅游产品感到满意，形成美好的印象，还会出现重复旅游和动员他人来旅游的消费后评价；反之，则会认为当初决策错误或不够明智。

第二节 影响旅游消费的心理因素

一、知觉

（一）旅游者对旅游条件的知觉

旅游者对旅游条件的知觉主要包括以下几个方面内容：

1. 旅游目的地

旅游者对旅游目的地的知觉是旅游者决定是否去旅游的重要依据。对旅游目的地的知觉可分为以下两大类：

（1）间接知觉。

间接知觉主要指通过媒体、广告、展销会、旅游手册等途径获得的关于旅游目的地的知觉。我国的旅游目的地的指南手册往往印刷不够精良、信息量较少，难以满足旅游者的需求，也不易给旅游者形成良好的印象。

（2）直接知觉。

旅游知觉印象最终取决于旅游者到旅游目的地的亲身体验。旅游目的地的直接知觉的形成取决于下列条件：旅游景观的独特性、观赏性；旅游者的参与程度；旅游设施的安全、方便、舒适程度；旅游服务水平。

2. 旅游距离

从居住地到旅游目的地之间的时空距离一直是影响人们决定是否前往某地旅游的重要因素。虽然现代交通工具迅速发展，甚至能将人送入神往的宇宙，但由于距离知觉所产生的经济、安全、时间等方面的问题是不可避免的。旅游距离知觉对旅游者做出是否旅游的决定具有阻止作用和激励作用。

（1）阻止作用。

旅游距离知觉的阻止作用主要体现以下几个方面：

1）经济条件。

距离越远的旅行无疑花费越多，所以一个国家的出境旅游状况是一国财富的象征。

2）交通时间。

对于持有“时间就是金钱”这一观念的现代人来说，旅游距离远、耗费交通时间长就容易产生阻止作用。

3）身体条件。

旅游需要耗费体力，旅游时的身体消耗比日常生活要多，而且要适应时差、饮食、水土、气候等多方面因素的变化。

4）生活方便程度。

远距离旅行需要携带的物品可能很多，如更换的衣服等。另外，语言和风俗的不同也可能成为不便因素。

5）安全条件。

比如生活在北京的人对于去长城、内蒙古与西藏旅游的安全感是不同的。古诗云：“劝君更尽一杯酒，西出阳关无故人。”更给人以长途旅行的不安全感。

（2）激励作用。

旅游距离知觉的激励作用表现在距离越远的旅游对人越有吸引力。“天那边”“在那遥远的地方”“天涯海角”自古以来都令人们向往，遥远的异国他乡能激发人们的好奇心、神秘感。一方面是由于人们对现实的厌倦与不满；另一方面是由于人们对美好生活环境的向往。对于远距离旅游的宣传要强调交通的快捷便利、生活的方便舒适，这样容易使游客克服距离知觉的阻止作用。

3. 旅游交通

现代旅游交通条件的便利快捷，大大改善了人们旅游的条件。特别是飞机、轮船的出现实现了人类全球漫游的梦想，宇宙飞船的出现更激发了人们到太空旅游的伟大梦想。

影响旅游者对旅游交通条件知觉的因素有以下几点：

（1）安全。

人们外出旅行首先会考虑安全与否。在一些偏僻、原始的自然保护区、沙漠、沼泽地、森林等旅游区，往往由于路面质量不好，加之当地经济条件差、旅游交通工具质量不高等因素，容易造成交通安全事故。有些人对飞机、轮船的安全性也持有怀疑。对于冒险性旅游，如航海、漂流等，人们更担心交通工具的安全性。

（2）速度。

高速的交通工具节省了时间，减轻了旅途中的疲劳。当然速度与安全性成近似反比的关系，飞机速度快，但心理上的安全性差，而且由于受场地的限制，旅游区很少建航空港。

（3）舒适程度。

舒适程度也是旅游者选择交通工具的重要考虑因素，对老年游客更是如此。

（4）服务水平。

不同的交通工具所体现出服务水平也是十分重要的因素。特别是有些客人对服务十分挑剔，对交通工具服务水平的要求也就更高一些。

（二）旅游者对旅游风险的知觉

1. 旅游者对旅游风险知觉的种类

（1）安全风险知觉。

安全风险知觉包括对身体、财产等方面的安全的考虑。旅游者在旅游中比较注意景点、游戏是否对身体有危害，食宿是否安全，交通是否保险等。比如老年游客到黄山就不会轻易去登天都峰，因为那是对体能的严酷考验。

（2）功能风险知觉。

功能风险知觉是指旅游者担心旅游产品和服务是否能够像其广告上和承诺中那样好。比如担心到了旅游目的地后有可能发现景观并没有广告所说的那么好，或者担心食宿条件不好，这些都会产生功能风险知觉。

（3）资金风险知觉。

资金风险知觉是指旅游者对花钱能否获得与之相应的旅游产品与服务的担心。比如对食宿的价格是否合理、旅游花费是否物有所值的怀疑。

（4）社会风险知觉。

社会风险知觉是指对外出旅游能否得到亲友、同事及周围的人认同和赞许的担心。如果不被他人认同，就会感到这次旅游让自己很“没面子”。旅游消费也和其他消费一样会涉及自我形象。

（5）心理风险知觉。

心理风险知觉是指旅游者担心旅游产品和服务能否增强其幸福感、自尊感，或者反过来说，能否引起其不满意或失望的情绪。旅游者在旅游中的心理需求是多方面的，旅游的心理风险知觉主要表现在对旅游活动总的印象是否满意上。

2. 旅游者对旅游风险知觉的影响因素

（1）旅游者的旅游经验。

旅游经验少的人所感知的旅游风险会比较多，特别是从来没有外出旅游经历的人。

（2）旅游者的人格特征。

有些旅游者对风险知觉比较敏感，属高风险知觉者。他们对旅游的选择局限在一个很小的范围内，为了避免做出错误的旅游决策，而宁愿放弃一些好的旅游目的地。而有些旅游者对风险知觉比较不敏感，属低风险知觉者，他们倾向于在大范围内选择旅游目的地，经常做些冒险性的旅游决策。

（3）旅游信息的掌握程度。

旅游者缺乏足够的旅游信息会增强其风险知觉。诸如对旅游收费、旅游目的地的治安状况、景点的情况等缺乏了解，就会增加风险知觉。

（4）相关群体的影响。

去什么地方旅游还经常会受到周围人群的影响。如果个体的旅游决策与周围的人不一致，就会受到周围人的压力。因为同样一个旅游景点，不同的人会有不同的评价和体验。一个人本来很想去某个地方，但如果听到另一个人说那个地方很没意思，就可能觉得不值得去了。

3. 旅游者避免旅游风险知觉的方法

旅游者为了避免由于冒险而造成的不必要的损失，会在做旅游决策前和旅游过程中会采取一些办法来减小和消除风险知觉。

（1）广泛搜集旅游信息。

在旅游消费中，搜集到的有关旅游产品的信息越多，知觉到的风险水平会越低。

一般说来，高风险知觉水平的旅游者要比中、低风险知觉水平的人在搜集信息上花费的时间更长，而且更容易受搜集到的信息的影响。因此旅游广告和宣传材料对他们减少或消除风险知觉很有用处。

（2）选择名牌旅游产品。

选择在广大旅游者中有很好声誉的旅游产品可以减小旅游者的风险知觉。特别是在旅行社的选择上，旅游者很重视它在周围人中的印象如何。所以高风险知觉水平的旅游者比较忠于名牌的旅游产品，而不会轻易地选择不熟悉的旅游产品。

（3）选择高价格旅游产品。

在不考虑花费的情况下，旅游者更倾向于对旅游安全与服务上的高要求，有些人倾向于用价格高低来衡量旅游产品质量的好坏和旅游服务水平的高低，就会用消费高价格旅游产品来降低旅游的风险知觉。

二、学习

（一）泛化与分化

1. 泛化

泛化是指当学习者对某个刺激做出特定的反应时，这种反应不仅可以由原有的刺激引起，也可以由类似的刺激引起。例如当我们看到一个与我们的熟人穿着相同的陌生人时，我们常会认错。泛化特性表明两种刺激越相似，越容易引起泛化反应，消费者容易对类似的事物做出同样的反应。有的产品采用与名牌产品相似的品名、商标、包装等策略进行销售，比如一些旅游景点通过采取这种方法，把自己的景点比喻为“小桂林”“小三峡”之类，以引起旅游的泛化反应。

2. 分化

分化是指学习者对不同刺激做出的不同反应。旅游企业要提高自己产品的知名度，不与其他产品发生泛化反应，就要强化自己的产品特色，展示自己的旅游产品独一无二的特点。在产品和服务上都要体现自己的个性，以利于旅游者识别。

（二）学习曲线

除某些最为简单的学习任务外，学习者的学习过程大都遵循着一个共同的规律：初始阶段效率高，而后随着学会量的增加积累，每次学会的增量逐渐降低，如图 3－3 所示。

这条学习曲线还表明：尽管最初的学习效率很高，但仍需要进行多次学习才能保证有更多的学会量。许多类似的研究表明，旅游者对旅游宣传内容的学习也近似这条曲线。那么旅游经营者在宣传时应该注意，在宣传初期要进行大量重复宣传，有足够的重复次数，才能使潜在的旅游者达到应有的学习量。多次重复以后旅游者的学会量会减少，但不能因此而降低重复的次数，可以周期性地变化广告形式，但保持内容不变，以保持旅游者对宣传的感知和兴趣。

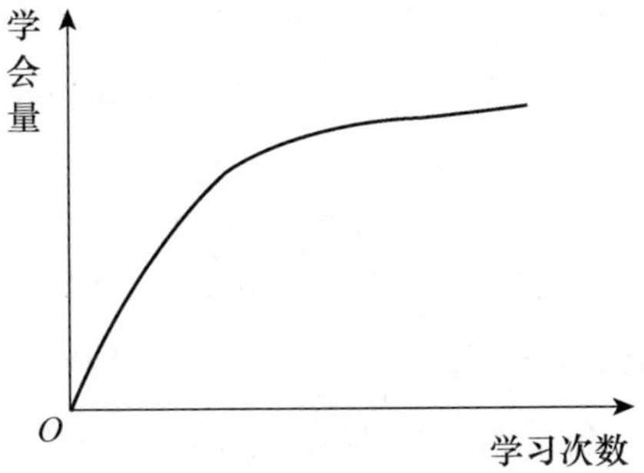

图 3-3 学习曲线

（三）遗忘的特性

在不同的记忆阶段都存在遗忘的机制。遗忘的量及速度取决于不同的测试方法，但是其趋势是近似的。遗忘的规律是：最初的学习时间里遗忘最快，随着学习后时间间隔的延长，遗忘的速度减慢。根据对遗忘和记忆的研究，旅游宣传应注意以下几方面内容：

（1）独特的信息有更大记忆潜力，越独特越不容易被忘记。

（2）记忆序位效应对记忆产生影响，即开头和结尾部分的记忆最好。

（3）学习和记忆依赖于某些线索，如排列有序、易于理解、有诗韵等，线索越多的材料就越容易记住。

（4）重复能够促进学习。

（5）人们对有意义的材料比无意义材料要学得快、记得牢。可以将那些本来没有联系的东西，如产品的商标、品名、电话号码等意义化，从而便于旅游者记忆。有些旅游经营者将本旅游区的项目和服务编成诗，更容易让旅游者尽快记住。

三、人格

（一）旅游者人格类型分析

根据多年以来旅游心理学家对旅游者人格的研究，出现了以下几种人格类型说。

1. 普拉格-皮尔斯的精确型和随兴型人格类型说

（1）精确型。

精确型的旅游者做事喜欢有计划、有目的，一切都要在掌握之中。他们不喜欢去不熟悉的、没把握的地方旅游，出门前要将一切都准备并安排好才行。不喜欢消耗体力太多的旅游，喜欢那些传统的、大众的旅游区。喜欢食宿、交通、游览都可享受到服务的由旅行社组织的旅游。乐于去那些轻松、无太大危险与挑战的旅游目的地。

（2）随兴型。

随兴型的人与精确型的人恰恰相反，越是不可预料的随机、随兴的旅游活动，他们越喜欢。高度的弹性、旺盛的精力和强烈的好奇心，带着他们不断地探索新的领域。

他们不愿意住在豪华旅馆，而宁愿住简陋原始的木屋、石屋，甚至露营，喜欢与当地的文化、居民保持接触并进行学习。随兴型的人认为充满异国情调的地方是学习、成长、冒险的旅游佳境。

实际上，在我们每个人的人格中，精确型和随兴型的特征都是兼而有之的。主题公园、展览馆、购物中心适合精确型的旅游者；不知名的小岛、土著居住区则适合随兴型的旅游者。两种类型旅游者的人格特征如表 3－2 所示。

表 3－2　　精确型与随兴型旅游者的人格特征

人格类型	主要性格	偏爱的旅游点	旅游交通工具	旅游目标	学习的途径
精确型	沉稳、被动、深思熟虑	迪士尼乐园、拉斯维加斯、故宫	汽车、游览车、游轮、飞机	松弛身心、适度刺激、纪念品	博物馆、导游、旅游指南
随兴型	喜好交际、好奇、富有冒险精神	南极、非洲草原	自行车、步行	激发活力、刺激、成长	亲身体验

2. 梅奥-贾维斯的旅游人格类型说

梅奥和贾维斯在进行了大规模的旅游者人格调查后，提出五种旅游者人格类型：

（1）寻求清静型。

这类旅游者愿意在幽静的环境中度假，喜欢新鲜空气和户外活动，爱好整洁、注意健康、不愿意冒风险。

（2）海外旅游型。

这类旅游者与寻求清静型的旅游者相反，他们活跃、富于积极性；注意衣着，追求新鲜感；外向、自信，喜欢主动与人交往，愿意去遥远的地方旅行。

（3）史学家型。

这类旅游者对所有的人、事、物感兴趣。度假旅游对他们来说是长见识、受教育的好机会。这类旅游者不会去危险地带旅游，而会去海底世界、动物园、博物馆等。

（4）厢型旅行车类型。

这类旅游者会“背着家”去旅游。大多数人属于“居家型”，喜欢随身携带较多的私人用品。他们多数年纪较长、个性保守、生活节俭，他们通常有较充裕的时间去自由自在地闲逛，喜欢野外的生活，不急于赶行程，倾向于优哉游哉地边旅行边休息。

（5）事后付款型。

这类旅游者是持信用卡族，对于“即时享受人生，事后慢慢付账”一点也不会感到不安。他们爱好具有冒险性的旅游活动，志在开阔视野、享受生活。

（二）旅游者人格测验

心理测量学为我们提供了多种人格测验的办法。下面介绍一种简便的帮助旅游经营者分析和研究旅游者人格的旅游者偏好量表，如表 3－3 所示。

表 3-3　　旅游者偏好量表

项目	不重要　　　　很重要
1. 异国情调	1——2——3——4——5
2. 冒险刺激	1——2——3——4——5
3. 舒适方便	1——2——3——4——5
4. 豪华享受	1——2——3——4——5
5. 纪念品和购物	1——2——3——4——5
6. 祥和安静	1——2——3——4——5
7. 与当地人打交道	1——2——3——4——5
8. 学习机会	1——2——3——4——5
9. 交通费用	1——2——3——4——5
10. 弹性安排	1——2——3——4——5

量表中，1 代表不重要；2 代表比较不重要；3 代表无所谓重要不重要；4 代表比较重要；5 代表很重要。

利用这个量表可以测出传统旅游型和现代旅游型两种旅游者人格类型。

1. 传统旅游型

第 3、4、5、6、9 题的合计得分超过 20 分的人为传统型旅游者。他们注重舒适与享受，不喜欢冒险与刺激，不想承担风险，也不认为旅游和个人成长有什么关系，因此在旅途中只要稍有不顺心、小挫折，便认为是很大的挑战，结果甚至足以影响其以后的生活和观念。

2. 现代旅游型

第 1、2、7、8、10 题的合计得分超过 20 分的人为现代型旅游者。他们喜欢冒险，热爱新奇的事物，有对所遇到的一切都希望尝试的勇气和兴趣。旅行时乐于和人交谈，喜欢交朋友，乐于接受挑战，能在旅游中体验到自己的成长。

四、动机

动机是产生旅游消费行为的前提。旅游动机是驱动旅游行为以满足个体的内心需要的心理动力。

(一) 旅游动机理论

1. 今井省吾的旅游动机三因素论

日本学者今井省吾等人对旅游动机进行了因素分析，指出了动机中存在的三个因子，如表 3-4 所示。这一分析使旅游行为动机的存在明朗化。

表 3-4　　旅游动机的因子

动机的分类	动机的例子
Ⅰ解除紧张的动机	转换心情 逃避麻烦的现实 接触自然

续前表

动机的分类	动机的例子
Ⅱ充实和发展自我成就的动机	对未知事物的憧憬 接触自然
Ⅲ社会存在的动机	与朋友亲密和睦地相处 从众心理 了解常识 家庭团圆

在组织化的社会中，有一种压抑其构成人员个性的倾向。而且，伴随着都市化的发展，自然环境遭到了极大的破坏，都市生活环境日益恶化。所以，人们就想从这种状况中逃出，外出旅游正是与人们的这种需要相联系的。现代人追求自我的发展和成长，这种需要也体现在旅游动机之中。人本身就是社会性的动物，旅游动机也反映了人的社会存在的本能。

2. 田中喜一的旅游动机分类

日本学者田中喜一总结了西方学者关于旅游动机分类的研究，把旅游动机分为旅游者自发去旅游的“观念的动机”和不得不去旅游的“物质的动机”两大类。观念的动机又分为心情的动机和精神的动机；物质的动机又分为身体的动机和经济的动机。旅游动机的详细分类如表 3－5 所示。

表 3－5　　田中喜一的旅游动机分类

观念的动机		物质的动机	
心情的动机	思乡心	身体的动机	治疗需要
	交际心		保养需要
	信仰心		运动需要
精神的动机	知识需要	经济的动机	购物目的
	见闻需要		商用目的
	欢乐需要		

田中喜一认为，旅游动机可以进行详细的分类。随着“旅游”概念的扩展，将包含更加多样的内容。但是，与引起某种具体的旅游行为相对应的动机概念的设定就不一定有效。人类的基本需要经过了复杂的社会化过程，与各种刺激结合在一起形成旅游动机，进而引起旅游行为的产生。应该说旅游行为产生的机制问题比与这种行为相对应的动机是什么的问题更重要。

（二）旅游消费行为的形成

下面探讨一下由旅游需要形成旅游动机，进而引起旅游行为的机制。形成旅游者消费行为的内外部条件如图 3－4 所示。

引发动机有两方面的条件：一方面是内在条件，是指需要，即因个体对某些东西的缺乏而引起的内部紧张状态和不舒服感，需要使人产生欲望和驱力，引起活动；另

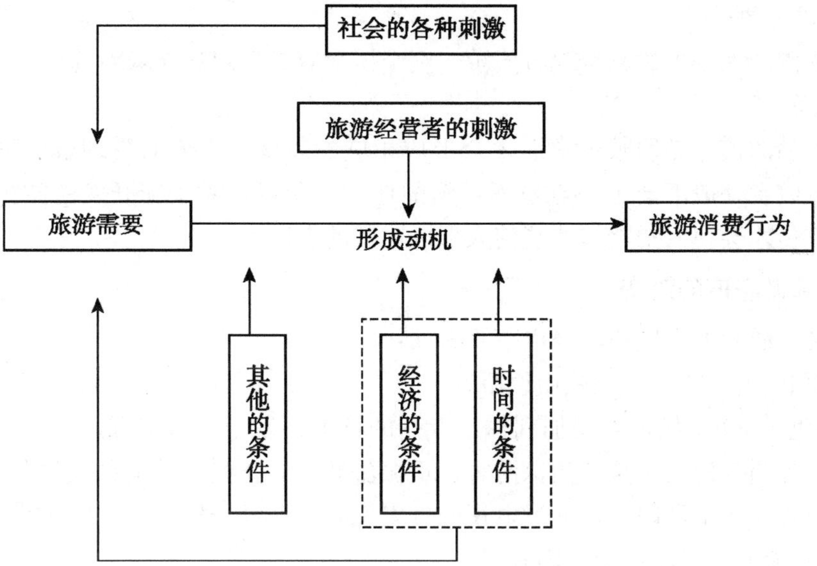

图 3-4 形成旅游消费行为的内外部条件

一方面是外在条件，包括个体之外的各种刺激，即物质环境的刺激因素和社会环境的刺激因素，它们也能够引起动机。

旅游消费行为是由旅游者内在的需要产生的，旅游需要各种各样，一言以蔽之，就是给予日常生活以变化或者说寻求更为丰富的生活内容。经济的条件、时间的条件、其他条件（包括健康状况、有无同行者等），以及社会的各种刺激和旅游经营者的刺激，是旅游行为形成的外部条件，它们也影响着动机的产生。需要并不决定旅游行为，需要和各种刺激结合起来，形成了动机，才能够引起旅游消费行为。

五、态度

（一）旅游态度的形成

旅游态度的形成受以下因素影响：

1. 旅游产品的回报

对于旅游者来说，旅游产品具有一定的物质和精神回报，容易使其形成态度。例如，登泰山游览不仅能健身，而且能欣赏文化遗迹和日出美景；“不到长城非好汉”也包含着一种精神激励。

2. 重复出现

被人们经常谈论的，经常能够在媒体上看到、听到的关于旅游的信息容易影响态度的形成。

3. 条件化学习

将风景区与某种奖励或优待联系起来则容易使人们形成对它的态度。例如，到某某处旅游能中大奖，或能免费消费、治病健身等。条件化学习形成态度主要表现在旅游者在接受旅游服务中形成的态度。

4. 从众心理

如果周围的人都去过某个地方旅游，则个体很容易会跟从大家而选择去那里旅游。

5. 理解

旅游产品的信息必须被理解后才会形成相应的态度，人们对不理解的事物不易形成态度。旅游者一般不会去一点也不了解的地方，所以，对于新开发的旅游景点必须做大量的宣传才会使人知晓，才能使人形成对其的态度。

（二）旅游态度的改变

要改变旅游者的态度应注意以下几方面：

1. 利用名人、专家、权威做说服者

在 20 世纪 80 年代，美国加利福尼亚州的核电站发生了核泄漏，结果吓走了大量的旅游者。加州政府为了重新招徕游客、重振旅游业，于是请当时的美国总统做广告，总统亲自行走在核电站附近，通过电视向世人说明此地没有核危害，广告效果极佳。

2. 增加旅游产品的吸引力因素

凡是旅游者需要的旅游产品和服务，都应在旅游区中体现出来。一个旅游区吸引游客的因素越多，就越能够增强游客的肯定态度。

3. 重视广告宣传

广告宣传是旅游经营者促使旅游者态度改变的重要策略。在旅游广告宣传上应注意以下几点：

（1）宣传者（或经营者形象代表）要有吸引力、可信度、权威性，以及对接受宣传者来说可接受程度要高。

（2）提供真实、可验证的事实和数据，事实胜于雄辩。特别是负面信息的提供更能衬托出正面信息的可信度。比如指出“到本旅游区登山有一定危险”的提示，反而会使旅游者相信这里一定很刺激，并且旅游部门一定会提供相应的安全措施。

（3）观点鲜明、重点突出、易懂易记。例如“不到长城非好汉”的广告词就给旅游者深刻的印象，特别是对于外国游客来说，不到长城似乎意味着没到过中国。

（4）有针对性。针对不同的国家、民族、宗教、年龄、地位的旅游者应采取不同的宣传策略。

（5）逐步提出要求。态度改变有一个时间的过程，让个体立即改变原来的态度反而会使人反感，会令人更坚持原来的立场。应运用“登门槛技术”，就是有计划、分阶段地提出具体要求。比如，在中国，新饭店开张通常第一天要免费宴请亲朋好友、邻居、领导部门，然后在开张第一个月还要用让利、打折等方式来吸引顾客，以培养顾客的信任态度和惠顾习惯。

4. 让旅游者参与旅游活动

应通过改变人的行为来改变人的态度。人的许多态度是和亲身实践密切联系的。美国心理学家爱德华·埃尔斯沃思·琼斯以大学生为被试对象，做了一个参与改变态度实验。首先，他测定的那些大学生在三个具体问题上都持消极否定的态度。然后把他们分成三人一组，要求每一小组有一个人扮演宣传者，按实验提供的材料，以坚定不移的态度向其他人进行有关宣传。结果发现每个人的态度均有改变，且宣传者的态度改变最大。让旅游者全身心参与到旅游过程中来，而不是仅仅让他们当观众和听众，对其态度改变有很大作用。比如到少数民族地区旅游，可以让游客穿上民族服装，参与民俗活动，这样能使游客留下深刻印象。对旅游活动的积极参与能促使旅游者对该旅游项目建立较高的忠诚度。

六、情绪

（一）旅游者情绪的一般特征

日本学者前田勇认为旅游者情绪的一般特征就是紧张感与解放感这两种相反的情绪体验同时高涨。

离开日常生活，到从未去过的地方旅行，旅游者心理上的紧张感会高涨。因为旅行的疲劳不仅反映在肉体上，由紧张感高涨引起的精神疲劳也很大，而且紧张感的作用使旅游者的体验得以增强。结果，作为一般的倾向，愉快与不愉快、喜欢与讨厌等印象强烈地刻在心上。所谓对“不常见的东西容易产生兴趣”就是这个道理。

旅游意味着从日常生活中摆脱出来，在某种意义上来说是从日常生活的各种各样的束缚中解放出来，因此，解放感也会高涨。旅游者虽然会感觉到肉体与精神的疲劳，但同时也能够体验到旅行的快乐。这种解放感的高涨，一方面与“丢丑不在家门口，丢丑丢在陌生地”的心理相联系，另一方面在消费行为上将增加“冲动消费”的倾向。

（二）旅游者情绪与旅游行为类型

旅游者情绪与旅游行为类型如图 3－5 所示。

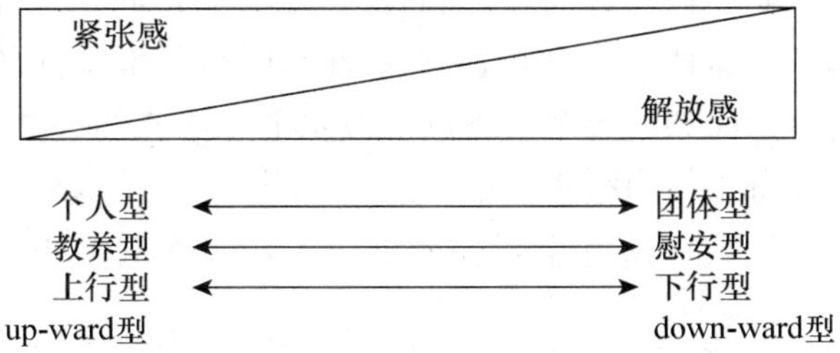

图 3－5　旅游者情绪与旅游行为类型

1. 个人型与团体型

是一个人去旅游还是参加旅游团这两种旅游形态有所区别。个人型旅游因为全部行动都由自己负责，紧张感容易占主导。因此，个人型旅游给旅游者的印象很深，会留下许多的回忆。与此相对，团体型旅游解放感容易占主导。比如某个旅游者初次到国外旅游，如果采用团体型旅游，自己周围的人是亲朋好友或者至少是语言相通的人，就能够给旅游者很大的安全感，会减轻其紧张感。

2. 教养型与慰安型

由于旅游目的的不同，旅游者的情绪也有所不同。以了解、学习为主要目的的教养型旅游者一般紧张感很强；以消遣和娱乐为主要目的的慰安型旅游者解放感容易占主导。

3. 上行型与下行型

旅游目的地的组合也对旅游者的情绪有所影响。这里所说的目的地不是指特定的地方或国家，而是在旅游者看来具有社会、经济意味的“发达国家、地区”或“不发达国家、地区”，是由旅游者主观上做出的判断。前者叫作上行型（up-ward 型），后者叫作下行型（down-ward 型）。一般上行型旅游者比较尊重那个地区的价值标准，采取慎重的行动；下行型旅游者则根据自己的意愿行动，“羞耻”的意识淡薄。

第三节 影响旅游消费的社会因素

一、文化

（一）风俗习惯

风俗习惯反映了一个国家或民族在物质和文化生活方面的传统。具体表现在服饰、饮食、居住、生产劳动、婚丧嫁娶、文娱活动、节庆、禁忌等方面，一个国家或民族的风俗习惯反映了这里人们的共同心理和情感。人们往往把本国家或本民族的独特风俗习惯看成是自己标志，所以在旅游服务中尊重当地风俗习惯是十分重要的。

随着现代社会各民族文化的不断融合，旅游者乐于体验不同国家或民族的风俗习惯。所以，最近几年诸如“世界公园”“民族村”之类模仿其他国家或民族风俗习惯的旅游产品逐渐丰富起来，这使人们在旅游中能更方便地了解不同的文化。节日是人们最感兴趣的民族风俗，如汉族的春节、傣族的泼水节、彝族的火把节等。

文化禁忌是服务接待工作中很重要的一环。例如，由于宗教原因，西方人把“13”这个数字视为不吉利的凶数，这就需要旅游接待工作者在服务中多加注意，不要触犯禁忌。

（二）宗教信仰

宗教旅游是人类最早的旅游形式之一。如唐朝的玄奘法师历经十七年从印度取回佛经的伟大旅行令人赞叹；每年都有成千上万的人去朝拜麦加圣地等。宗教信仰是人类精神文化的一种集中体现，而宗教旅游更给旅游者的旅游目的带来一种神圣的色彩。

中国的风景名胜区大都有各种庙宇寺院，尊重游客的宗教信仰、热心为有宗教信仰的旅游者服务是旅游工作中需要重视的环节。

（三）价值观念

洛基奇从心理学角度出发，认为价值观是指导行为和进行判断的最核心、最持久的信念，也可以把价值观理解为长期偏好的行为方式及信念。价值观作为一种行为标准，它告诉人们应该怎样做，或者应该持什么态度，人们可以有多种态度，但却只能有一种价值观。

洛基奇编制了价值观量表（见表 3－6），在这个量表中测试了两类价值观，即目的性价值观（指信念）和操作性价值观（指决定行为方式的价值观）。两类价值观各有 18 项，每一项都是按重要性组成的连续体或由对立形容词组成的连续体。

表 3－6　　洛基奇价值观量表

目的性价值观	操作性价值观
一种舒适的生活（一种富裕的生活）	雄心（辛勤工作、鼓舞人心）
一种激动人心的生活（刺激、有活力）	宽宏大量（开放）
成就感（长久的贡献）	能力（有效率）
平静的世界（避免战争）	高兴（轻松愉快）
美丽的世界（自然和艺术）	干净、整洁（卫生清洁）
平等（兄弟般的关系、平等的机会）	勇气（坚持自己的信念）
家庭安全（彼此相爱）	仁慈（愿意原谅别人）
自由（独立、自由选择）	助人为乐（为他人谋福利）
幸福（满意）	诚实（正直、真挚）
内在协调（避免内部矛盾）	想象力（大胆、有创造性）
成熟的爱（性和精神上的亲密）	独立（自我依靠、自我满足）
国家安全（保护、避免被侵略）	知识（智慧、反应快）
享受（一种高兴、享受的生活）	逻辑性（一致、合理）
救助（救世的）	爱心（情感细致）
自我尊敬（自尊、自重）	服从（有责任感）
社会认知（受尊敬）	礼貌（有教养、有风度）
真正的友谊（亲密的同伴关系）	责任心（可靠的）
智慧（对生活的成熟的理解）	自我控制（自我约束）

用洛基奇价值观量表的研究表明，旅游消费与价值观之间有着明显的相关性。在旅游消费的档次上，目的性价值观起了很大的作用；在旅游商品的选择上，操作性价值观起着更为重要的作用。价值观会随着时间的推移而发生变化，旅游者的消费价值观也会发生变化。人们更期望能参与到旅游活动中去，人们期望在旅游中获得更多益处，如心理健康、人生蜕变、焕发活力、结交新朋友等。

（四）民族性格和民族审美情趣

中华民族在消费上重积蓄、重计划、重实际、重耐用；在审美情趣上喜欢比较含蓄、柔和的色调，追求庄重大方，在朴素中显出典雅；在社交上，习惯于保持低调，和多数人保持一致，不愿意独处、离群，求同心理比较强；旅游消费时容易受周围人影响，容易形成从众消费效应。而西方人更习惯于推理分析，在消费上强调个人权利与价值，乐于保持自己独立的形象，优先考虑自己的意见。

二、亚文化

在一个国家和社会中，由于国籍、宗教信仰、价值观、地理位置、种族、语言、民族、社会阶层、年龄等因素会形成一种特定的细致的文化，称为亚文化。具有亚文化特征的群体称为亚文化群。在社会文化中的成员既遵从自己生活中的总的社会文化价值观，又恪守他所属亚文化群的独特价值观。从消费行为的角度对亚文化群的研究主要考察人口统计学特征、心理特征、消费模式、促销方式等因素。

（一）地区亚文化

地区亚文化是由于地理位置不同而造成的文化差异。20 世纪的都市化运动促进了城市的发展，而旅游业目前的主要客源是城市消费者，他们更向往大自然，也更容易接受现代旅游项目。由于农村经济水平的提高，乡村旅游者迅速增加，他们将学习他们的参照群体——邻近的城镇旅游者的旅游消费方式。

在中国，北方与南方、东部与西部、沿海与内地、山区与平原等都有着不同的地区亚文化特征，也都有着不同的旅游文化动机。

（二）年龄亚文化

在年龄上一般将人分为儿童期、青少年期、中年期和老年期这四个亚文化阶段。

儿童期是求知与健身的最重要时期，因此我国儿童旅游市场前景极为广阔。

青少年消费者往往在旅游中追求新奇和冒险，冲动型旅游消费比较多。他们的消费欲望十分强烈，超前消费是其重要特点，在旅游中喜欢表现自己。

中年消费者生活阅历深，经济收入稳定，旅游消费比较理性，讲求实际，比较尊重传统习惯，重视家庭温暖与和睦。

老年人在旅游消费中更多是追求健康长寿和生活美满。他们有很多时间，也有稳定的资金消费，旅游时更多考虑安全性及身体的可承受能力，但消费观念守旧。人类学家西蒙斯的跨文化研究指出，老年人有 5 种基本需要：一是尽可能将生命延长；二是获得更多的休息；三是保持他们所具有的成就；四是希望有事情可做，以便打发时间，但不一定要完成什么事情；五是在一种快乐生活的希望中舒适地死去。在旅游接待中要考虑老年人的这些需要。

（三）性别亚文化

男女生理上的差别使其各有不同的亚文化特征。如女性在消费旅游商品时，更注重花色、款式，对旅馆房间布置也较为挑剔。在旅游记忆中，女性比男性对细节的记忆能力更强。从消费决策上看，男性往往是大宗项目消费决策者，而旅游纪念品则更多地被女性消费。

三、社会阶层

（一）社会阶层的划分

社会阶层是许多消费市场包括旅游消费市场细分的重要指标。同一阶层的人们具有相同或相似的消费态度，他们的消费行为方式也趋同。

美国学者将美国人划分为六个阶层，见表3－7。

表3－7　　美国社会阶层体系

社会阶层	成员	人口比例
上上层	当地名门望族、连续三四代富户、贵族、商人、金融家或高级职员、财富继承者	1.5%
上下层	新跻身于上等阶层者、暴发户、尚未被上上阶层接纳者、高级官员、大企业创建人、医生和律师	1.5%
中上层	中等成就的职员、中型企业主、中级经纪人、有地位意识的人、以孩子和家庭为中心的人	10.0%
中下层	普通人中的后上者、非管理人身份的职员、小企业主、蓝领家庭、正在努力并受到尊敬的人、保守者	33.6%
下上层	一般劳动阶层、半熟练工人，收入水平同中上和中下两个阶层一样高的人、对生活满意的人、过着温饱生活的人	38.0%
下下层	非熟练工人、失业者、未经同化的种族集团、持宿命论的人、冷漠者	15.4%

（二）社会阶层与旅游消费行为

研究发现社会阶层对旅游消费行为有影响，但随着经济和社会的发展，不同阶层的消费行为差距存在着减少的趋势。

以美国社会为例，在旅游态度上，下层人民的收入水平不足以支付旅游花费，一般不会加入旅游者行列中；上层的消费者有充足的财力支持，但毕竟是少数；中层的消费者是最乐意外出旅游的。

在旅游动机上，上层的旅游者比较强调身心健康、社交，比较注重身份和自我形象，倾向于去著名的海滩、温泉或费用昂贵的海岛度假，当然也会去一些旅游名胜，而暴发户、富家子弟在花费上更加出手大方，更乐于在赌场等娱乐场所一显身手；中层的旅游者则更爱冒险，寻求新的经历，更乐于参加到旅行团体中，他们感到自己与国家和整个世界有密切的联系；下层的旅游者则认为到国外或某个遥远的地方去旅游是轻率的、费钱的，因而没有兴趣，他们理想的度假方式是去国内的某个旅游区，或到附近的度假村旅游。

四、社会群体

（一）从众心理

群体规范的存在使多数群体成员都有共同的认识、对事物有共同的态度，这对每一个群体的成员自然会造成一种无形的压力。群体成员受这种压力影响，也会保持和群体规范相一致的态度和行为，这就是从众。如果一个人所属的群体中的大部分成员都决定去某一旅游景点游玩，即使这个人并不愿意去，他也可能选择与大家一起去玩，这就是受从众心理的影响。许多传统的习俗或流行时尚都是靠从众心理维持和推动的，特别是当今世界资讯与传媒业十分发达，广播、电视、报纸、互联网等能够将某一种产品、观念、行为在短时期内变成大众标准，从而对个人行为造成强大压力。比如出境旅游成为时尚，人们就会纷纷效仿，利用假日到国外一游。

（二）群体作用

旅行社组织的旅游团属于一种群体，旅游者加入这种群体是因为它能够为游客提供一些方便，满足旅游者的某些需要。具体而言，旅行团这种群体能够为旅游者提供以下五个方面的好处：

（1）为旅游者提供了预定的旅游线路，节省时间，参观全面，尤其方便了那些缺乏经验的旅游者。

（2）使旅游者预先知道自己的行程和住处，从而为旅游者提供了心理上的安全感。

（3）使旅游者预先知道整个行程的全部开销，不必支出额外的费用，为旅游者提供了经济上的便利和安全感。

（4）由领队和导游互相协调，可以最大限度地减少旅游者在旅游过程中与异地社会环境之间的冲突，为旅游者提供方便和安全感。

（5）可以促使团体内的旅游者相互交流、相处融洽，减少相互间的摩擦，创造团结友好的气氛。

总之，有导游的旅行团能够满足旅游者生理、心理、经济和社会方面的需求，所以，旅游者才会热衷于参与这种团体旅游。

五、家庭

（一）家庭旅游决策类型

在家庭中，由于夫妻双方在决策中所处地位不同，他们对旅游消费的影响力也会有所不同，从而导致家庭旅游决策方式的不同。妻子往往对旅游中的购物有较大兴趣和影响力，而丈夫对旅游目的地、食宿条件的选择等方面有较大决策的权力。詹金斯（R. L. Jenkins）对美国家庭成员在旅游决策过程中所起的作用进行了分析和研究，他一共列出九个方面的决策内容。在旅游目的地和食宿条件的选择方面，丈夫是主要的决策者；在是否去度假与准备花多少钱方面往往是由夫妻双方共同做出决策的；其他方面由一方参考另一方的意见再做出决策。家庭旅游决策方式见表 3－8。

表 3－8　家庭旅游决策方式

家庭旅游决策内容	起主导作用的决策方式
旅游目的地	丈夫起主导作用
食宿条件	丈夫起主导作用
是否带孩子一起旅游	共同影响，一方决策
旅游时间长短	共同影响，一方决策
旅游日期	共同影响，一方决策
旅游交通工具选择	共同影响，一方决策
旅游活动内容	共同影响，一方决策

续前表

家庭旅游决策内容	起主导作用的决策方式
是否去旅游	共同影响，共同决策
花多少钱去旅游	共同影响，共同决策

（二）儿童在家庭旅游决策中的作用

儿童，尤其是在独生子女家庭中的儿童在家庭旅游决策中经常扮演着重要角色。他们最终也会成为一个独立的旅游消费决策者，他们在家中不仅主导玩具及零食的消费，而且对家庭旅游也具有一定的影响力。现代儿童比过去的儿童更早地学会消费。乘交通工具和去公园、游乐场等对于小学生已是平常的经验，并且他们经常看电视、杂志，接受广告的影响较深，会轻信广告、电影、电视、杂志、报纸上说的那些东西是真的。

在家庭旅游决策中，儿童会模仿、学习父母的决策方式，并渐渐学会自己提出旅游要求和做出决策。在民主型和溺爱型的家庭中，儿童能提出自己对旅游的意见，并具有较大的影响力；而在传统型、专制型的家庭里，家长说了算，儿童较少有发言权。儿童与旅游动机、旅游目的地的关系也很重要，如果家庭旅游是为了儿童，那么儿童对旅游决策往往具有更大的影响力。

本章小结

本章主要探讨了旅游者消费决策过程，以及影响旅游消费的心理和社会因素等问题。

1. 在旅游者消费心理中，旅游决策是中心环节，旅游决策过程与心理因素以及社会因素等多个变量之间是相互作用、相互影响的。

2. 旅游决策是从旅游的问题认知开始的。问题的认知实质上是对现存的状态与理想状态之间差异的觉察。这种觉察使个体潜伏的需要变成能意识到的现实的旅游动机。在旅游动机的推动下，开始进行旅游信息的寻求与评价，人们倾向于从媒体上、他人的言谈中来获得信息。当然信息寻求首先始于旅游者对自身经验的回忆。当拥有足够多的旅游信息后，旅游者开始对有关旅游产品进行选择，从中选出一个作为旅游消费的对象。旅游消费活动是旅游决策实现的结果，在进行旅游消费以后，人们会根据消费的感受进行旅游评价，从而影响下一次的决策过程。

3. 对旅游决策过程这个中心环节发生影响的因素包括心理因素和社会因素。心理因素有知觉、学习、人格、动机、态度和情绪，心理因素对消费决策的影响是直接的。社会因素包括文化、亚文化、社会阶层、社会群体、家庭等，其中文化是最广泛的影响因素。社会因素通过心理因素来影响旅游者的消费决策。

思考与练习

1. 简述旅游者消费决策过程。

2. 旅游者对旅游消费风险的知觉包括哪些内容？这些风险知觉是如何产生的？又如何避免？

3. 为什么说旅游者对旅游距离的知觉对旅游决策既具有阻止作用，又具有激励作用？

4. 几种学习理论是如何解释旅游者的消费行为的？

5. 旅游需要和动机是如何引发旅游消费行为的？

6. 旅游者的态度是如何形成的？改变旅游者态度有哪些策略？

7. 为什么旅游者常常会出现“紧张感与解放感这两种相反的情绪体验同时高涨”的情况？

8. 文化和亚文化对旅游消费有什么影响？

案例分析与讨论

某旅游团里有一家人，其中的父子两人为“是否应遵守集合时间”的问题吵了好几次。

父亲年纪虽大，“玩性”不小，游览中总是看得多、走得远。由于腿脚不便，行动迟缓，常常让全团游客等他。等的次数多了，其他游客难免会有一些不高兴，可是老人家却不以为然。他认为，只差短短几分钟有什么关系？而且自己是全团年纪最大的，比第二年长的游客还要大三十多岁，年轻人照顾一下老人难道不应该吗？

儿子不久前刚从一所军事学校毕业，他不认同父亲的看法，他认为每个人都应该按照旅游团规定的时间要求来安排自己的活动。只有大家都遵守时间，才能更好地游览。如果有人在团里搞特殊，就有失公平。

一次，在某一景点，父亲游览的兴致非常高，比集合时间晚了二十分钟才匆匆赶回来。由于当时已经快到中午，大家都饿了，在老人家回来之前，有些团员就因为等不及要吃午餐而抱怨了几句。等父亲回到车上，儿子终于忍不住了，对父亲说：“您不能总是这样迟到，全团都在等您一个人。妈喊您一起走，您就是不听。既然大家一起出来玩，就要遵守时间。”

然后，儿子转身对全车的游客说：“对不起，又让大家等了很长时间，我父亲年纪大了，身体不好，腿脚不方便，请大家多多原谅！”

父亲听了儿子的话，很不高兴，训斥道：“你在说什么？我这么大年纪了，照顾一下也是应该的！”

儿子说：“正是照顾到您，我才出面向大家道歉的。”

父亲很生气地说：“你这是要撕破我的面子。你不要面子，我还要呢！”

儿子说：“大家都付了一样的钱，坐车、住房、坐飞机、吃饭都已经照顾您了，如果出来游览还总是要这样让着您，这就太不公平了！您要平心静气地想一想嘛……”

父亲听儿子这样说，大怒道：“你竟敢指责我！”

这时，儿媳妇出来打圆场，说：“算了，算了，我们还是听导游的介绍吧！”

父亲一挥手，说：“这是我们的事，要你来说什么？”

于是母亲又赶忙过来安慰儿媳妇，一车的人都在看着他们这一家人。

［分析］

本案例中的父子之争的深层原因是“文化差异”。

文化差异的表现主要是价值观差异。旅游者对事物或事件会由于价值观不同而有不同的看法，由此发生社会交往中的摩擦。

此案例中，父亲的价值观是以礼仪、和睦、感恩、谦虚、集体（或群体）、好客、尊老爱幼等为重，儿子的价值观则是以效率、金钱、竞争、平等、尊严、守时、直率等为重。

父子为“是否应遵守集合时间”而发生争吵的根本原因在于：父亲强调的是“尊老”，儿子强调的是“平等”和“守时”。显然，这正是两种不同的价值观的碰撞。

在原居住地，由于社会关系比较稳定，人们的“文化表露”一般比较含蓄且具有“公理性”。在旅游活动中，由于旅行团特有的群体性质，“文化表露”比较直接，“公理性”不明显。文化差异需要一定的解释才能被不同文化的旅游者接受，而这又恰恰是旅游团所缺乏的。这就是旅游团内经常发生文化差异碰撞的原因。

如果旅游计划和旅游活动含有大量的文化差异的内容，那么，文化差异碰撞的结果就会严重地影响旅游计划的完整实施和旅游活动的顺利进行。文化差异也是导游与游客发生矛盾的重要原因。

［讨论］

旅游工作者应该怎样认识文化差异对旅游者的旅游行为产生的影响？当旅游者与旅游者之间，或旅游工作者与旅游者之间发生由文化差异引发的冲突时，应该怎样处理？

第四章
旅游产品与营销

学习目标

通过本章的学习，你将了解、掌握：

1. 旅游产品的特性；
2. 设计“旅游经历”产品的方法；
3. FAB 营销技巧。

导入案例

一位北京的居民到云南大理去旅游，游览了苍山、洱海，走访了白族人居住地，品尝了白族人的“三道茶”，回北京时还买回了一套白族的服装。

这位北京游客当然不能像他买的服装一样把苍山、洱海等带回北京，那么他到底购买了什么呢？这就是本章首先要回答的问题。

第一节 旅游产品是什么

一、旅游企业向旅游者提供什么

旅游企业向旅游者提供的是“旅游产品”，“旅游产品”是“旅游吸引物”和“旅游服务”的组合。旅游者不可能像买回一台电脑一样把“旅游吸引物”和“旅游服务”买回到自己家里，但是他们买回的是什么呢？需要我们进行分析。

人们可以从“物品”、“经历”和“感受”这三个不同的层面来满足自己的的需要。当人们还不够富裕的时候，主要从“物品”这个层面上来满足需要的。而当人们觉得自己所拥有的“物品”已经足够丰富的时候，就会要求从更高的层面上来满足需要了，希望自己拥有更加丰富的“经历”。旅游者购买的旅游产品实际上是购买了旅游这一段“经历”，所以，旅游企业向旅游者提供的其实就是“经历产品”。

“物品”和“经历”是具有联系的，比如电视机是一种“物品”，“看电视”则是一种“经历”。如果没有电视机这个“物品”，就不可能产生“看电视”这种“经历”。但是“物品”又不能等同于“经历”，旅游企业向旅游者提供提供的“旅游吸引物”不能直接变成旅游者的“经历”。例如，八达岭长城、故宫和北京烤鸭都是北京的“旅游吸引物”，它们不能直接变成旅游者在北京的“旅游经历”。但是“攀登”了八达岭长城、“游览”了故宫和“品尝”了北京烤鸭就是旅游者在北京的“旅游经历”。

旅游企业还向旅游者提供“旅游服务”。比如：旅游车司机为旅游者驾驶汽车，导游员为旅游者进行讲解，饭店服务员为旅游者提供餐饮，但是这些要变为旅游者的“旅游经历”，离不开旅游者本人的行为。构成旅游者“旅游经历”的是“乘坐”旅游车司机驾驶的旅游车，“听取”导游员的讲解，“享用”饭店服务员提供的美味佳肴。

所以，不仅旅游企业是旅游产品的“生产者”，而且旅游者本身也是旅游产品的“生产者”。

二、旅游中的“围城”现象

人们通常都不会完全满足于自己的日常生活，都很可能想去看一看、过一过别人的生活，或者去过一种从来不曾有过的生活，这就决定了人们总会有“冲出去”的需要。

对于旅游经营者而言，这也就是对旅游的需要，既然人们都想去看一看、过一过别人的生活，那么对于你来说已经是平淡无奇，甚至感到有些厌倦的生活，对于别人来说很可能正是一种想体验一下的生活。旅游经营者通过研究“围城”现象，一方面可以比较具体地了解到人们需要在旅游中得到什么样的补偿，另一方面又可以发现哪些人的日常生活能够当作旅游资源来利用。

三、关于旅游吸引力的问题

（一）旅游吸引力的特性

对旅游目的地持什么样的态度取决于可供选择的目的地有多大的旅游吸引力。旅游者认为某个旅游目的地有多大的吸引力并不完全由此地的实际情况决定，还与知觉、学习和人格这些心理因素有关。所以，旅游吸引力具有主观性、综合性和相对性。

1. 旅游吸引力的主观性

判断某地是否具有旅游吸引力的根据，是那些打算外出旅游的人们是否“认为”那里具有吸引力。

如果人们认为某地缺乏旅游吸引力，旅游经营者应该区分以下两种不同的情况：一种情况是人们因为对那里不了解而认为那里缺乏吸引力；另一种情况是人们在对那里了解之后仍然认为那里缺乏吸引力。

在讨论某地是否具有旅游吸引力的问题时，应该明确地指出所谈论的是对“谁”或者是对“哪一部分人”的吸引力。

2. 旅游吸引力的综合性

某地的旅游吸引力是那里所拥有的各种“旅游吸引物”吸引力的总和。

必须考虑到，各种“旅游吸引物”在人们心目中的相对重要性是不同的，对相对重要性的看法也是因人而异的。

要提高旅游吸引力，首先要提高人们认为最重要的那些旅游吸引物的吸引力，当然也可以有针对性地去施加影响，改变人们对各种旅游吸引物的相对重要性的看法。

3. 旅游吸引力的相对性

通常人们都是经过对几个可供选择的旅游目的地进行比较后才做出旅游决策的，要提高某地的旅游吸引力就是要使那里比其他可供选择的旅游目的地有更大的吸引力。

要有针对性地去做促销工作，就必须了解某地与其他可供选择的旅游目的地在人们的心目中是怎样“排名次”的。在宣传中要让人们对自己的“个性”留下鲜明的印象。

（二）旅游吸引力与旅游排斥力和旅游摩擦力

在人们做出旅游决策的过程中，某地的旅游吸引力所起的作用会在一定的程度上被某地的旅游排斥力和前往某地的旅游摩擦力所抵消。

某地具有旅游排斥力是因为那里有一些旅游者所厌恶的东西。

所谓旅游摩擦力是指人们对将要为外出旅游而付出的种种代价的顾虑。这些代价包括时间、钱财、体力和心理方面的代价等。心理方面的代价包括“人生地不熟”等。

旅游经营者所做的促销工作应该包括提高旅游吸引力、消除旅游排斥力和降低旅游摩擦力。

第二节 “旅游经历”产品的设计

一、现代旅游的两种方式

现代旅游是对新的生活方式的探索和尝试。现代旅游业为人们提供了两种方式或者称为两条途径，使人们能够改变一下日常的生活，去探索和尝试一下新的生活方式。

第一种方式比较符合对旅游的狭义理解，就是到别处去看一看、过一过别人的生活。因为平时我们只能过自己的生活，生活在一个相对固定的圈子内，所以人们总是想在一段时间内离开自己生活的小圈子，到别处去看一看、体验一下别人怎样生活。现代旅游业使人们的这种愿望成为可能。比如我们想去美国、欧洲、澳洲、非洲、日本、东南亚等地，去看一看那里的人们怎样生活，去过一过他们的生活。外国人也想到中国来看一看我们是如何生活的，看一看这个文明古国的历史遗迹、风俗习惯、衣食住行等，中国的国门一打开，吸引了许许多多的外国旅游者。

第二种方式，也是世界旅游业的一种值得注意的发展新动向，即并不完全是让旅游者到别处去看一看、过一过不同的生活，而是创造一个从来没有过的生活环境，对旅游者甚至所有的人都是新鲜的地方，让人们去体验一下他们从来没有经历的生活方式，以这样的途径来吸引旅游者。因为在日常生活中，人们总是不可避免地要受到许多社会规范的约束，于是在国外有一种旅游形式是解除一部分社会规范对人的束缚。比如有一个旅游项目是把若干名旅游者送到一个孤岛上去，解除社会对人的一切压力，这些人在岛上可以随心所欲、为所欲为。还有一种形式是运用现代科学技术创造出一种从未有过的、全新的生活环境，用声、光、电技术甚至某些能对人的心理产生影响的药物，让人们看到一些从未见过的景象，听到许多闻所未闻的声音，尝一尝从未品尝过的新鲜滋味，体验到一种从未有过的不可言状的感受。比如日本东京有一家“厉鬼咖啡厅”，厅内不时传来令人恐惧的鬼怪叫声，幽暗的天花板上鬼影憧憧，坐在座位上还能感受到一阵阵令人心悸的摇曳震动。只要往咖啡杯里倒入热咖啡，杯中就会立即显现出一个女巫的影子，冷却后，影子逐渐消退，这是利用热能使杯中图像显示出来。

二、如何设计“旅游经历”产品

旅游是一种“花钱买经历”的特殊消费，旅游产品具有其特殊性，它不是一种有形的“物”，而是一种无形的“经历”。旅游企业的产品设计是提供旅游吸引物和旅游服务，和旅游者一起来共同创造“旅游经历”。

我们可以画这样一个图（见图4－1)：把我们要设计的旅游产品——“旅游经历”放在中间，围绕着这个中心可以从八个方面来进行思考。

荣誉	人际交往	故事传说
自我表现	旅游经历	享受
知识技能	场景	有形纪念品

图4－1 旅游经历产品设计图

下面是李海瑞先生率领中国旅游记者团访问匈牙利归来所写的《酒窖里的烛光酒会》一文的摘录：

走下台阶进入酒窖时，眼前是繁星似的一片烛光。眼睛慢慢适应了这里的光线后，才看清左右上下排列整齐的木制酒桶，中间的小厅散放着二十多个竖立着的酒桶，每个桶上都点着两三支蜡烛。空气中弥漫着某种气味，善饮的同伴说这是酒香。

迎接我们的是五六位身穿黑色丝绒长袍的男子。这长袍的样式使我联想到欧洲中世纪修道院的修士。除了脑袋全身都掩盖得严严实实。据介绍，他们是当地一个名叫“玛蒂亚斯饮酒协会”的主席、秘书长和委员，其中有些人同时是这家酒厂的厂长和高级职员。他们每人的颈间带着一条红白绿三色宽边的丝带，丝带拴着一只银白色浅勺形的饰物挂在胸前。

主人招呼大家分散站在一个个点着蜡烛当桌子用的酒桶旁。这时，穿着丝绸衬衣、灯丝绒长裙这种当地民间传统服装的姑娘们，笑容可掬地端着一盘盘盛了酒的酒杯鱼贯而出，穿行于各酒桶之间，向客人献酒。

尽管我不会喝酒，但在没有其他饮料可代替的情况下，我也只能接过酒杯，随着大家举杯，装着样让嘴唇和杯缘接触一下。

在这半个多小时内，主人不致辞、不劝酒，只让客人随意地、尽情地品尝他们生产的各色各样的美酒。

一位黑袍职员走过来照应我们几位中国旅游记者。他向我们介绍这家酒厂已有百年历史，在欧洲小有名气。

黑袍主人举起杯向我们敬酒，杯杯相碰，发出“乒”的一声。他笑着问我们：“知道为什么要碰杯吗?”

我们不知何意，还没有想好如何回答，他便边比画边向我们解释：

“请看，品酒时，端起酒杯，先由眼睛观赏酒的颜色是否纯正；再微晃一下酒杯，让鼻子闻闻溢出的酒香是否诱人；然后稍抿一口，品辨酒味是否醇和。你们看，眼、鼻、口都分别享受了酒的色、香、味，唯独亏待了耳朵。所以，要这么碰一下杯，让耳朵享受一下这美妙动人的声音。”

这番话把大家逗乐了，于是频频碰杯：“为耳朵……”

“乒乒”之声甚为清脆。

站在小厅中央的协会主席开始致辞了。想不到他的欢迎词竟是一则古老的故事。他说：“从前这里是当地一位国王的酒窖，酒常常被偷盗，后来换了一位保管员，从此再也没有丢失过酒。国王很满意，亲临酒窖来看个究竟。他发现每个酒桶下方都没有惯有的放酒口，那么，酒从哪里倒出来呢？保管员禀告说，他是改用一种特殊的方法取酒的，原来他在横放着的酒桶腰际上方开个小孔，然后用一只长脖的葫芦将酒吸上来，再倒入盛器。”

主席讲到这里，拿出一只仿葫芦形的玻璃吸酒器。玻璃葫芦约有两个拳头大，其脖（玻璃细管）长 60～70 厘米，内径只几毫米。他将长脖插进身旁一个酒桶上面的小孔，用嘴吸“葫芦”底部的小管，酒就被吸上来了。然后用左右手指将“葫芦”两头的小孔一堵，移向酒杯，放开手指，酒液直泻而下，注入酒杯。

他表演完毕，便宣布他将点名邀请客人按他刚才示范的动作吸酒，吸出的酒不论多少都得一口喝干。若所有动作合格，将被吸收为玛蒂亚斯饮酒协会的会员。

各国旅游记者顿时兴奋起来，他们一个接一个被请上前去吸酒和喝酒。在烛光的闪烁下，看每个人不同的样子，有的笨拙、有的利索、有的幽默、有的故意装鬼脸引发出阵阵笑声。

饮毕，履行入会仪式，主席手执“葫芦”长把，将“葫芦”往我肩上一搁，口中念道：“尊敬的李海瑞先生，您已光荣地成为玛蒂亚斯饮酒协会会员。”接着他又补充一句：“我们也很荣幸，您是我们协会的第一位中国会员。”

接着授予我一张奖状似的会员证书，将一条挂着小酒杯的三色丝带套在我脖子上，还送我一瓶在瓶签上印有我姓名的葡萄酒。随即一阵掌声。

那张证书和那条丝带，成了很有意思的旅游纪念品，拿回家去又变成宣传品。不是吗？现在我拿出证书给朋友们看，不就是帮他做了宣传吗？

别出心裁的产品设计将本是很平常的参观酒厂的项目，变得妙趣横生；本来最多只需 20 分钟就可以参观完毕的，竟让客人们高高兴兴地逗留了两个小时。

我们以上文为例，对“旅游经历”产品的设计进行分析：

第一，需要在现有的场地上，设计一个独特的与外界环境形成强烈反差的场景，使旅游者一进入此地就觉得与别处不一样，能够感受到一种不同寻常的新鲜感。

第二，要考虑旅游者的人际交往问题，要让旅游者经历轻松愉快的人际交往，造就一种轻松愉快的气氛使旅游者获得亲切感。

第三，要考虑让旅游者获得多感官的享受，让旅游者在视觉、听觉、嗅觉、味觉、触觉等方面都获得美妙的享受。

第四，要考虑为旅游者提供一个表现自己的机会，让旅游者不仅是被动地接受一些东西，而且有机会进行自我表现。

第五，要考虑如何利用现有的旅游吸引物，在此基础上添加一些美丽动人的故事传说，使之显得更加丰富多彩。如果有可能的话，还要在现有的景观中挖掘出一些科技含量比较高的知识技能，使旅游者在游玩中也能够学有所获，掌握一些知识技能。

第六，要考虑能够给旅游者一种荣誉、一种象征性的东西，增加旅游者的自豪感。

第七，要考虑给旅游者一些可以带走的有形纪念品，让旅游经历这种无形产品有形化，旅游者凭借这些有形的纪念品可以回忆起旅游中的愉快经历，同时还能够为旅游企业做宣传。

第三节 FAB 营销技巧

一、FAB 法则

FAB 法则，也称为属性、作用、益处的法则，是通过介绍产品的属性、产品的作用和产品能够给予购买者的利益来打动顾客的一种营销手段。

其中：F 为 Feature（属性）、A 为 Advantage（作用）、B 为 Benefit（利益）（见图 4－2）。

属性F —连接词→ 作用A —连接词→ 利益B

图 4－2 FAB 图解

（一）属性（Feature）

这里“属性”指的是产品所包含的客观现实所具有的特质。例如，这套茶具是紫砂陶的，紫砂陶就是产品所包含的那种客观现实、那种属性。

（二）作用（Advantage）

“作用”是指产品的“属性”所具有的功能。例如，紫砂陶的茶具透气性好，能吸收茶汁，壶内壁不用刷，沏茶不会有异味。

（三）利益（Benefit）

这里的“利益”是指产品给客户带来的利益。例如，用紫砂陶的茶具沏茶，可以不失原味，茶香氤氲，得茶之真香真味。

FAB 营销技巧应该这样来使用：因为这套茶具是紫砂陶的，紫砂陶的茶具透气性好，能吸收茶汁，壶内壁不用刷，沏茶不会有异味，所以，购买紫砂陶的茶具来沏茶，可以不失原味，茶香氤氲，得茶之真香真味。这样介绍了产品的属性，这种属性具有什么样的作用，可以满足客人什么样的需求，给客人带来怎样的利益，阐明这三个方面，促使客人购买产品。

二、采用 FAB 法则容易出现的问题

（一）对于产品属性的介绍过于详细和专业化

在产品营销过程中将重心过于放在产品的属性上，比如对茶具的紫砂陶进行过于详细的介绍，使用大量专业术语，对于一般的消费者而言，有些专业术语不容易听懂，会使人感觉云山雾罩，反而产生不信任感，致使推销不成功。

（二）属性、作用和利益三者没有区分清楚

产品的属性是指产品所包含的客观现实，是事实性的；产品的作用也是产品本身所固有的，无论谁购买这个产品，产品的作用都是固定不变的；而利益指的是给消费者带来的好处，是对消费者的益处，是消费者自己感受到的好处，所以是因人而异的，不同的消费者感受到的利益是不一样的。所以在使用 FAB 法则之前，需要了解消费者为什么要购买这一产品，要分析消费者购买某个产品是打算解决自己的什么问题，只有真正了解了消费者的需求，帮助消费者买到他们需要买的东西，这样才能真正给消费者带来益处，满足消费者的利益。

三、FAB 法则在旅游营销中的应用

我们可以把 FAB 法则运用到旅游业的推销中，引导游客到我们的景区游玩，住我们的饭店，消费我们旅行社的产品，购买我们的旅游商品。

我们在向游客推销时，可以这样来引导游客：首先要说明属性，再解释作用，最后阐述利益，这样才能很好地吸引游客（见图 4－3）。

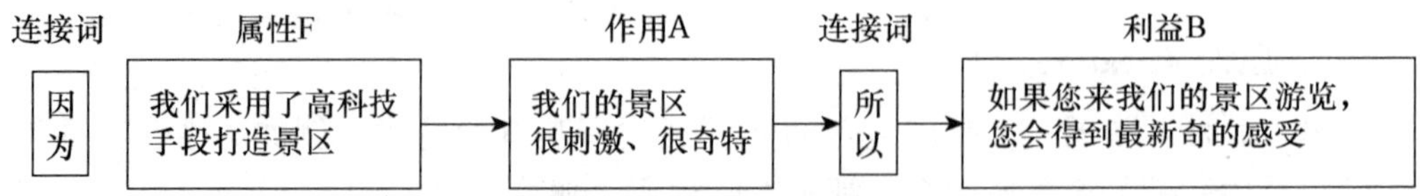

图 4－3　FAB 例解

本章小结

1. 旅游企业向旅游者提供的“旅游产品”是“旅游吸引物”和“旅游服务”的组合。这种组合在旅游者的参与下就构成了“旅游经历产品”，所以不仅旅游企业是旅游产品的“生产者”，而且旅游者本身也是旅游产品的“生产者”。旅游吸引力具有主观性、综合性和相对性。旅游经营者所做的促销工作包括提高旅游吸引力、消除旅游排斥力和降低旅游摩擦力。

2. 现代旅游业为旅游者提供了两种旅游方式：一是到别处去“看一看别人的生活”“过一过别人的生活”。二是创造一个从未有过的、对所有的人都是新鲜的生活环境，让人们去经历一种从未经过的生活方式。从心理学角度设计“经历”产品，要考虑八个方面：第一，要设计一个独特的与外界环境形成强烈反差的场景；第二，要让旅游者经历轻松愉快的人际交往；第三，要让旅游者获得多感官的享受；第四，要为旅游者提供一个表现自己的机会；第五，要在现有旅游吸引物的基础上添加一些美丽动人的故事传说；第六，要使旅游者在游玩中能掌握一些知识技能；第七，要给予旅游者一种象征性的东西，增加旅游者的自豪感；第八，要给旅游者一些可以带走的有形纪念品，让旅游经历这种无形产品有形化。

3. FAB 营销技巧是通过介绍产品的属性、产品的作用和产品能够给予购买者的利益来打动顾客的一种推销手段。

思考与练习

1. 如何理解旅游产品其实就是“经历”？
2. 旅游中的“围城”现象对旅游经营者有何启发？
3. 从心理学角度谈谈“旅游经历产品”的设计。
4. 简述 FAB 营销技巧并举例说明。

案例分析与讨论 >>>>>>

有两位来自山区的女士听说日本料理中的生鱼片很好吃，在沿海的一个城市旅游时特意去了一家日本料理餐厅用餐。生鱼片端上来以后，她们尝了一口，大失所望。她们不知道是生鱼片本来就不好吃，还是这家餐厅的生鱼片做得不好，或者是自己不会吃，调料放得不对。想去问一问，又怕丢了面子，于是硬着头皮咽下了一盘生鱼片，她们发誓再也不会去吃生鱼片了。

做这份生鱼片的厨师辩解说：“这不关我的事！我一向都是这么做的，别人都说好吃。这两个人自己外行，不会吃，这能怪我吗？”为两位女士提供服务的餐厅服务员辩解说：“我怎么知道她们不会吃生鱼片呢？她们不懂怎么吃可以问我嘛，她们又没有向我提问！”

事实上这两位客人觉得生鱼片不好吃是因为她们没有看到桌子上放的酱油，直接沾着芥末吃了下去，确实是她们自己调料放得不对，那么餐厅是否有责任呢？

［分析］

旅游企业向旅游者提供的“旅游产品”是“旅游吸引物”和“旅游服务”的组合。旅游者购买的旅游产品实际上是购买了这一段“经历”，所以，旅游企业向旅游者提供的其实就是“经历产品”。

这两位客人购买了一次非常不愉快的吃生鱼片的经历，谁应该对此承担责任呢？

做这份生鱼片的厨师所做的生鱼片很好，没有质量问题，客人吃得不开心不能怪他；为两位女士提供服务的餐厅服务员要照顾诸多的客人，没有注意到这两位不会吃生鱼片的客人，也不能完全责怪他们。但是客人到餐厅来的目的是要购买一次愉快的吃生鱼片的经历，这两位女士吃生鱼片吃得很不愉快是一个事实，如果一定要追究责任，那么首先要追究这家餐厅经理的责任，因为他应该考虑到可能会有一些客人不了解怎样吃生鱼片，也可能会有一些客人既不会吃生鱼片，也不好意思去问服务员，像这两位女士一样。那么他就应该考虑到酱油放在哪里客人容易注意到，还应该教会餐厅的服务员应该怎样随时观察客人的需求，为客人提供细致入微的服务。他应该牢牢记住我们向客人提供的是包括“旅游吸引物”和“旅游服务”的“经历产品”，每个产品都要帮助客人体验到一次愉快的“经历”。

［讨论］

案例中的两位客人经历了一次很不愉快的吃生鱼片的过程，讨论一下谁应该对此负责任。

第五章

旅游服务中的“双重”服务

学习目标

通过本章的学习，你将了解、掌握：

1. 人际交往的双重性和旅游服务的双重性；
2. 怎样做到让客人觉得你和蔼可亲；
3. 怎样做客人的一面“镜子”。

导入案例

刘先生去北京旅游以后回到自己的家乡，对他的朋友们说：“你们知道北京有个××大饭店吗?”朋友们说：“知道！××大饭店很有名，听说特别豪华。”刘先生接着说：“你们知道我这一次在北京住的是哪一家饭店吗？告诉你们，就是××大饭店！这个饭店真是名不虚传!”刘先生见他的朋友们露出羡慕的神色，就说得更起劲了：“那豪华、气派就不必说了，特别是他们的服务，那可真叫‘没得说’！我一走进饭店大门，马上就有服务员过来接过我手里的箱子，又是欢迎又是问好，非常热情！你们一定以为我也要站在服务台前面，排队等着办住店手续吧？没有！根本就没有排队！他们请我在一个写字台前坐下来，对面那位服务员好像早就在等着我了，住店手续马上就办好了！没有别的客人，就是‘一对一’服务！等我进了房间，刚一坐下，就有服务员敲门进来，送来一杯茶，说：‘刘先生一路上辛苦了，请用茶!’我就纳闷，怎么我刚一上楼，她就知道我姓刘，还知道我是远道而来的呢?”刘先生见他的朋友们似乎都对他肃然起敬，就更加眉飞色舞地说：“有道是‘耳听为虚，眼见为实’，你们只是听说，我可是亲眼见到了！这个××大饭店实在是名不虚传啊!”

案例中，饭店的服务人员为刘先生提供了什么样的服务使得他对该饭店赞不绝口？

我们认为：旅游服务人员要为客人提供“双重”的优质服务，掌握“让客人觉得你和蔼可亲”和“做客人的一面镜子”的服务技能。

第一节

“双重”服务概述

服务一词在英语中的基本含义是“为他人做有益的事情”，服务的问题是旅游接待的核心问题。服务行业的从业人员为顾客提供的服务，是指那些为客人所做的，能使客人从中受益的工作。对于服务的理解有狭义和广义之分：狭义的服务是指为客人解决实际的、具体的问题；广义的服务不仅包括为客人解决实际的、具体的问题，而且包括满足客人心理上的需要。

一、“双重”服务的概念

日本学者前田勇总结了服务的两种不同的使用方法，提出了“双重”服务的概念：一方面服务可以理解为提供的某些方便的活动本身；另一方面是把提供活动的做法理解为服务。前者可称为机能性服务，这方面的服务是根据客观事实来认定的；后者可称为情绪性服务，这方面的服务是根据每个人的主观判断来认定的，能否感觉到服务以及对服务的评价如何，则因人而异。比如服务人员面带微笑为客人送上一杯饮料，“为客人送饮料”可看作是机能性服务，而“面带微笑”可看作是情绪性服务。

在不同的行业中，机能性服务和情绪性服务所占的比重有所不同，如图 5－1 所示。旅游行业中情绪性服务所占的比重比较高。

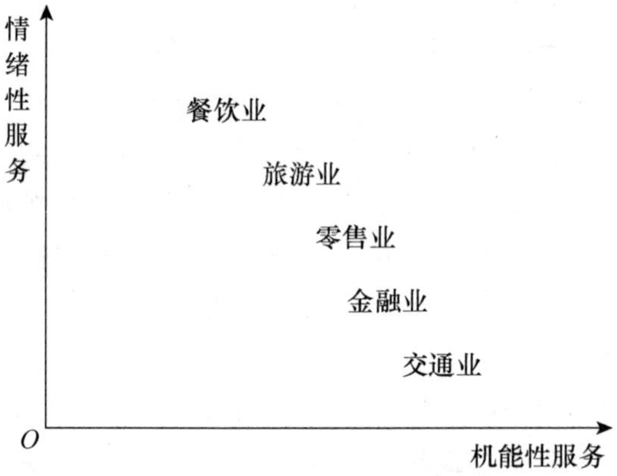

图 5－1　不同行业“双重”服务所占的比重

在本书中，把“双重”服务称为功能服务与心理服务。

二、人际交往的双重性

一般说来，一方面，人与人打交道为了办成某一件事情，解决某一个问题。事情是否顺利办成了，问题是否顺利解决了，这些属于“功能方面”。另一方面，人与人走到一起，相互之间产生了好感还是产生了反感，双方的交往是愉快的、值得回忆的美好的经历，还是不愉快的、不堪回首的难过的经历，这些则属于“心理方面”的感受。

人际交往既有“功能方面”，也有“心理方面”。人们之所以要与他人交往，既是为了获得功能上的满足，也是为了获得心理上的满足。所谓获得功能上的满足，一般是指把事情办成功，或者是指使问题得到解决；而获得心理上的满足，虽然有时只是为了避免孤寂，但更多的是指得到他人对自己的关心、理解和尊重。

从心理学角度，可以把服务看作是一种特殊的人际交往。服务发生于人与人之间的交往之中，是通过人际交往来实现的。当然，服务与一般的人际交往有所不同，交往的双方所扮演的社会角色不一样，一方是提供服务者，而另一方是接受服务者。

既然人际交往有其“功能方面”和“心理方面”的两重性，那么，作为特殊的人际交往的服务也必然具有其“功能方面”和“心理方面”的两重性。

三、旅游服务的双重性

旅游者作为旅游经营者的客人，他们在与旅游服务人员的交往中希望得到什么呢?客人不仅期待着旅游服务人员帮助他们解决种种实际问题，而且还期待着旅游服务人员成为他们的“知心人”，帮助他们消除种种不愉快的感受，获得各种愉快的感受，留下可以长期“享用”的美好记忆。所以，旅游工作者一方面要为客人提供优质的功能服务，另一方面还要为客人提供优质的心理服务。

所以说，旅游服务包含着双重服务：

一是功能服务，是指帮助客人解决食、宿、行、游、购、娱等方面的种种实际问题，提供能使客人感到安全、方便和舒适的服务。

二是心理服务，是指能让客人获得心理上的满足的服务。对心理服务的较为完整的解释是：让客人在旅游中获得轻松愉快的经历，特别是要让他们经历轻松愉快的人际交往，从中获得亲切感和自豪感。

要实现优质服务，就要在为客人解决种种实际问题的同时，还能让客人得到心理上的满足。即使不能完全按照客人的要求解决他们的实际问题，也要在客我交往中让客人得到心理上的满足。

功能服务的质量往往受到旅游企业所具备的种种物质条件的制约，同时也取决于旅游服务人员所具有的知识技能；而心理服务的质量主要取决于服务人员是否具有爱心、工作热情和一定的表现能力，以及能否善解人意。

在本章中，将重点对心理服务进行介绍。为客人提供心理服务有两条要诀：一是让客人觉得你和蔼可亲，使客人获得更多的亲切感；二是让客人对他自己更加满意，使客人获得更多的自豪感。

第二节 心理服务的要诀之一——让客人觉得你和蔼可亲

服务人员在客我交往中，要为客人提供心理服务，在客人心目中树立一个富于人情味、和蔼可亲的形象，就应做到以下几方面。

一、对客人态度谦恭

要让客人觉得你和蔼可亲，服务人员必须首先做到对客人态度谦恭。

谦恭是一种良好的行为方式，是指对客人的感受反应非常灵敏，避免言行上的任何不必要的冒犯。例如，当服务人员没有听懂客人的问话时，不要简单地问："什么？您说什么？"而应该这样问话："请原谅，您能重复一遍吗？"或者是："请您再说一遍，行吗？"不要告诉客人他们必须做什么，而应该采取建议的方式："我认为……更合适，您觉得怎么样？"

让我们看一看以下几个情境中服务人员如何对客人采取谦恭的行为方式。

（1）情境 1：客人们排队等着餐位，并且不断地问服务员："我们还需要等多久？"

服务员应说："太太，还需要 5 分钟，您的餐位我们正在准备。我为您选了一个靠窗口的比较安静的座位。"

（2）情境 2：餐桌服务很忙碌，客人虽然没有抱怨，但是还需要等一段时间才能用餐。

服务员应走过来对客人说："对不起，让您久等了，我理解您的心情，但还需要稍等片刻。是否可以在您的正餐准备好之前给您来点饮料？"

（3）情境 3：客人发现自己的手表丢了，找到经理说："有人拿了我的手表，你怎么处理这件事情？"

经理应说："您的手表丢了，我感到非常遗憾。我会立即通知保安部和客房部，他们会立即去您的客房和洗衣房查找。如果没有找到，客房部会填写一份失物报告，您可以申报房主保险。"

（4）情境 4：情境 3 里的手表未能找到。

保安部人员应说："经过寻找，我们没有找到您的手表，我能理解您在丢失手表之后是多么着急。在过去，常常有客人不小心把东西装起来之后误以为丢了。在填写申报丢失之前，能否请您再仔细查看一下您的行李，确定一下是否放在什么地方了？"

客人仔细查找自己的行李之后，找到了手表，顿时感到十分尴尬。保安部人员应说："不必在意，谁都有可能发生这种事情的。"

（5）情境 5：晚到的客人发现饭店因为超额预订，没有保留自己已预订的客房。

值班经理应说："非常抱歉，由于您来得太晚，我们未能保留您的预订。作为一种补偿，我们今晚为您安排了同样星级的另一家饭店，我们的司机会送您去那里。同时我们会适当减少今晚的房费，并在留言盒里保留您的名字，有什么留言将代为转达。明天一早，您只要打个电话，我们就会派车去接您返回我们饭店。"

上述几个情境都是比较常见的，服务人员的反应可以预先设定好，并且对员工进行相应培训，使员工在各种情境下都能够应付自如。

谦恭的行为方式作为一种后天的条件反射可以通过一些方法来进行训练。例如，著名的喜来登饭店就有一种名叫“谦恭誓约”的培训项目，其条款规定：喜欢每一个来到前台的客人；用眼睛正视客人；面带微笑；眼带微笑；通过眼神向每位客人表达自己的谢意；说话清晰而柔和；直立——不能在客人面前显示出无精打采的样子；预知客人的需要；戴手表以便随时告诉客人准确的时间；若需要等一小时则绝不说只需十分钟；在提供信息时一定要清楚明确；在合适的场合握手一定要紧握；避免消极的表达方式，如“这是违反政策的”；即使是客人错了，也一定要保持态度和蔼；必要时给予老年人和残疾人帮助；随身带纸笔以备借给客人；称呼客人的名字；有意渲染饭店服务的特别之处，如饭店设有电影院、健身房等；询问客人能为其做些什么；在合适的场合赞扬客人的服饰、发型等；当客人抱怨时，一定要设身处地去为客人着想。

总之，能够使客人感觉你和蔼可亲才符合谦恭的行为方式。

二、有效运用有声语言与无声语言

要让客人觉得你和蔼可亲，服务人员必须要有一定的“表现能力”，要善于通过自己的有声语言与无声语言表现出对客人的一片好心。

(一) 有声语言

在运用有声语言时应注意以下几方面内容。

1. 常用语

在客我关系中，以下三句话非常有用：“我能为您效劳吗?”“谢谢!”“非常抱歉!”这三句话都包含着一种对别人的关心与尊重，都表现了谦恭的态度。

诚恳并且郑重地用“请”字能够产生很好的效果。如果在请求别人做某件事情时，应加上一个“请”字。

下列常用语也具有非常大的魅力：“欢迎您再来!”“您和我们在一起，我们感到非常高兴。”“非常抱歉，让您久等了。”“我随时愿意为您效劳。”“非常抱歉，我立刻改正。”“祝您一路顺风!”

2. 语调

有时错误使用语调可能会使谦恭用语失去魅力，例如，错误的语调会让“非常抱歉”一词听上去像是“我对你表示同情，可是我也无能为力”，而“谢谢你”有时可能被理解为是一种讥讽。因为语调可以传达各种情感，如快乐、激动、愤怒、漠然等，使任何言辞表达都既可能产生正面的效应，也可能产生负面的效应，所以语调的变化往往比用词更加重要。欢快的“早上好”比单调的“早上好”能够给客人带来更多的亲切感；“Hello”的最后一个音节上扬意味着欢乐与希望，而降调容易被认为“我什么都不想说”，甚至“我反感你”。

3. 表述方法

服务人员要形成使用文明礼貌语言的习惯，要研究同样的话有哪些不同的说法。一般情况下，用肯定的语气说话比用否定的语气说话会使人感到更柔和一些。在客我交往中，特别是在表达否定性意见时，要尽可能采用那些“柔性”的、让客人听起来觉得“顺耳”的，而不是“刚性”的、让客人听起来觉得“逆耳”的表达方式。

（1）当服务人员要对客人提出某种要求时，最好用肯定的说法，比如可以说“请您……”，而不要用否定的说法，比如“请不要……”。

（2）当服务人员不能马上满足客人的要求时，最好是向客人说明你过一会儿能为他做什么，而不是仅仅说你现在不能为他做什么。

（3）当服务人员不能接受客人的某个意见或建议时，最好是先复述客人陈述的内容，比如可以说“您的意见是……”“您的看法是……”，这样可以表明服务人员在耐心倾听并且明白了客人的想法，表示出对客人的尊重，然后表明自己的想法：“我认为……也许更合适。”绝不要轻易地否定客人的意见或建议。

（4）在拒绝客人的某些要求时，可以先复述客人的要求，然后表明自己愿意为客人效劳，并说明为何不能完全遵从客人的要求，最后提出自己的建议，取得客人的谅解。

（二）无声语言

服务人员在客我交往中不仅要善于运用有声语言，而且要善于运用无声语言，即体态语言，做到两种语言互相补充、配合得当。

眼神、微笑、姿势和动作等无声语言的表现能力可以通过平日的努力和训练来提高。

1. 眼神

表情能够弥补有声语言上的不足，特别是眼神。爱默生说过：“人的眼睛和舌头所说的话一样多，不要字典，却能够从眼睛的语言中了解一切。”

眼神接触是一种有效的体态语言的沟通方式。当服务人员与客人交谈时，注视着对方的眼睛，就意味着是在集中精力倾听客人说话，表示对客人的尊重。

服务人员在与客人说话时应该面向客人并且正视客人，不可东张西望。如果客人发现服务人员在听自己说话的时候眼睛却盯着别处，就会立即失去交谈的兴趣。眼神接触对沟通过程具有反馈作用和强化作用，当然并不是说要目不转睛地盯着对方，以免显得咄咄逼人，而应该通过目光让对方感觉到你在认真倾听，没有分散注意力，否则会被误以为心不在焉和没有礼貌。

是否有眼神的接触还意味着服务人员是否具有信心，眼神在沟通中的作用远比大多数人所认识到的重要得多。人们总是凝视自己喜欢的人；而遇到自己不喜欢的人时，就会把目光移向别处；当出现麻烦或感到难堪时，人们往往垂下眼皮；当人们不想说实话时，往往目光朝下或看着别处而不敢注视对方。一般说来，有信心的人在交谈中往往正视对方。一个优秀的服务员必须培养在与客人说话时正视对方的习惯，这种习惯在客我交往中能够使交往更加顺利地进行。

2. 微笑

微笑是旅游服务灵魂的“十把金钥匙”（Ten Golden Keys）之一，是各国客人都能够理解和欢迎的世界语言。

微笑在客我交往中意义重大，微笑意味着友善、象征着诚意，减少了不安、化解了敌意。当服务人员和颜悦色、满面春风对客人笑脸相迎的时候，就向客人传递了“我们欢迎您，我们愿意为您效劳”的信息。真诚、热情、发自内心的微笑最能够使客人觉得你和蔼可亲，是赢得客人满意的最有效的手段。

微笑不费分文，却能够给每一位客人都留下美好的印象。微笑者本身不会失去什么，见到微笑的人也会感到轻松、愉快。微笑可能产生于一瞬间，但它的效应是持久的。

我国自古就有“非笑莫开店”这样的俗语，微笑能使客人产生好感，给企业带来财富。希尔顿酒店集团是世界上规模最大的酒店集团之一，它的成功秘诀中最重要的一条就是其服务人员“微笑的影响力”。集团创始人康拉德·希尔顿年轻时接受其母亲的忠告，找到了一种简单易行、不花成本、行之持久的“法宝”——微笑。在他从业的五十多年里，无论到分设在哪个国家的希尔顿酒店视察，他向上至总经理下至一线服务员的各级员工问得最多的一句话就是：“今天你对客人微笑了没有?”

日本最大的饭店之一——新大谷饭店也提出了“微笑是打动人心弦最美好的语言”“微笑是通往全世界的护照”“笑脸相迎将使你们的工作生辉”等口号。

所以，作为旅游服务人员，应该牢记康拉德·希尔顿先生的一句话：“如果旅馆里只有第一流的设备而没有第一流的服务员的美好微笑，就好比花园里失去了春天的阳光与和风。”

3. 姿势和动作

姿势是指身体呈现的样子，动作是指身体的活动。

客人往往能从服务人员的姿势和动作上判断他们是否友善、可信、细心、灵活。服务人员站、坐和走路的姿态等，都能够给客人留下好或是不好的印象。所以，服务人员要注意自己的各种姿势和动作。站要直立、坐要端正、走路要抬头挺胸，姿势和动作都要显得精神饱满。

服务人员应注意以下几点：凡是在为客人服务的地方，无论有什么理由也不允许跑步；在为客人服务的时候，服务人员之间不能交头接耳、窃窃私语；在客人面前不要随意摸自己的脸和头发；不要用手指点指客人；不能僵直着身体一动不动，以免显得很不自然。

适度地运用肢体动作可以弥补言语上的不足，但是动作过于夸张也会惹人讨厌。在适当的场合，主动地与客人握手可以使对方产生一种亲近感。在与客人握手时，目光要平视对方，动作要干脆，对异性不宜握得太紧。

一个人的行为方式对他的心理有很大的暗示作用，信心也可从站姿、坐姿、走姿中体现出来。行动有信心，就能够树立信心；动作无精打采，心情就容易消沉；行为友善，态度就会友善，也容易与客人形成友善的关系；站得直并且稳的时候，大脑反应就会更快。对服务人员可以开展各种培训项目，让他们养成良好的站、坐、走的姿势，纠正那些使自己和客人感到不舒服的姿势。

行为动作方式因文化的差异而有所不同。例如，日本人和韩国人用鞠躬来表示对客人的尊重；在中国，握手是一种必要的礼节，表示对客人的友好。

服务人员在与客人打交道时，和客人之间应该保持多远的距离是因人而异的，而且与文化背景的差异有很大的关系。在与拉美人和中东人谈话时，如果离得比较远，就会使他们感到不友好；而在与欧洲人和北美人谈话时，如果离得比较近，就会使他们感到不舒服。同时，人们的社会地位不同也会影响人们之间的距离，例如一些特别喜欢显示自己的声望和那些地位高于别人的人与社会地位相对比较低一点的人打交道时，总要拉远距离，以体现出一定的“社会距离”。

三、具有敏锐的洞察力

要让客人觉得你和蔼可亲，服务人员必须善于洞察客人的情绪变化，并及时做出恰当的反应。

日本心理学家多湖辉总结了如何通过观察面部表情的变化来体察人类的不同情绪，见表 5-1。

表 5-1　面部表情与情绪

面部各部分	情绪				
	喜悦	愤怒	悲哀	恐怖	嫌恶
额与眉	平静	眉尾向上扬起呈倒“八”字形，眉间有皱纹	眉毛向下斜，呈“八”字形	眉毛向上扬起，前额出现皱纹	眉毛稍微扬起，呈现皱纹
眼睛	下眼睑向上扬起，眼周出现皱纹	睁得很大	部分或全部闭合	睁得很大	稍微缩小，眼球不停活动
鼻	正常	鼻孔扩大	鼻孔缩小、稍微斜长	鼻孔扩大	向上斜，出现皱纹，鼻孔扩大
嘴巴	开口，上齿露出	开口，下齿露出	开口	开口，咧开得更大	稍微向上倾
唇	唇角上扬、向两边咧开	唇角下垂，下唇缩紧	唇角下垂，下唇抖动	唇角稍微向下垂	唇角下垂
下颌	下垂	用力向前突出	下垂	固定	下垂

服务人员可以通过训练提高自己从客人的面部表情来洞察其内心感情的能力。一个有效的方法是：看电视时，把电视机调到静音，集中注意力，仔细观察画面上的人物表情，体会他们的内心感情，然后再调出声音，加以对照。这样反复多次，能够学会准确地洞察人们的情绪变化，锻炼敏锐的观察力。只有充分地洞察客人的情绪，才能做出适当的、能使客人满意的反应。

第三节 心理服务的要诀之二——做客人的一面“镜子”

一、人际交往中的“镜子”作用

人的自我评价与别人对自己的评价是紧密相关的，如果一个人经常从别人那里获得肯定的评价，他就会感到自豪；相反，如果经常从别人那里获得否定的评价，他就会感到自卑。总之，人们都重视自己在别人心目中的形象，而且是从别人对自己的反应来判断自我形象的，也就是说，人们总是把别人当作自己的一面“镜子”来看待。所以，在人际交往中，人们彼此之间都起着“镜子”的作用。

服务人员在为客人提供服务时，必须考虑到自己就是客人的一面“镜子”，客人要从服务人员这面“镜子”中看到他们的自我形象。为了增加客人的自豪感，服务人员就应该恰当地做客人的一面“镜子”。这面“镜子”有一种特殊功能，就是能够以恰当的方式发扬客人之长处、隐藏客人之短处，让客人在我们这面“镜子”中看到自己的美好形象。

二、“扬客人之长”和“隐客人之短”

所谓长处和短处，是指在相貌、衣着、言谈举止、知识经验、身份地位等方面的优势和劣势。

“扬客人之长”包括赞扬客人的长处和提供一个机会让客人表现他的长处。增加客人的自豪感能够使其得到心理上的满足。因此，服务人员应该有这样一个信条：如果你能够让客人对他自己更加满意，他就一定会对你非常满意。但要注意绝不能为了扬某些客人之长而使其他的客人受到伤害。“隐客人之短”包括两个方面：一方面，服务人员绝不能对客人的短处感兴趣，绝不能嘲笑客人的短处，绝不能在客人面前显示自己的“优越”；另一方面，服务人员应该在众人面前维护客人的“脸面”，在客人面临窘境时，帮助客人“巧渡难关”。

一般说来，客我交往中最敏感的问题是与客人的自尊心有关的问题。因此，服务人员应该牢记：绝不要去触犯客人的自尊心。虚荣心是一种“变态”的自尊心，在“提供服务者”和“接受服务者”这种特定的角色关系中，作为服务人员，还是不要去触犯某些客人的虚荣心为好。

如果服务人员能够恰当地为客人“扬其长，隐其短”，做客人的一面“镜子”，就能够让客人对他自己更加满意。

本章小结

本章探讨了旅游服务中的“双重”服务以及应如何赢得客人满意的问题。

1. 旅游服务中的功能服务是指帮助客人解决食、宿、行、游、购、娱等方面的种种实际问题，使客人感到安全、方便和舒适的服务。

2. 旅游服务中的心理服务是指能让客人获得心理上的满足，让客人在旅游中获得轻松愉快的经历，特别是要让他们经历轻松愉快的人际交往，使他们从中获得亲切感和自豪感的服务。提供心理服务的两条要诀是：让客人觉得你和蔼可亲，使客人获得更多的亲切感；让客人对他自己更加满意，使客人获得更多的自豪感。

3. 要让客人觉得你和蔼可亲，服务人员必须对客人态度谦恭；必须有一定的“表现能力”，善于运用有声语言和无声语言表现出对客人的一片好心；必须具有敏锐的洞察力，善于观察客人的情绪变化，并及时做出恰当的反应。

4. 要让客人对他自己更加满意，服务人员就应该做客人的一面“镜子”，能够“扬客人之长”和“隐客人之短”，让客人在这面“镜子”中看到自己的美好形象。

思考与练习

1. 什么是对于服务的狭义理解？什么是对于服务的广义理解？为什么说要实现优质服务，就应该对于服务有一个广义的理解？

2. 当旅游服务人员精神饱满、和颜悦色地出现在客人面前时，即使他什么事情都没有做，我们也可以说他已经为客人提供了一种服务。你认为这种说法对吗？

3. 对于分工不同的旅游服务人员，为客人提供心理服务的两条共同要求是什么？

4. 旅游服务人员为什么必须具有“表现能力”？请举例说明旅游服务人员应该如何提高自己的“表现能力”。

5. 为什么说作为旅游服务人员，既要善于运用无声语言，又要善于使用无声语言？

6. 为什么说旅游服务人员应该成为客人的一面“镜子”？请举例说明怎样做客人的一面“镜子”。

案例分析与讨论

一次，有位姓张的客人在离开某饭店时把一条浴巾放入行李箱内打算带走，客房服务员发现后报告了大堂副理。按饭店规定，损失一条浴巾需向客人索赔50元。

大堂副理在大堂找到了刚结完账的客人，礼貌地请他到一个不引人注意的地方，对他说：“张先生，服务员在检查房间时发现您的房间少了一条浴巾。”客人有些紧张，但为了维护自己的面子，拒不承认自己带走了浴巾。大堂副理为了照顾客人的面子，对客人说：“请您回忆一下在您住店期间是否有您的亲朋好友来过房间，将浴巾顺便带走了。”客人不耐烦地说：“我住店期间根本就没有亲朋好友来过。”

这时大堂副理又给客人一个台阶下，他对客人说：“您回忆一下是否把浴巾拿出过浴室，用完放在房间的什么地方了？”可是客人没有理解，说：“没有。”大堂副理只好做进一步暗示：“以前我们也发生过类似情况，一些客人以为浴巾不见了，但他们后来回忆起来是放在床上，被毯子盖住了。您是否能上楼看看，浴巾可能压在毯子下。”这次客人理解了大堂副理的用意，赶忙拎起行李箱上楼回到房间。

过了一会儿，客人回到大堂，见到恭候他的大堂副理，故作生气地说：“你们服务员查房不仔细，浴巾明明在沙发后面嘛!”大堂副理不露声色，很有礼貌地说：“对不起，张先生，打扰您了，谢谢您的合作。”为了使客人尽快从尴尬中解脱出来，大堂副理又很真诚地说了一句：“欢迎您再次光临本饭店。”同时热情地和他握手。

［分析］

案例中的大堂副理在得知客人准备擅自将饭店的东西带走时，非常巧妙地做到了“隐客人之短”，将这个事件处理得很好。首先，他礼貌地将客人引到了一个不引人注意的地方，这样就能很大限度地保护客人的自尊心。其次，他没有直截了当地说：“先生，您为什么拿走饭店的物品？快交出来!”甚至是：“您为什么偷饭店的东西?”而是旁敲侧击地提醒客人，一再给客人台阶下，并为客人设计了解决问题的办法，使客人可以“悄悄地”改正错误。最后，在客人归还浴巾后却将责任归于服务员的疏忽时，大堂副理没有与客人计较事情的具体责任，在事情已解决的前提下避免让客人陷入窘境。大堂副理的做法既保全了客人的面子、表现了对客人的尊重，又维护了饭店的利益。

［讨论］

当客人表现出不恰当的行为时，旅游服务人员应怎样为客人“隐其短”，让客人对自己的服务更加满意?

第六章
旅游服务的双因素

学习目标

通过本章的学习，你将了解、掌握：

1. 赫茨伯格的双因素理论和旅游服务的双因素；
2. 心理服务的双因素；
3. 六种体现对客人的特别关照的方法。

导入案例

一个深秋的下午，在与顾客洽谈完业务之后，伍先生独自走在异乡的街道上。“街上的路人行色匆匆，都赶着回家与家人吃晚饭呢！”伍先生心里感叹着，“今天是自己31岁生日，哎……想不到今年得独自一人在异乡度过。”一想到今晚要回饭店面对那空无一人的房间，他不禁伤感起来。秋风萧瑟，他继续漫无目的地走着，第一次深深地感受到了“独在异乡为异客”的心境。

不知走了多久，突然一阵风吹来，伍先生不禁瑟缩了一下。这时，他才意识到夜幕已降临，该回饭店了。

走进已经住了四天的饭店，伍先生忽然觉得饭店与平时好像有点不同，他在碰到饭店员工的时候，看到他们脸上露出亲切友好的微笑，但那种微笑中似乎带着点神秘。

当他满怀疑惑地走到自己的客房时，惊奇地发现门把手上挂着一个粉色大信封，信封上写着：“伍德华先生亲启”。他打开信封，发现里面竟然是一张精致的生日贺卡，贺卡上写着：“尊敬的伍先生：今天是您31岁的生日，本饭店很荣幸能与您一起度过这个特殊的日子，本饭店全体员工祝您生日快乐、身体健康、事业顺利！××饭店全体员工敬呈”。

“真想不到身在异乡竟然还能收到生日祝福。”伍先生有点感动地看着贺卡。

当他打开房门时，他禁不住要惊呼出声来：房间的地上用一根根的荧光棒摆出了“生日快乐”四个大字，一大束放置在茶几上的百合花在荧光的映照下更是显得晶莹欲滴！伍先生既感动又激动，想冲到饭店大堂去感谢饭店为他所做的一切，当他一转过身来，他再一次惊讶了！客户部经理和几个服务员正用推车推着一个插着点燃的蜡烛的双层大蛋糕朝他走来，推车上还有一份散发出阵阵诱人香气的晚餐和一瓶香槟。伍先生想说一句感谢的话，但过于激动的心情却让他久久都说不出话来。

这时，客房部经理说话了："伍先生，祝您生日快乐！这是我们饭店送给您的一份小小心意，希望您喜欢！另外，我们为私自看了您入住档案上的生日向您道歉，希望您能谅解。"经理的一番话说得伍先生热泪盈眶。

"今天是您的生日，让我们开香槟来庆祝一下吧！"说完，经理便示意身旁的服务员打开香槟。

瓶盖"砰"的一声被打开，一股香槟泡沫涌了出来。当经理捧起一杯香槟递给伍先生并再次祝他生日快乐时，伍先生激动地握住经理的手，说："谢谢！谢谢你们！"

五天后，当伍先生要离开饭店时，他再一次紧紧地握住经理的手，对她说："真的很感谢你们这些天来给予我的热情服务，你们让我度过了一个十分难忘的生日！我一定会再来的，谢谢！"

案例中饭店的服务人员体现了心理服务的"魅力因素"——对客人进行特别关照。

我们认为：旅游企业和旅游服务人员要分两步来提高服务质量，既要用共性的、少了它就不行的"必要因素"来避免客人不满意，又要用个性的、有了它才更好的"魅力因素"来赢得客人满意。

第一节 必要因素和魅力因素

一、赫茨伯格的双因素理论

美国心理学家赫茨伯格在20世纪50年代末对北美洲大企业的员工进行了大规模的调查，了解员工对本职工作的满意程度。赫茨伯格总结道：对工作满意或者不满意这两种感觉并不是相反的两面。工作满意的反面并不是工作不满意，而是没有得到满意。同样，工作不满意的反面并不是工作满意，而是没有感到工作不满意。所以他认为员工对本职工作的"满意"或"不满意"涉及两类不同的因素：维持因素（H因素）和激励因素（M因素）。如果连维持因素都不具备，员工对本职工作的评价肯定是不满意；如果仅仅具备维持因素，而缺乏激励因素，员工对本职工作的评价是不能说不满意，也不能说满意；只有在既具备维持因素，又具备激励因素的情况下，员工对本职工作的评价才可能是满意。

借用赫茨伯格的双因素理论来探讨旅游服务的问题，我们可以把旅游企业在市场竞争中必须具备的因素和提高旅游服务质量、赢得客人满意必须具备的因素分别称为必要因素与魅力因素。

二、"少了它就不行"和"有了它才更好"

当人们要在多个事物中取舍时，通常是把那些显然是不合意的对象排除掉，然后再从余下的对象中选择出最合意的一个。那些被排除的对象之所以被排除，是因为它们连那些“少了它就不行”的因素，即必要因素都没有；而那些被选中的对象之所以被选中，则是因为它们不仅具有“必要因素”，而且具有某种或某些“有了它才更好”的因素，即魅力因素。

三、共性因素和个性因素

必要因素是所有可供选择的对象所共有的共性因素；魅力因素则是那些被选中的对象区别于其他对象的个性因素。

旅游企业在与同行的竞争中，只靠那些已经成为共性因素的必要因素是不可能取胜的，要在竞争中获胜，必须拥有一些还没有成为共性因素的魅力因素。

四、“避免不满意”的因素和“赢得满意”的因素

如果我们把客人对服务的评价分为三种：好的评价是“满意”，坏的评价是“不满意”，介于好与坏之间的评价是“不能说不满意，也谈不上满意”。那么，服务的必要因素只是“避免不满意”的因素，魅力因素才是“赢得满意”的因素。

旅游企业为客人提供的服务如果连必要因素都不具备，客人肯定不满意；但是，如果只有必要因素而没有魅力因素，客人虽不会感到不满意，也不会感到满意。所以，旅游企业既要用共性的、“少了它就不行”的必要因素去避免客人不满意，又要用个性的、“有了它才更好”的魅力因素去赢得客人满意。

一般来说，客人对服务的评价是根据对服务的自我期待和在接受服务时的实际感受的对比来做出判断的，如图 6－1 所示。

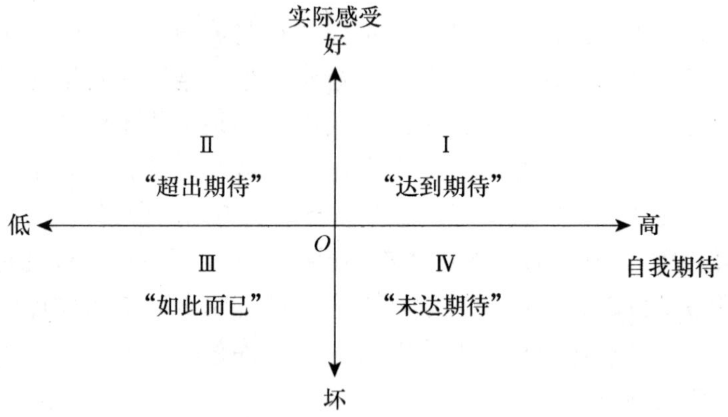

图 6－1　客人对服务的评价

所以，如果服务不具有必要因素，肯定达不到客人的期待；如果服务仅有必要因素而缺乏魅力因素，客人会感到“如此而已”；只有当服务同时具备必要因素和魅力因素时，才能达到或超过客人的期待。

第二节 心理服务的双因素

一、“一视同仁”与“特别关照”

为客人提供的功能服务和心理服务都应该既有必要因素，又有魅力因素。

就心理服务的双因素而言，应该是服务人员对客人既能做到“一视同仁”，又能体现出“特别关照”。也是说，服务人员既要坚持对所有的客人一视同仁，又要努力做到对每一位客人特别关照。

每一位客人所得到的功能服务是与其所付费用相联系的，不可能人人都相同。但是，就服务人员为客人提供的心理服务而言，必须一视同仁，不能厚此薄彼。服务人员对客人实行规范化的、一视同仁的服务，能够避免客人产生“被亏待”的感觉，就能够避免客人不满意。所以，我们可以把一视同仁看作心理服务的必要因素。

但是，仅仅做到一视同仁虽能够避免客人不满意，却还不足以赢得客人满意。服务人员只有做到对每一位客人特别关照，让客人产生“受优待”的感觉，才能使客人感到特别满意。所以，我们可以把特别关照看作心理服务的魅力因素。

二、“一视同仁”与“特别关照”相结合

服务人员在为客人提供服务时，必须做到一视同仁与特别关照相结合，坚持为每一位客人提供标准化的服务，绝不随意“偷工减料”，并且尊重每一位客人，这就是做到了一视同仁；努力为每一位客人提供“针对个人”“突出个人”的服务，这就是做到了特别关照。

服务人员所面对的每一个服务对象，作为“客人”这种社会角色，他与别的客人是相同的，应该被一视同仁地对待；但是，作为一个人，他是独特的，和其他任何一个人都不一样，所以服务人员应该把“这一位”客人与其他客人区分开来、从所有客人中突出出来，让他产生受到特别关照的感觉。

要提供“针对个人”“突出个人”的服务，一个简单易行的办法就是称呼客人的名字。大多数客人都喜欢服务人员称呼自己的名字，所以，许多旅游企业都要求服务人员在每次与客人接触的时候都能够称呼客人的名字，以使客人感到亲切、受尊重和被突出。所以，饭店服务人员在客人登记住店时最好在客人签字处打印客人的名字，并念一遍，询问客人读音是否正确，准确地记住客人的名字。人们通常对自己的名字非常敏感，如果听到服务人员叫错了自己的名字会很难堪，有人甚至会觉得很沮丧。服务人员应该避免叫错客人的名字，否则就会被认为是粗心和不礼貌。因此，旅游企业应该对自己的服务人员进行培训，使他们养成一种在接触客人一两次之后就能够准确地叫出客人名字的习惯，这样就能使客人感到自己很重要，并有一种宾至如归的感觉。

日本学者前田勇举过一个例子，有一家很有名气的饭馆，饭馆服务员会对所有的客人说“欢迎您光临”。有一天，一位常客对这家饭馆表示非常失望，因为这一天他三次来到这家饭馆用餐，而且恰好三次遇到的都是同一位服务员，而这位服务员竟然三次都用“欢迎您光临”这句话来向他打招呼。一天之内三次面对面地打了交道，这位服务员仍然机械地重复本应对初次光临的客人说的问候语，这使得这位客人感到非常不满意。“欢迎您光临”是对所有客人表示欢迎，但是这位一天之内光顾了三次的客人可能抱着“理应受到特殊的接待”的心情，而服务员不了解和不能满足客人的这种愿望，不能为他提供“针对个人”的服务，客人就会对整个服务做出很差的评价。

客人对服务质量好坏的评价是根据自己的感受来做出判断的，只有为客人提供“针对个人”的服务，才能使客人感到被特别关照。但是，服务人员也要注意，不能因为要表现出对个别客人的特别关照，而使其他的客人产生厚此薄彼的感觉，这样就违背了一视同仁的原则。服务人员应该针对每一位客人都体现出特别关照，把一视同仁与特别关照统一起来。

第三节 如何体现出对客人的特别关照

具体而言，要体现出对客人的特别关照，可以采用以下的几种做法，下面结合一些案例来加以说明。

一、提供“分外”服务

有一次，某饭店的某客房服务员在为一位客人做夜床时，发现鞋篓里面有一双沾满泥土的脏皮鞋，他就用湿布将鞋擦干净并打上鞋油以后放回原处。以后连续五六天，那位客人每天都把脏皮鞋放在鞋篓里，这位服务员每天都不厌其烦地为客人把鞋擦得油光铮亮，而且拒绝了客人给的小费，这使得客人非常感动，一再要求总经理表彰那位服务员。

有一天，住在某饭店的一位女宾客找到服务员，要求在她离开饭店外出办事的时候，帮助照料她一岁的小孩。饭店客房部抽出一名已婚服务员承担这项特殊服务。在之后的几天里，这位服务员一直悉心照看孩子。客人非常满意，称她为孩子的“看护神”。

上述两例中，客人或暗示或主动要求服务人员提供“分外”服务，满足客人的这些要求，就能够体现出对客人的特别关照。

二、提供特殊服务

一天傍晚，贵州某宾馆的餐厅内灯火辉煌，前来考察黄果树风景区的联合国教科文组织的专家卢卡斯博士等一行人走进餐厅，当他们坐到餐桌前时，餐厅的灯突然熄灭了，接着两位礼仪小姐端来一盘插着蜡烛的生日蛋糕，主持人致辞："请大家举杯，让我们一起来祝贺卢卡斯博士 67 岁生日。"话音刚落，餐厅就响起了《祝你生日快乐》的乐曲……卢卡斯博士异常激动，连声说："太意外了！太意外了！你们如此细致周到的服务将使我终生难忘，这里就像我的家!"宾馆在客人生日之际，为客人送上祝福，让客人获得一种宾至如归的感受。

北京某饭店的一位客人匆匆离店以后，服务人员查房时发现壁橱里还挂着一件客人的上衣，仔细检查后发现衣服口袋内有几千元现金和一个名片册，但此时客人已经前往机场。过后不久，客人发现遗失了衣物便从机场打来电话询问情况，而飞机很快就要起飞，客人已经来不及回饭店取衣物了。饭店马上派人将衣物送到机场，当客人接到饭店服务人员送来的衣物时，离航班起飞时间仅差十分钟了。客人十分感动地致谢并表示下次来北京还要住这家饭店。

特殊情况包括客人遇到的特殊的"好事"，如生日、结婚纪念日等，也包括客人遇到的特殊的麻烦，如遗失物品，在旅途中生病、受伤等，这时正是服务人员提供特别关照的良机。

三、提供有针对性的服务

一位年事已高的归国华侨住进某饭店，服务人员考虑到老人年龄大、行动不便，为他在卫生间地面上铺上胶垫，摆上一张木椅。还按照老人的习惯，专门为他配备了冲凉用的水桶。老人每次外出时，服务员都为他准备一辆轮椅车。老人离店时，非常激动地写了一幅字送给饭店——"月是故乡明，家乡人情浓"，表达对饭店服务人员的衷心感谢。

一对手持探路拐杖的盲人夫妇向某餐馆走来，迎宾员看到后立即迎上前去，搀扶着两位客人一步一步走上台阶。进入餐馆后，服务员马上主动上前，把客人搀扶到餐桌旁，请他们入座，然后给他们读菜单。在用餐的过程中，服务员一会儿给客人布菜，一会儿又为他们添饭、盛汤，一直细心地为他们提供着服务。用餐完毕，服务员还把他们送到附近的公交车站。服务员的服务使这对盲人夫妇深受感动。

上述两例讲的是应针对老年人、残疾人等特殊客人的特点给予的特殊照顾。

某饭店的总统套房中每天都要摆放一束鲜花，有一天鲜花却换成了绢花。原来在此下榻的贵宾对花粉过敏，服务人员了解到这个情况后，事先做好了准备，使客人感到服务人员的确是对客人关怀备至。

每一位客人都有自己与众不同的特点，善于发现客人的特点，然后针对其特点进行服务也能体现服务人员对客人的特别关照。

四、"时刻准备着"

服务人员不可能每时每刻都在为客人服务，但是，不管是忙碌时还是清闲时，服务人员都应该时刻把客人放在心上，"时刻准备着"为客人提供服务。

一位归国老华侨在某饭店举行酒会，酒会开始时，这位老华侨起立致祝酒词，并与各位客人举杯相碰，不小心将自己的筷子碰落在地。这时，旁边的一位服务员立即给这位老华侨换上了一双干净的筷子，并把掉在地上的那双筷子撤了下去。老人为这件小事感动不已，连声道谢，后来还出资帮助这位服务员去日本学习饭店管理。

案例中的这位服务员所做的看似是一件极为细小的事情，却体现出了"时刻准备着"为客人服务的精神。

五、"不言自明，心领神会"

在一家豪华餐厅里，市委领导正在宴请贵宾，最后一道菜是水果甜品，盘中有许多种水果，服务人员发现一位贵宾的目光在草莓上停留了几秒钟。上水果时，服务人员给其他客人上了各种水果，而为这位贵宾端来了草莓，使他非常高兴，连声夸奖服务员对客人体贴入微。

所谓"不言自明，心领神会"的服务，要求服务人员具有敏锐的观察力，能够体察到客人细微的情绪变化，深入了解客人不便明说的要求，并给予恰当的反应。

六、讲究语言艺术

为了让客人感到服务不是一般性的，而是针对"这一位"客人所提供的特别的服务，要求服务人员讲究语言艺术，让客人产生受到特别关照的感觉。服务人员与客人说话时不应泛泛而谈，而应该选择有针对性的说法，比如用"这是我特地为您准备的……""我特别为您挑选了……"等说法来表达对客人的特别关照。

本章小结

本章主要探讨了旅游服务的双因素等问题。

1. 借鉴赫茨伯格的双因素理论，提出了旅游服务的双因素，即必要因素与魅力因素。

2. 心理服务的必要因素是"一视同仁"，心理服务的魅力因素是"特别关照"。

3. 做到为客人提供"分外"服务；为客人提供特殊服务；提供有针对性的服务；"时刻准备着"；"不言自明，心领神会"；讲究语言艺术。做到这六点，才能体现出对客人的特别关照。

思考与练习

1. 赫茨伯格的双因素理论的主要内容是什么？为什么这一理论可以推广应用于旅游服务领域？

2. 根据旅游服务的双因素理论，旅游服务人员应如何为客人提供服务？

3. 为什么说"一视同仁"是心理服务的必要因素，但不是心理服务的魅力因素？

4. 服务中的"特别关照"的含义是什么？为什么说"特别关照"是心理服务的魅力因素？

5. "一视同仁"与"特别关照"是否矛盾？怎样才能做到既坚持了"一视同仁"，又体现出"特别关照"？

6. 如果旅游服务人员对每一位客人都给予特别关照，客人就会觉得自己并没有得到特别关照，所以，要让客人有受到特别关照的感觉，就只能对一部分客人，而不是所有的客人都给予特别关照。你认为这种说法对吗？为什么？

7. 举例说明旅游服务人员在服务工作中如何体现出对客人的特别关照。

案例分析与讨论

导游赵先生带团入住一家三星级饭店，这是该团行程中星级最低的一家饭店。

团队刚刚入住，就发生了一个意外事件。团长由于自己不小心，被行李车撞伤了脚踝。

饭店对这件事处理得非常好，但是，赵先生担心客人会因为这件事对旅行社和饭店的服务产生不满，于是找到饭店大堂副理，商量下一步应采取的举措。饭店也正在考虑如何进一步消除意外事件的负面影响，给客人留下更好的印象。双方经过讨论，一致同意采取以下措施：第一，由饭店负责请医生为团长治疗；第二，由赵先生负责收集团长对治疗的意见和客人对事件处理的意见，并及时反馈给饭店；第三，团长离开饭店以后治疗所需的药品，由饭店出资提供。

饭店不仅为团长准备了继续治疗所需要的药品，而且特地准备了配药用的鸡蛋。当团长从饭店服务人员手中接过药品和鸡蛋时，颇感意外而又十分感激。团队离开饭店时，其他客人也十分满意饭店对事件的处理。

在后续行程中，团长一直用这家饭店所提供的药品和鸡蛋来治疗。在团队出境时，从赵先生收集的意见反馈表上可以看出，这家星级最低的饭店赢得了客人最高的评价。

［分析］

旅游者对旅游服务的评价不仅取决于服务的现实状况，还取决于旅游者在此前对服务所抱的期望，即客人对服务的评价是根据对服务的"自我期待"和在接受服务时的"实际感受"的对比来做出判断的。这一原理可以用如下公式来表达：

对服务的评价＝对服务现状的实际感受/对服务的自我期待

案例中的这家饭店是该旅游团行程中星级最低的一家，所以游客对其服务的期待本来并不是特别高。但是当客人发生了意外事件以后，饭店不仅请来医生为这位客人治疗，而且在团队离开饭店时，还送上了继续治疗所需要的药品和配药用的鸡蛋，饭店的服务一直延伸到客人离店之后。这就超出了客人的期望，从而提高了客人"对服务现状的实际感受"与"对服务的自我期待"的比值，也就提高了客人对服务的评价，使客人感到特别满意。同时，这种超值服务也体现出饭店服务人员对客人的特别关照。

［讨论］

试用旅游服务的双因素理论解释这家饭店为客人提供的服务为什么能赢得客人的“特别满意”。

第七章
旅游服务的缺陷与补救

学习目标

通过本章的学习，你将了解、掌握：

1. 如果旅游服务有缺陷，必须进行补救性服务；
2. 采取补救性服务的各种措施；
3. 接待客人投诉的四个步骤。

导入案例

某年中秋节，按计划，导游小林的团队应该是晚上七点在H市游湖赏月，但是，团队在赴H市的路上遇到了堵车，当他们到达H市的时候，已经是晚上八点半了，原来计划要坐的那班游船早就开走了。小林和地陪先把客人带到餐厅用餐，然后把情况通知了地接社。

正当小林一边吃饭一边等着地接社的决定时，他听到客人在餐桌上议论开了。

"张先生，你听说了吗？今天我们不能去游湖赏月了。"

"真的吗？这太可惜了！这么好的月光，这么凉爽的秋风……"

"我们专门选择这个时候，好不容易才到了这里，怎么说不去就不去了？"

"啊唷，真是的，怎么会搞成这个样子！"

"鲁太太，你怎么不说话呀？我们的'游湖赏月'就要没有了！"

小林觉得客人有些议论也是正常的，就没有在意。

客人们吃完饭，陆续来到餐厅大厅，不停地议论。小林刚刚走出餐厅，团队的"头"——鲁太太就冲着他喊："导游，你过来一下！我们有话要对你说。"

小林走近客人，发现他们都绷着脸，觉得有些不对头。

鲁太太十分严肃地对小林说："你知道，今天是中秋节，我们是来赏月的，而且是游湖赏月。团圆之夜，我们不在家里待着，千里迢迢来到这里，为的就是游湖赏月。报名的时候，旅行社口口声声保证我们今天晚上一定能够游湖赏月，今天必须给我们安排这个项目！"

小林刚想解释，另一个游客说："你想说是因为堵车吧？车是你们旅行社的车，走哪条路是你们旅行社定的，游船也是你们旅行社安排的，全都是你们旅行社的事，可能会遇到什么样的事，你们旅行社应该事先做好准备。难道你们收了钱，就不管了吗？凭什么要我们来承担这个后果？”

小林耐心地向客人解释：“我理解各位的心情，现在地接社也正在想办法。我们在这里要住两个晚上，今天不能游湖赏月，明天还可以去嘛，俗话说，十五的月亮十六圆……”

“你在说些什么呀！”鲁太太打断小林，“八月十五中秋节游湖赏月，过了十五，谁还要赏月？我知道，你们旅行社觉得再包租一条船费用太高，是不是？费用太高，就不让我们今天去游湖赏月，是不是？告诉你，我这里有全团的签名，如果今天晚上不让我们游湖赏月，我就去告你，告你们旅行社！我还要在报纸上把这件事登出来。你好好想想吧！你就把我的话告诉旅行社！”

小林还想解释，鲁太太把手一挥，说：“别说了！这是我们大家一致的意见，对不对呀？”其他客人立即附和：“对，这是我们一致的意见！”接着，还响起了一阵掌声。

如果你是导游小林，面对这种情况，你应该怎么办？

我们认为：在服务工作中，无论是因为主观还是客观原因造成了纰漏，出现了使客人不满意的缺陷时，旅游服务人员必须尽一切努力，及时从“功能”和“心理”两个方面去为客人提供补救性服务，使客人的不满意变为满意。

第一节 如果服务有缺陷

一、服务有缺陷的后果

旅游服务人员所提供的服务如果未能使客人的预期得到满足，便是服务工作中的一种缺陷，而对接受服务者而言也是旅游中的一次挫折。

从功能上来说，如果旅游服务人员在食、宿、行、游、购、娱等方面的服务没有到位，使客人花了钱而没有享受到应有的服务，客人当然会不满意。从心理上来说，如果服务有缺陷，会使客人感到自己没有受到应有的尊重，客人将更加不满意。服务工作的缺陷，会使客人产生一种遭受挫折的感受。

二、客人对服务有缺陷的反应

如果服务不能达到客人的预期，使客人产生了挫折感，客人必然会对服务不满意，根据不满意的强烈程度，客人可能做出以下几个层次的不同反应，如图 7－1 所示。

归结起来，客人对服务的不满意程度可分为三个阶段，可能采取的反应可以概括为逃避反应和攻击反应。

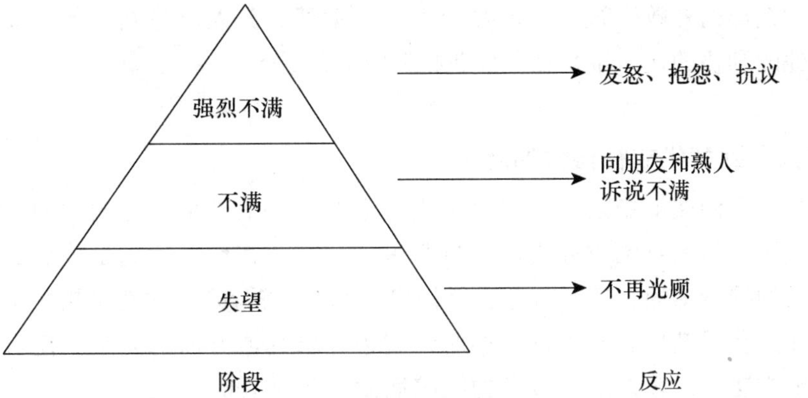

图 7-1　客人对服务不满意的反应

逃避反应和攻击反应是人们在遇到挫折时最常见的两种反应。如果客人采取逃避反应，就会决定再也不来这家饭店或者这个城市，甚至这个国家；如果客人采取攻击反应，就会对服务人员或者经理大发雷霆、抱怨、抗议；介于这两种反应之间的是自己不再来，而且还要对亲朋好友诉说，发泄不满。

所以，当客人的预期没有得到满足时，无论是做出攻击反应，还是做出逃避反应，对于旅游企业和旅游服务人员而言都是极为不利的。

三、提供补救性服务

为了避免客人因为预期未能得到满足而产生挫折感，防止客人做出攻击反应或逃避反应，服务人员应该及时采取补救性措施，积极主动地为客人提供补救性服务。事实证明，在服务工作有缺陷时，如果能够及时主动地提供补救性服务，不仅能够消除客人的不满意，而且能够使客人变不满意为满意。

国外有的旅游企业甚至提出了“应满足所有客人提出的所有要求”的口号。事实上，任何一家旅游企业都不可能做到“满足所有客人提出的所有要求”，但是，对服务人员提出这样的口号是有积极意义的。旅游服务人员应该有这样的信念：无论遇到什么困难，都要尽最大的努力去消除客人的不满意，并且变客人的不满意为满意，而不应该有“无能为力”的想法。

第二节　要善于进行补救性服务

心理学认为：当一个人因为自己的需要未能得到满足或者遇到不顺心的事时而产生挫折感时，可以采用替代、补偿、合理化、宣泄等方式进行心理调节。所以，为客人提供的补救性服务可以以此作为依据。

当客人由于服务的缺陷而感到不满意时，旅游服务人员要善于进行补救性服务。

无论采取什么样的补救措施，一定要让客人感觉到服务人员是站在他的立场上的，是真正维护他的利益的，而不是在“耍花招”“糊弄人”。

一、让客人得到替代或补偿性的满足

替代是指人们在不能以特定的对象或特定的方式来满足自己的欲望、表达自己的感情时，改用其他的对象或方式来使自己得到一种“替代”的满足或表达，来减轻以至消除自己的挫折感的心理调节方法。替代也称为“转移”。补偿是指一个人的某一方面的需要无法获得满足而产生挫折感时，就去寻求其他方面的满足，使自己得到补偿的心理调节方法。当客人由于服务的缺陷而感到不满意时，服务人员要让客人得到某种替代的满足或者得到某种应有的补偿，以此来消除客人的不满意。

（一）提供替代的满足

应该尽最大努力去满足客人的需要。在不能完全按照客人的心愿去满足客人的要求时，要征求客人的同意，用其他的方式去满足客人的要求。遇到需要过一段时间才能让客人的要求得到满足的情况时，最好及时给客人一种替代的满足。

以下是提供替代的满足的案例：在一家饭店的餐厅门前，一位身穿游泳裤的男士要进餐厅吃午饭，被服务员阻拦。因为餐厅规定衣冠不整者不能进入餐厅用餐，所以服务员请客人换了服装再来，但客人不同意，说过一会儿还要接着游泳，换装太麻烦。这时，服务员并没有完全拒绝客人的要求，而是采用变通的方式满足了客人的需要，服务员说：“先生，您可以先点餐，我们稍后会把您的午餐直接送到游泳池去。”这样，既没有破坏规则，又满足了客人的需要。再如，有时客人已办理好入住手续，但客房还没有收拾好，服务员就可以请客人到酒店的咖啡厅小坐。机票未能买到，导游员可以临时增加一个景点，带客人去游览。总之，应及时给予客人一种替代的满足。

（二）提供补偿服务

对那些觉得吃了亏的客人，应该设法让他们得到补偿。例如，一个旅行团由于饭店预订记录出了差错，客人到达时没能赶上吃晚餐。旅行团领队大发雷霆。第二天，饭店经理亲自出面宴请客人，表示了歉意，在经济上给予客人适当的补偿，使客人变不满意为满意。

在功能服务有缺陷时，常常可以通过心理服务来使客人得到补偿。例如，一个台湾旅行团在行程中出了许多问题，误机、误餐，所乘坐的软卧列车空调坏了，客人怨声载道。到北京时，地接社换了一位全国“十佳导游”接待这个团，他看到客人们一个个都是怒气冲冲的，就想办法寻找话题，给客人一点心理上的满足。他走到一位女士面前，和气地问道：“太太，您是从台湾什么地方来的？”女士不耐烦地回答：“小地方，说了你也不知道。”“您说说是哪里，也许我知道呢。”女士说了她家乡的名称，果然是一个不知名的小地方，但这位导游知道，而且知道那儿的风俗和特产，女士一听这位导游十分了解自己的家乡，就很兴奋地与他攀谈起来。旁边的一位先生也参与进来：“那你知道我的家乡吗？”导游听了这位先生说了他家乡的名称后，说起那里的一个著名的亭子，并且背诵了亭子上的一副对联，背得一字不差，令这位先生十分高兴，车内气氛也缓和、融洽了。趁着这种良好的气氛，导游不失时机地说道："女士们、先生们，各位一路上遇到了许多麻烦，却仍然毫无怨言、情绪饱满，我真是十分感动，在北京一定要让大家玩好。"旅行团在京期间，这位导游尽职尽责，努力满足客人的各种要求，不仅化解了客人的不满，还赢得了客人的赞赏。

二、合理辩解

当人们遇到自己不愿意接受而又不得不接受的事情时，会用一种解释使这种无法接受的事情"合理化"，为自己找到一个借口来进行辩解，以达到心理平衡。当客人遇到不顺心的事情时，服务人员也应该引导客人往好处想，在服务有缺陷而使得客人感到不满意时，也要让客人知道这并不是服务人员不愿意为他们提供更好的服务，而事实上服务人员已经尽心尽力了。让客人觉得服务工作中的缺陷是"可以谅解"的，就能够减少以至消除他们的不满情绪，使他们对服务人员表现出合作的而不是对立的态度。

（一）引导客人往好处想

当客人遇到不顺心的事情时，要尽可能引导客人看到事情也有好的一方面，最好是能够经过努力把坏事变为好事。

例如，在一次旅行中，由于客观的原因，不能按照原来的计划从曼谷直接飞往加德满都，而必须改飞达卡再转机。导游为了调动客人的情绪，对大家说道："这样就意味着能够多游一个国家，在各位的日记本和相册上，除了印度，还可以加上在孟加拉国的见闻。"

再如，在旅行车上，坐在前排座位上的一位女士看到街上有一只黑猫穿过，便大声叫道："你们看见了吗？一只黑猫，真倒霉！"导游拿起话筒说："别担心，下午看见黑猫没关系，上午看到才有可能是不吉利的，而且看见黑猫从左向右跑才不吉利，这只猫是从右向左跑的，因此，不必担心。"导游员没有权利反对游客的迷信，但又不能影响全团成员的情绪，所以，即使自己并不同意迷信的说法，也仍然要引导客人往好处想。

对同一件事也可以有不同的解释。比如有的导游就很会把事情往好处说，他带的旅游团遇上晴天，就说："今天风和日丽，正是出游的好天气。"如果遇到下雨，就说："今天的去处十分幽静，在雨中游览别有一番情趣。"游长城时，下起了大雪，就说："前几天有一个团的游客就盼着看长城的雪景，但是运气不够好没有看到，各位一到，天降瑞雪，在雪中看长城，无比壮观。"

（二）取得客人谅解

当实在无法满足客人的要求时，要设法取得客人的谅解，让客人知道这确实是由于客观条件的限制，而不是服务人员不愿意为他效劳。

例如，在旅游旺季，导游带领着一个旅行团去某饭店办理入住时，有一位客人一定要住单间，当时该饭店已经没有单间了，导游竭力与饭店交涉，恳请店方腾出一个单间，跑前跑后，忙得满头大汗，虽然最后并未谈成，但获得了客人的谅解。

再如，导游陪同一个外国旅游团在某商店购物，有一位游客想买斗笠，但该商店没有。回到饭店后，导游与各家旅游商品商店联系，但都没有货。最后导游打听到在旅游团接下来行程中的一个江南小城有斗笠卖。这样虽然不能让客人马上买到斗笠，但当客人了解到这一切之后，还是十分感激这位导游。

三、让客人出气

宣泄是指当一个人遇到某种挫折时，把由此而引起的悲伤、懊丧、愤怒、不满等感情痛痛快快地发泄出来的心理调节方法。能够把情绪发泄出来，就能比较理智地来对待挫折，以后也比较容易忘掉这个挫折，而不至于耿耿于怀。当客人由于服务的缺陷而感到不满意时，服务人员应该让客人“宣泄”自己的感情，让他们“出了气再说”或者“出了气再走”。

如果没能做到让客人“消气”，那就应该让客人“出气”。让客人“出了气再走”要比让客人“憋着一肚子气走”好得多。客人表示他“有气”，并不等于他已经“出了气”。通常客人只有在叙述他遇到挫折的详细经过时，才能把一肚子气发泄出来。服务人员应注意的是，不要让有气的客人当着其他客人的面“出气”，更不要让许多客人凑在一起“出气”，要尽可能让有气的客人“分别出气”“单独出气”。在客人“出气”时，不能允许客人采取过激的行动，但是要容忍他们某些过激的言辞，相信客人出了气之后，态度就会有所改变。当客人把一腔怨气全部发泄出来以后，情绪就会平息，这时再与客人商量提出一个补救性措施，切实解决客人的问题，尽可能让客人满意地结束旅游。

第三节 如何接待客人的投诉

旅游工作者要有这种认识：前来投诉的客人其实可以说是我们的朋友，即使是用夸张的言辞、激愤的态度，甚至带有挑衅行为的客人，他们的投诉也绝不是在浪费我们的时间，而是对我们纠正服务中的问题大有好处的。

麦肯锡公司曾经做过调查，得出以下统计数字：遇到了大问题时，没有提出抱怨的客人有再度惠顾意愿的占9%；会提出抱怨，不管结果如何，愿意再度惠顾的客人占19%；提出抱怨并且获得圆满解决的客人，有再度惠顾意愿的占54%；提出抱怨并且迅速获得圆满解决的客人，愿意再度惠顾的占82%。这说明客人的投诉、抱怨是服务提供者改进服务、赢得满意的契机。

旅游工作者应该记住：接待客人投诉的过程也是向客人提供补救性的心理服务的一个重要组成部分。所以，必须耐心而诚恳地接待客人的投诉。

一、倾听投诉人的叙述

让投诉者说话，鼓励对方把事情经过说出来，绝不要打断对方的诉说。要有礼貌、有耐心、专注地聆听，千万不要让客人感到他的投诉无足轻重。要敏感地洞察对方的委屈、沮丧和失望，不能无视对方的情绪；要设身处地为客人想一想，不要只是站在自己的立场上用自己的观点来看问题。

在倾听的过程中可以有效地引导对方，比如这样："我也许还没有听明白您的意思，请您说得再详细些，可以吗?""您能不能具体地说一说事情的经过? 这样我能够恰当地帮助你。""您能给我举个例子吗?""哦，我现在完全听明白您的意思了。""让我们一起来分析一下摆在我们面前的几种可能性，好吗?"等等。

服务人员用这种说话的方式，就比较容易使客人相信你是站在他的一边的。你认真倾听客人的投诉，并引导对方了解到：如果想使问题得到解决，与其与你争吵，不如与你在互相支持、互相宽容的基础上进行合作。

必要时可以用自己的语言重复一遍客人的投诉，重复对方的话有几个好处：一是可以使客人知道你在认真倾听他的谈话，并了解了他的问题；二是可以避免冲突，平息客人的不满情绪；三是可以为自己赢得思考问题的时间。这样的反馈能够减少客人的抱怨，为顺利解决问题奠定基础。

二、立即向客人认错、道歉

不管在什么情况下，当客人投诉时，都应该虚心接受，并表示歉意。如果是本企业的问题，即使接待投诉的服务人员可能与投诉产生的原因毫无关系，也要立即向客人认错，表示歉意，然后对产生问题的原因做进一步说明。

美国人际关系学专家戴尔·卡内基指出：假如我们知道我们势必要受责备了，先发制人、自己责备自己岂不是好得多? 听自己的批评不是比忍受别人口中的责备容易得多吗?

有些投诉常常起因于误会，如果是客人误解了，服务人员仍然要表示歉意，不要阻拦对方提出自己的要求，更不要指责或暗示客人错了，也不要马上为自我辩解，与客人争吵是绝对不会取胜的。客人比较容易接受服务人员采取表示歉意的态度。即使客人真的错了，辩解也毫无益处，而道歉是不需要成本的，道歉使投诉者觉得你的态度诚恳，能够消除客人的怨气，怨气消失了，客人就会认识到自己的不对。

在表示道歉时要注意用语，要表示出诚意，比如可以说："非常抱歉让你遇到这样的麻烦。""这是我们工作的疏漏，十分感谢您提出的批评。"等等。道歉必须是发自内心的才能使客人接受。

三、对客人表示同情和安慰

前来投诉的客人一般总是觉得自己受到了伤害，是带着一颗"受伤的心灵"来讨回公道的。这时，服务人员必须对客人表示同情和安慰，比如可以说："我对您感到气愤和委屈的情绪非常理解，如果我是您，我也会有和您相同的感受。"对投诉的客人做出一些同情和理解的表示，是抚慰其"受伤的心灵"的最好办法，也是把他的注意力引向解决问题而不是陷于令人烦恼的细节和令人沮丧的情绪的唯一途径。

投诉者所说的事情有时可能不是真实的，但他仍然希望服务人员能够对他表示同情和理解。服务人员对于那些夸大其词、喋喋不休的投诉者仍然要给予适当的关注，以安抚他们的情绪。如果他们仍然纠缠不休，可以把他们带到上级主管部门请领导解决，而不能对客人置之不理。

如果客人大发雷霆，服务人员一定要镇定、保持冷静，不要计较客人过激的言辞，对他们的某些过激的态度表示宽容，要理解他们气愤的情绪，让他们宣泄不满的情绪，并设法平息事态。

能够说服客人的往往不是严密的逻辑推理或滔滔不绝的大道理，对客人的情绪做出一些同情和安慰的表示，才能唤起客人的理性，引导事态向着对双方都有利的方向发展。

四、找到解决问题的办法

当客人投诉时，服务人员最好把事实经过、原委，即"什么时候""什么地方""什么人""发生了什么事情""为什么"都记录在案，以便客观地确定事实的真相。如果事实是本企业的服务出了问题，那么在可能的情况下，要对客人进行补偿，并立即执行。如果企业的某些相关制度限制了服务人员对投诉的处理，也必须向投诉者表示歉意，确定解决问题的期限，并付诸行动。

客人抱怨的最终目的是希望问题得到解决，所以，服务人员必须了解客人的要求，然后根据客人的要求提出一个解决问题的办法。

如果客人对服务人员提出的建议仍然不满意，服务人员要尽可能地提出更好的解决办法，直到客人满意为止。如果自己解决不了，可以请上级领导处理。

要把解决问题的方法、步骤和最后结果用书信、电子邮件或电话通知客人，要确保诺言的兑现，并进行事后追踪，确定客人对处理结果是否真正满意。

最后，要对客人的投诉表示真诚的谢意。这既是一种礼节，也是一种必要，因为客人的投诉可以使企业知道自身的服务与产品在哪些方面仍有待提高，有助于企业提高服务质量，最终赢得客人的满意。

本章小结

本章主要探讨了当旅游服务出现缺陷时，服务人员应如何为客人提供补救性服务以及接待客人投诉等问题。

1. 如果服务有缺陷，会引起客人的逃避反应或攻击反应。

2. 当服务有缺陷时，旅游服务人员必须尽一切努力为客人提供补救性服务，变客人的不满意为满意。

3. 替代、补偿、合理化、宣泄等心理调节方式是提供补救性服务的心理学依据。提供补救性服务的措施有：让客人得到替代或补偿性的满足；合理辩解；让客人出气。

4. 接待客人的投诉是补救性服务的一个重要环节。

思考与练习

1. 从客人的角度来说，旅游服务出现缺陷会带来什么后果？为什么必须重视对服务缺陷的补救？

2. 为什么关于“挫折反应”的研究可以作为提供补救性服务的心理学依据？

3. 为什么说“替代”和“补偿”是旅游服务人员为客人提供补救性服务的心理学依据？

4. 为什么说“合理化”是旅游服务人员为客人提供补救性服务的心理学依据？

5. 为什么说“宣泄”是旅游服务人员为客人提供补救性服务的心理学依据？

6. 举例说明旅游服务人员可以采取哪些措施为客人提供补救性服务。

7. 如何认识接待客人投诉的意义？旅游服务人员怎样才能做好接待客人投诉的工作？

案例分析与讨论

导游小龚带的团按计划应该入住某市某四星级饭店。由于该市市政府临时征用该饭店，地接社不得不把小龚的团队安排到该市的一个卫星城，入住一家星级较低的饭店。团里的游客听到这个消息大为不满，议论纷纷。面对这样一道难题，小龚是怎么做的呢？

当游客们一起坐旅游车前往卫星城时，小龚就在旅游车上组织游客开了一个“演唱会”，让大家把这几天旅游中所发生的趣事编成小曲来演唱。因为这些小曲唱的都是这个团里的人，所以大家的注意力一下子就被吸引过来了。

唱了一阵小曲之后，小龚又讲了“阿凡提种金子”的故事，并让大家对这个故事发表评论。在各种各样的评论之中，小龚特别注意到有一位客人发表了这样的评论：“阿凡提非常聪明，他用最小的代价获取了最大的利益。”小龚立即抓住这个有关“最小和最大”的话题，对客人进行劝导。

小龚说：“我想了一下：我们现在去住卫星城的宾馆，与原来订的饭店相比，星级是从四星降到了三星，但是，地接社已经准备了一顿当地非常有名的风味大餐来补偿大家。此外，这个卫星城有一个新开发的主题公园，很不错，明天早上我们只要提前40分钟出发，就能去这个主题公园玩一趟，别的一切也都不耽误。我们是不是也学学阿凡提，用饭店‘降低一颗星’的代价，来换取‘风味大餐加主题公园’的更大利益呢？我这个提议怎么样？如果大家没有意见的话，我们就这样定了！”

大家都觉得小龚这个主意还不错，纷纷表示“没意见”。只是有一位客人提出：

“去一趟主题公园，游览原来那些景点的时间还够不够?”小龚说：“我已经算好了，我们提前40分钟出发，再把原计划中的每个景点缩短5分钟，这样就有了1个小时。另外，饭店‘降了一颗星’，但离游览区近了大约15公里，这样就又能节省20分钟。所以，我们有1个小时20分钟左右的时间，去一趟主题公园绝对没问题!”

第二天，小龚在活动的行程中使出浑身解数，尽可能地满足了客人的要求，使客人扫兴而来，却满意而归。

［分析］

在本案例中，小龚首先通过组织娱乐活动来转移旅游者的注意力。组织娱乐活动实际上是故意造成一种干扰，把旅游者的注意力从不满事件上吸引到娱乐活动中来，通过心理服务实现了“转移”。然后小龚巧妙地抓住了一位旅游者所说的“阿凡提非常聪明，他用最小的代价获取了最大的利益”这一契机，不失时机地提出用“降一颗星”的代价，来换取“风味大餐加主题公园”的更大利益的方案，使客人的损失得到了补偿，变客人对饭店星级降低的“不满意”为“满意”。

［讨论］

试分析小龚采用了哪些补救性服务的措施，并用学过的心理学知识加以解释。

第八章

旅游人际交往的复杂性

学习目标

通过本章的学习，你将了解、掌握：

1. 人际交往中人与人的关系和角色与角色的关系；
2. 人际交往中的社会角色与心理角色；
3. “尊重”与“贬低”是人际交往中的敏感问题。

导入案例

在一家饭店里，一位客人对饭店服务员迟迟不来为他服务大为不满，于是对服务员大声嚷道：“怎么还不过来，你磨蹭什么呢！”服务员听了他的话很反感，不客气地“回敬”他一句：“你嚷什么呀，没看见我正忙着吗？”两个人就为这件事而争吵起来。在争吵中，客人说：“你知道吗？我是你们的客人，你这个服务员怎么能这样跟我说话！”服务员说：“那又怎么啦？你也是人，我也是人，你能这么说，我就能这么说！”接下去，两个人的争吵愈演愈烈。

为什么会发生案例中这样的争吵呢？作为提供服务者，应该从中吸取什么样的教训呢？

在旅游活动中，人们扮演着不同的社会角色，有的人扮演着“提供服务者”的社会角色，有的人扮演着“接受服务者”的社会角色。人与人是平等的，而角色与角色不可能总是平起平坐。在人际交往中，只有从“人”和人所扮演的“社会角色”这两个方面去理清楚关系，才能把人际关系理顺。作为一名旅游服务人员，虽然扮演着“提供服务者”的社会角色，但在心理角色上应该始终是一个“强者”，要用自己对客人的尊重去赢得对方对自己的尊重。

第一节 人际交往的两重性

一、人与人的交往和角色与角色的交往

在社会生活中，人们是通过扮演一定的社会角色来进行交往的。社会角色是指某个人在社会的某一组织或群体中的“身份”。旅游活动中的社会角色有总经理、部门经理、导游员、服务员、游客等。

人际交往是通过人与人和角色与角色的双重交往来实现的，旅游活动中的交往也不例外。例如，李太太参加了一个旅游团，刘小姐是这个旅游团的导游。李太太是人，刘小姐也是人，所以，可以说李太太与刘小姐的交往是人与人的交往；但同时李太太还是一位旅游者，刘小姐还是一位导游，她们的交往还是“旅游者”与“导游”这两种社会角色的交往。

人们对不同的社会角色有着不同的角色期待，社会角色之间的交往有着各种成文或不成文的规定和原则，一般说来，按照这些规定和原则就能顺利进行交往。但是，扮演着种种社会角色的毕竟是具有不同个性的人，每个人都有其不同于他人的特点。社会角色会受扮演它的人的影响，人也会受他扮演的社会角色的影响。同一种社会角色可以由不同的人来扮演，同一个人也总是要在不同的场合扮演不同的社会角色。

所以，我们在与各种各样的社会角色进行交往的同时，也是在与扮演这些社会角色的各种各样的人进行交往；反过来说，我们在与各种各样的具体的人进行交往的同时，也是在与这些人所扮演的社会角色进行交往，这就是人际关交往的两重性。

二、人的个性与角色的非个性

世界上的人是千差万别的，每个人都有自己的个性。而社会角色是“非个性”的，这表现在：当不同的、各具个性的人去扮演同一种社会角色的时候，他的行为要受到所扮演的社会角色的制约，他的“表演”要与所扮演的社会角色相符合，要满足人们对于这种社会角色的“角色期待”。

比如在戏剧舞台上，虽然有 1 000 个演员就有 1 000 个“林黛玉”，但是人们对于“林黛玉”这个角色的认识有一种大致固定的模式，无论演员如何有个性，总不能够把“林黛玉”演成“薛宝钗”或是“王熙凤”。

那么，在社会生活大舞台上，无论你是一个多么有个性的人，当你扮演着某种社会角色时，也必须按照这种社会角色的角色规范去做事。比如，你是总经理，别人就要按照总经理这种社会角色的角色规范来要求你；你是导游，别人就要按照导游这种社会角色的角色规范来要求你。总之，身为什么角色就要像什么角色，就要受到相应的限制，只能在符合这种角色要求的前提下去表现自己的个性。

三、进入角色和退出角色

每一个人在社会生活的大舞台上都要扮演各种各样的社会角色，所以就有一个进

入和退出某种角色的问题。

比如小李是一家旅行社的导游，但他除了扮演着导游这种社会角色以外，还要扮演其他许许多多的社会角色：回到家里，他是父母的儿子，是妻子的丈夫，是孩子的父亲；走进商店，他是顾客；来到影院，他是观众；坐上公交车，他是乘客；他还是球迷俱乐部的成员、京剧院的票友……总之，他要扮演形形色色的社会角色。那么在他扮演某一种社会角色时，他就需要能够很快进入角色，在他扮演另一种社会角色时，又需要他能够很快退出前一种角色。

有的人在应该进入某种角色时进不去，之所以进不去，是因为他不愿意接受这种角色的制约。比如有的服务人员受不了服务工作的各项规章制度的限制，在扮演服务员这种社会角色时，不能进入角色。而有的人在应该退出某种角色时退不出，之所以退不出，是因为他感到带着某种身份来与别人交往的感觉太好了，于是沉浸在这种角色中不能自拔。比如有的领导在单位发号施令，感到很威风，回到家里还要摆出一副领导的架子，显示领导的威严。

该进入角色时进不去，该退出角色时退不出，人际交往就不能顺利进行。

四、人与人的平等和角色与角色的不平等

人们在社会生活中扮演着不同的社会角色，就有着不同的权利与义务。虽然人与人应该是平等的，但这并不意味着人们无论在什么情况下都能够“平起平坐”。当服务人员为客人提供服务的时候，当管理人员向员工发号施令的时候，双方就不可能“平起平坐”。

作为一名服务人员，绝不能因为自己扮演了提供服务者的角色就认为自己在人际交往中处于不平等的地位，就因此而感到自卑；也不能为了显示自己高人一等，就故意用傲慢的、生硬的态度去对待自己的服务对象。

作为一名管理者，必须清醒地把自己所扮演的社会角色与自己这个“人”区别开来，只有那些并不是仅仅依靠自己作为一个“官”所具有的影响力，而是努力去发挥自己作为一个“人”，一个可敬佩、可亲近的“人”所具有的影响力的管理者，才能成为优秀的管理者。不要因为自己所扮演的社会角色是领导，就觉得自己高高在上，就不平等待人。

当人们扮演着提供服务者的社会角色时，容易产生与接受服务者“争平等”的心理，强调“客人是人，服务人员也是人”，希望能够与客人“平起平坐”。事实上，扮演着不同的社会角色的人，不可能总是“平起平坐”。所以，要明白人际交往中包含着人与人和角色与角色的双重交往的道理，平等只能通过人与人之间的互相尊重和社会生活舞台上角色与角色的互相转换来实现。

第二节 心理角色与人生定位

一、人际交往中的心理角色

在社会生活中扮演着同一种社会角色的人，也可能扮演着不同的心理角色。比如

在旅游活动中，人们扮演的是同一种社会角色，但在旅游人际交往中的表现却大相径庭：同样是游客，有的通情达理，有的蛮横无理；同样是导游，有的和蔼可亲，有的冷若冰霜。这就不能用人们所扮演的社会角色来解释了，而应该用人们所扮演的心理角色来解释。

在人际交往中，人们不仅扮演着各种各样的社会角色，而且自觉或不自觉地扮演着各种各样的心理角色。心理角色是指某人这个“人”（而非其所扮演的社会角色）在自己和他人心目中的形象和地位。扮演某种心理角色，就是要在别人心目中为自己树立某种形象，就是要让别人把自己当作“某种人”来对待。心理角色是一个比社会角色复杂得多的概念。在人际交往中，就人们扮演的心理角色而言，有的人在扮演强者，有的人在扮演弱者，有的人在扮演优越者。

强者的信条是：“我行，你也行，我应该尊重你，你也应该尊重我。”强者是既有自豪感又有平等心的人，他们在看到自己的长处的同时，也能够看到别人的长处。而且，他们知道每一个人都既有“行”的一面，也有“不行”的一面。

弱者的信条是：“我不行，你行，我不可能真的得到你的尊重。”弱者是那些具有强烈的自卑感的人，他们总是看不到或者不敢表现自己的长处。

优越者的信条是：“我行，你不行，我不必尊重你，而你必须尊重我。”优越者是那些具有强烈的优越感的人，他们总是夸大自己的长处，而掩盖并否认自己的短处，并且常常用别人的“不行”来证明自己“比谁都行”。

二、人际交往中的心理角色关系

人与人之间应该建立一种什么样的关系？

在这个问题上，有两种截然不同的想法：一种是想把自己与他人的关系变成一种实际上的“人与物”或者“人与工具”的关系；另一种是想在人与人之间建立一种名副其实的“人与人”的关系，即互相尊重、互利的关系。

在现实生活中，总是有一些人想利用自己与别人的差别，来使自己在人际关系中“占上风”，以便能够把别人当作自己的工具来使用。其中，有的人是靠他们的“优越”，靠他们“比谁都行”来占上风；有的人是靠他们的“弱”，靠他们的“不行”来占上风。只有强者既能真诚地帮助别人，也能真诚地请求和接受别人的帮助，在人与人之间建立真正的互相尊重的关系。

人与人的关系的核心是心理角色与心理角色的关系。在人际交往中，有两种不同的心理角色关系，即平等和不平等的心理角色关系。

强者与强者的关系是彼此平等的心理角色关系。心理学意义上的“彼此平等”主要是指互相尊重。在旅游活动中，无论扮演着何种社会角色，如导游、领队、饭店服务员、客人、部门经理、汽车司机等，无论是处于提供服务者与接受服务者的社会角色关系，还是处于合作者与合作者的社会角色关系之中，彼此之间都应该互相尊重。

强者与弱者的关系是彼此不平等的心理角色关系。强者与弱者的不平等关系有两种不同的情况：一种情况是强者保护弱者；另一种情况是强者欺压弱者。在现实生活中，这两种情况往往是交织在一起的。

三、人际交往中的人生定位

在旅游工作者与客人和合作者打交道的过程中，他们发现，有些人很容易相处，有些人却难以相处。这是为什么呢？从心理学的角度加以解释，就是因为在人际交往中，人们有着三种不同的人生定位。这个"人生定位"就是指把自己放在一个什么样的位置上：是放在高于别人的位置上，还是放在低于别人的位置上，或者是放在与别人平等的位置上。不同的心理角色扮演和对心理角色关系的不同想法，反映了人们有不同的人生定位。

弱者总是把自己放在低于别人的位置上，他们在与人交往时，显得怯懦、敏感和脆弱。优越者总是把自己放在高于别人的位置上，他们在与人交往时，显得飞扬跋扈、盛气凌人。这两种人都会使人感到难以相处，他们的共同点是不能平等待人。而只有把自己放在与别人平等的位置上的人才能使人感到容易相处，他们是具有自豪感的真正的强者。

强者不会去追求优越感，只有那些有强烈的自卑感的人才会去追求优越感，因为他们想用优越感来抵消他们的自卑感。但是，优越感只能是"包装"出来的，而不可能抵消自卑感。因此，从本质上来说，所谓优越者只不过是经过了"包装"的弱者。之所以说优越者其实是弱者，是因为他们有"两怕"：既怕别人知道自己有"不行"的一面（但这"不行"的一面是真相）；又怕别人从"不行"变为"行"。

某些弱者之所以甘愿示弱，实际上是想用一种特殊的方式来取得优越的地位，靠自己的"不行"来使自己在人际交往中占上风。这种人嘴上说："我不行，你行。"心里想的却是："我这个不行比你那个行还要行！"

所以，从现象上来看，有三种不同的人生定位。而从本质上来看，只有两种不同的人生定位：把自己放在与别人平等的位置上和把自己放在与别人不平等的位置上。

第三节 人际交往中的敏感问题

一、人际交往中的"尊重"与"贬低"

"尊重"与"贬低"是人际交往中最敏感的问题。人人都愿意受到尊重而不愿意被贬低，人人都会对来自他人的尊重或贬低做出完全不同的反应，即使喜怒不形于色，内心也肯定会对尊重自己的人产生好感，而对贬低自己的人产生敌意。

你对我的贬低会造成我对你的敌意，这种敌意使我反过来又贬低你，而这又会造成你对我的敌意，在这种"贬低"和"敌意"的恶性循环中，人际关系会变得越来越坏。如果把贬低换为尊重，我对你的尊重使你对我产生好感，这种好感又会使你对我更加尊重，而这又会使我对你有更多的好感，在这种“尊重”和“好感”的良性循环中，人际关系会变得越来越好。

尊重一个人，就能把他身上最好的东西调动起来；而贬低一个人，只能把他身上最坏的东西调动起来。

旅游服务人员要避免客人与合作者对自己产生敌意，就一定要尊重他们，无论如何都不能贬低他们。不管是与客人交往，还是与合作者交往，要使不好的人际关系向好的方向变化发展，首先必须做的就是表现出对对方的尊重。

有的旅游服务人员认为，尊重那些表现好的客人与合作者是应该的，他能做到。可是，要他尊重那些表现不好的客人与合作者，他做不到。难道表现不好也值得尊重吗？而实际上，对那些“表现不好”的客人与合作者，只要他们没有触犯法律，就仍是自己的客人与合作者，仍然应该尊重他们。如果不能很好地尊重那些表现不好的客人与合作者，而说出像“你这个人怎么不懂事？”“你这个人怎么不讲理？”这一类的话，是非常不明智的。这不仅不能使他变得更好，而且会使他对你产生敌意。

遇到一位行为不恰当的客人或合作者，怎样才能使他自觉自愿地改变自己的行为呢？答案是：表现出对他这个人的尊重，为他改正自己的行为提供一个无损他脸面的理由。不要把他的一些不恰当的行为归咎于他“不懂事”或者“不讲理”，而要寻找一种他所能接受的解释，例如他自己“不了解情况”或者别人“没有交代清楚”等，给他一个能够维护自己脸面的“台阶”下，这样才能使他改变自己的不恰当行为。

还有的旅游服务人员因为担心客人或合作者不尊重自己，就故意在客人或合作者面前表现出一副“凶狠厉害”的姿态，让他们不敢不尊重自己，结果那些人果然变得十分“顺从听话”了。于是这些旅游服务人员就认为，以强硬的态度对待客人或合作者是保证自己“支配地位”的行之有效的方法。

但是，这种做法并不可取，我们的原则是彼此平等、互相尊重。采取这种做法的旅游服务人员不是把自己放在与客人或合作者平等的位置上，而是想取得一个凌驾于客人或合作者之上的“支配地位”，这本身就违背了我们的出发点。而且，事实也证明，采用强硬、凶狠、厉害的态度并不能使所有的客人或合作者都怕你，因为谁都不会心甘情愿地在人际交往中扮演弱者。即使你真的能够让别人怕你，“怕”也绝不等于尊重。那些在你面前不敢不“尊重”你的客人或合作者，很有可能要采用或明或暗的种种方式来“报复”你。至少，那些“怕”你的客人不会对你的服务表示满意，那些“怕”你的合作者也很难积极主动地与你配合。

因此，我们只能以自己对别人的尊重去赢得别人对自己的尊重，而不可能强迫别人尊重自己。如果客人或合作者因为“不敢”不尊重你而被迫“尊重”你，那绝不是真正的尊重。

旅游工作者有时可能会遇到一些傲慢无礼、自以为是的客人或合作者，遇到这样一类人，旅游服务人员是否仍然要以自己对他们的尊重去赢得他们对自己的尊重呢？回答当然是肯定的。但有的旅游服务人员总是担心，如果对这样的客人或合作者表示尊重，他们可能会得寸进尺，变得更加傲慢、自以为是，甚至飞扬跋扈、不可一世。这种担心不无道理，然而，作为一名旅游服务人员，只能用自己对客人与合作者的尊重去赢得他们对自己的尊重，除此之外，别无他途。

如何使那些傲慢的、自以为是的客人或合作者变得比较谦虚、实事求是一点呢?那些傲慢的、自以为是的人是一些想在人际交往中扮演优越者的人，而优越者其实都是十分脆弱的。他们最害怕别人说自己“不行”，最害怕在别人面前暴露自己的弱点，也最害怕在别人面前承认自己的缺点和错误，否则就不能保住他们的“优越”地位。如果旅游服务人员能够以恰当的方式，在不接受他们的某些不正确的说法或做法的同时，仍然表现出对他们的尊重，使他们不必担心自己会被人“瞧不起”，这样，他们就会觉得没有必要把那些不正确的说法或做法坚持到底了，也就会变得比较谦虚和实事求是了。相反，如果旅游服务人员硬要不留情面地说对方“不行”，抓住对方的弱点不放，指责对方的缺点和错误，他们就会为了保住自己的脸面而把那些不正确的说法或做法坚持到底，而且，态度会变得更加蛮横无理。

二、人际交往中的“卑”与“亢”

在人际交往中，有的人“卑”，有的人“亢”，有的人“亦卑亦亢”，有的人“忽卑忽亢”，有的人“不卑不亢”。说到底，亢是因为自卑，只有不卑才能不亢。既不要有自卑感，也不要有优越感，这就是“不卑不亢”的含义。

不卑不亢的人相信人与人之间能够平等、互相尊重。而自亢或自卑的人不相信人与人之间能够平等、互相尊重。是否“相信”，这是最重要的区别，既然不相信，就更谈不上把自己放在与别人平等的位置上，与别人建立相互尊重的关系了。

一个人是不是相信人与人之间能够平等、互相尊重，要看他是不是受到过别人的尊重。电视剧《北京人在纽约》里有一个精彩的片段：提琴师王启明初到美国的时候，因手受伤不能拉琴而到一个加油站求职，他听到加油站老板说的是北京话感到很兴奋，但是，那个在北京时曾经是“板儿爷”（拉板车的人）而现在已成为加油站老板的同乡听说他是个提琴手，不仅没有给他工作，还讽刺挖苦了他一通，对他进行了一番侮辱，最后揍了他一顿。为什么会这样呢？也许正是因为这个从“板儿爷”变身为老板的人曾经被别人呼来唤去，曾经受过别人的侮辱，而没有得到过别人的尊重。另一个例子，雨果的名著《悲惨世界》里的主人公冉阿让之所以从一个囚犯变为一个慈善家，正是因为他从监狱出来后在主教家仍然受到了款待和尊重，甚至当他偷了主教家的银器后仍然受到主教尊重的缘故。

那些曾经养尊处优的人，也很容易在“卑”与“亢”之间跳来跳去。平等不能使他们感到满足，他们需要的是优越感。不能显示出自己的优越，他们就会感到自卑。他们不可能靠自己的“真本事”去赢得别人的尊重，有时也会因此而感到自卑。但是他们仍然留恋那种优越的滋味，所以一有机会，他们就会从自卑跳到自亢。

就人际交往的心理方面而言，人际关系中的种种难题、麻烦，都是由自卑感（包括用优越感“包装”起来的自卑感）造成的。自卑感是真正的罪魁祸首，赖斯·吉布林在《人际关系的艺术》一书中归纳了一句话：低水准的自我评价意味着麻烦与摩擦。自我评价的高低是一个关键问题，低水准的自我评价不是谦虚，而是自卑。自卑感使人变得敏感、脆弱，变得很容易被得罪；自卑感使人变得只顾自己，不顾别人；自卑感使人变得虚荣、容易嫉妒；自卑感使人变得不友好，使人产生不信任感，喜欢钩心斗角。一个自尊的需要还没有得到满足的人，时时刻刻都在想着他自己，不会去考虑别人的自尊需要。想要让他为别人着想，就要尊重他、满足他的自尊需要，使他的注意力从自己身上移开。所以，要解决人际难题，必须要从自己做起，要以自己对他人的尊重去赢得他人对自己的尊重。

本章小结

本章探讨了旅游人际交往的两重性、心理角色与人生定位，以及人际交往中的敏感问题等。

1. 要理顺人际关系，必须从“人”和人所扮演的“社会角色”这两个方面去考虑：作为人与人之间的交往应该如何进行，作为特定的社会角色之间的交往又应该如何进行。

2. 社会角色是指某个人在社会的某一组织或群体中的“身份”。

3. 心理角色是指某人这个“人”（而非其所扮演的社会角色）在他人心中的形象和地位。人际交往中典型的心理角色有：强者、弱者和优越者。

4. 人际交往中有两种不同的心理角色关系：强者与强者的关系是彼此平等的心理角色关系；优越者与弱者的关系是彼此不平等的心理角色关系。从本质上来看，人生定位有两种：把自己放在与别人平等的位置上；把自己放在与别人不平等的位置上（无论是放在高于还是低于别人的位置上）。

5. “尊重”与“贬低”的问题是人际交往中的敏感问题。在“贬低”和“敌意”的恶性循环中，人际关系会变得越来越坏；而在“尊重”和“好感”的良性循环中，人际关系会变得越来越好。

6. 人际关系中的种种难题都是由自卑感（包括用优越感“包装”起来的自卑感）造成的。低水准的自我评价（即具有强烈的自卑感）就意味着麻烦与摩擦。

思考与练习

1. 为什么说人际关系只有从“人”和人所扮演的“社会角色”两个方面去考虑，才能理顺？

2. 旅游服务人员在服务工作中是否可以表现自己的个性？

3. 旅游服务人员在服务工作中该不该与客人争平等？如果不该争，为什么？如果该争，该怎样去争？

4. 在研究人际交往时，为什么已经有了“社会角色”的概念，还要引进“心理角色”的概念？

5. 为什么说在人际交往中，扮演优越者的人只不过是经过了“包装”的弱者，而扮演弱者的人很可能实际上是优越者？

6. 为什么在研究人际关系问题时，最重要的是区分“能够平等待人的人”和“不能平等待人的人”？

7. 从心理学角度来看，什么是人际交往中最敏感的问题？为什么说它是人际交往中最敏感的问题？

8. 回想一下你曾经遇到过怎样的人际交往难题，分析这些人际交往难题是怎样形成的。

案例分析与讨论

一位导游遇到了这样一位领队，他为了讨好游客，一再提出新主意，想显示自己的“知识渊博”和“为游客着想”，在导游与游客之间制造矛盾、挑拨离间。在旅游之前，该旅行团在北京的日程已经确定，双方都很满意，可出发那天，这位领队突然发难，他翻出陈旧过时的《旅游指南》，责问导游为什么不带他们去北海桥。导游说明了他要求去的那处景点早已不存在了。但是，这位领队却向游客说自己做了极大的努力，导游还是拒绝了他的要求，同时又说客人花了钱，旅行社却不满足他们的要求，不安排他们要求的游览项目。顿时车内一阵骚动。

这时，如果这位导游不能保持镇定，而与游客发生冲突，就中了领队的计谋，最终可能引起游客的投诉。但是，这位导游面对游客的指责，没有情绪冲动，而是心平气和、态度和蔼地向客人解释道：“领队先生谈及的问题，我已经向他做了详细的解释，他参考的那本《旅游指南》已经过时，目前北京已经不存在这个景点了。我完全理解领队先生想让大家玩好的心情，但是，我想我比他更熟悉北京。大家有什么愿望还可以向领队先生或向我提出来，我将尽最大努力使大家满意。”这样一说，骚动的游客平静下来了。当天领队一直不理睬导游，但导游还是主动与他商量有关事宜，让他有“台阶”可下。这样，终于使这位原本不配合的领队变得平和了许多。

[分析]

在旅游活动中，我们会遇到形形色色的旅游者，有的旅游者扮演着强者的心理角色，有的旅游者扮演着弱者的心理角色，有的旅游者扮演着优越者的心理角色。

我们知道，优越者是那些具有强烈的优越感的人，他们总是夸大自己的长处，而掩盖和否认自己的短处，并且常常用别人的“不行”来证明自己“比谁都行”。有优越感的人总是把自己放在高于别人的位置上，他们在与人交往时，显得飞扬跋扈、盛气凌人。本案例中的这位导游就遇到一位傲慢无礼、自以为是的领队，为了显示自己的“知识渊博”和“为游客着想”，对既定的旅行团日程横加指责，向导游提出不合理的要求，并煽动游客与导游发生冲突。这位导游虽然没有接受他的无端指责和不合理的要求，但是表现出了对领队的尊重，不失礼地主动与他商量有关事宜，让他有“台阶”可下，终于使他没有把那些不合理的要求坚持到底，态度也变得和气一些了。可以说，导游用自己对对方的尊重最终赢得了对方对自己的尊重。

［讨论］

旅游服务人员在遇到扮演优越者的心理角色的旅游者时，应该怎样与他们打交道来解决人际交往难题?

第九章
旅游人际交往的原则

学习目标

通过本章的学习，你将了解、掌握：

1. 坚持“双胜原则”的必要性；
2. “双胜原则”在服务、推销、谈判和管理中的应用；
3. 心理游戏的种种“玩法”和产生心理游戏的原因。

导入案例

在一家宾馆中，某公司老板在宴请客人。服务员小孔给客人上花雕酒时，先给这位老板的酒杯中放了一颗话梅，不料这位老板伸手挡住酒杯说：“小姐，你的操作方法不对，喝话梅泡黄酒，应该先倒酒后放话梅。”小孔一愣，明知客人的说法不对，但还是按照客人的说法做了。

上的第一道菜是滑炒虾仁，这位老板尝了一口，眉头一皱说：“这虾仁味道太淡了。”小孔说道：“是吗？哦，这样吧，我马上拿到后厨请师傅加工一下。”小孔向餐厅经理汇报了此事，餐厅经理和厨师长品尝后认为咸淡合适。经理联系前后发生的事，认为这位客人好面子、爱自我表现，应尽量维护其自尊心，妥善处理好此事。就让厨师长加了点盐回锅炒了一下，然后小孔把菜重新端回餐桌，并对这位老板说：“先生，对不起，刚才确实淡了点，现在加了点盐，请品尝。”这位老板尝了一口，笑着点头说：“这还差不多。”小孔松了一口气。

最高档的菜——鱼翅上来了，这位老板刚尝了一口，就对小孔说：“这鱼翅有问题。”小孔大吃一惊，这时早在远处留心观察的餐厅经理马上走了过来，和气地说：“我是餐厅经理，欢迎您对这道菜多提宝贵意见。”这位老板一口咬定鱼翅有问题，餐厅经理毫不犹豫地说道：“那就取消。”取消就是白送，这时在座的客人有些看不下去了，纷纷劝解。这位老板没想到店方会主动提出取消，在众人的劝说下也觉得过意不去，便说：“取消就不必了。”餐厅经理见形势缓和下来了，就退一步说：“那就打八折。”这时，这位老板有点不好意思，又显得扬扬得意。

此后，这位老板和他的公司员工便成了这家宾馆的常客。

本案例中的宾馆服务员小孔和餐厅经理在客人冒充内行、自以为是，甚至无端寻衅滋事时，坚持了“客人总是对的”这条对旅游工作者提出的要求，主动地把“对”让给客人，自己承担起“错”的责任，成功地为宾馆赢得了常客，达到了“双胜无败”的结局。我们认为：在“服务人员”与“客人”这种特定的角色关系中，服务人员即使“得理”，也要“让人”。“客人总是对的”正是体现了服务行业中正确处理客我关系的“双胜原则”。

第一节 坚持“双胜原则”

目标问题是人际交往中的根本问题。以“双胜”为目标是旅游工作者在旅游人际交往中必须坚持的一项基本原则。旅游人际交往中的“双胜原则”就是：旅游工作者应该让自己与服务、推销、谈判和管理的对象双方都成为胜利者。

一、“双胜”的含义

人们在评价自己与他人的交往时，很自然地会考虑自己在这种交往中“付出”了什么，又“得到”了什么。就旅游工作者在工作和日常生活中某一次与人交往的结局来看，我们可以对“双胜”做这样的理解：

（1）双方都得到了自己想要得到的东西，这就是“双胜”。

（2）虽然并没有得到自己想要得到的一切，但双方都得到了自己最想得到的部分，这也是“双胜”。

（3）即使没有得到自己最想得到的东西，只要双方都得到了自己应该得到的东西，都觉得合情合理，这也是“双胜”。

（4）“尊重”是旅游工作者、客人和合作者都想得到，也都应该得到的。因此，只要双方都得到了应有的尊重，即使未能解决某些具体问题，也应该说是有了一个符合“双胜”要求的结局。

以上几个要点对于服务、推销、谈判和管理都是适用的。

以“双胜”为目标并不意味着事事都要“平分秋色”。如果人与人之间没有差别，也许就不会有那么多矛盾了。然而，人与人相比总是会有差别的，地位有高有低、能力有强有弱，人们的思想、言行也各不相同。

当人们作为特定的社会角色来进行交往时，以“双胜”为目标可以理解为“让你得到你应该得到的东西，我也得到我应该得到的东西”。至于你应该得到什么、我应该得到什么，要由双方所扮演的社会角色来决定。不考虑双方所扮演的社会角色，只强调“你是人，我也是人”是不恰当的。旅游工作者无论是在与客人的交往中，还是在与合作者的交往中，都要清醒地意识到，在这种特定的角色关系中，对方应该得到的是什么、自己应该得到的是什么。我们在不同的场合扮演着不同的角色，什么时候应该得到什么、什么时候应该付出什么，必须心中有数。

旅游工作者要在与客人和合作者的交往中争取一个双方都“有所得”的结局，必须考虑到对方想要得到和应该得到什么，而不能只考虑自己想要得到和应该得到什么；在彼此有分歧、有矛盾时，也一定要克制那种让自己“大赢特赢”，让对方“一无所获”的冲动；即使对方真的不对，也要给对方“留面子”，不能让对方觉得“丢脸”。例如，证明自己说的句句都对、对方说的句句都错；或者因为自己“要面子”而死不认错；或者“得理不让人”，完全不顾及别人的脸面，都是不符合“双胜原则”的。

二、坚持“双胜原则”的必要性

以什么为目标的问题，也就是要争取一个什么结局的问题。人与人交往有四种不同的结局：第一种结局是“我胜你败”，即“我得意，你受气”；第二种结局是“你胜我败”，即“你得意，我受气”；第三种结局是“两败俱伤”，即“我受气，你受气”；第四种结局是“双胜无败”，即“我满意，你满意”。

实际上，人与人相处的最终结局并不存在所谓“我胜你败”或者“你胜我败”的情况，要么是“双胜”，要么是“双败”。如果出现了“一胜一败”的局面，失败的一方可能有三种选择：屈服于胜利的一方，但口是心非、阳奉阴违；或者对胜利的一方怀恨在心、伺机报复；或者从感情上疏远胜利的一方，再不与之往来。无论“失败者”做出哪一种选择都不能给“胜利者”带来真正的幸福，最终仍然会导致“两败俱伤”的结局。

显然，只有“双胜无败”才是最好的结局，旅游工作者在与客人和合作者的交往中以“双胜无败”为目标，就是要使彼此的交往有一个“双方都是胜利者”的结局。

在人际交往中，为什么要让双方都成为胜利者呢？

从根本上来说，这是因为每个人都希望自己成为生活中的胜利者，而且我们认为人与人应该是平等的，每个人都应该有获得成功和幸福的权利。成功和幸福是用不同的标准来衡量的，只有成功而且幸福的人，才称得上生活中的（而不只是某一项事业或某一项竞争中的）胜利者。有一个简单的道理：如果没有人与你合作，你就不可能获得成功；如果没有人爱你，你就与幸福无缘。

同样，如果一个人总是把别人当作自己的敌人，总是处心积虑地要让别人成为生活中的失败者，那么，别人不会真诚地与他合作，更不会真正地爱他。他也许能够在某一项竞争中获胜，但不可能真正成为“生活中的胜利者”。正如心理学家霍妮所说的：一个人不可能既把他人踩在脚下，又得到他们的爱。所以，只有在让别人也成为胜利者的过程中，你才能成为真正的胜利者。

人与人在竞争中总是会比出“行”与“不行”来的，“双胜”并不是要抹杀人与人之间的差别，而是要承认人都是各有所短、各有所长的。坚持“双胜原则”绝不是否认人与人之间的竞争，而是欢迎有人来与自己竞争的。因为，竞争对手的存在能促使人更好地发挥自己的潜力。

每一个参加竞争的人，当然都希望打败对方，争取自己的胜利，但是，在某一项比赛中决出胜负，并不意味着要在对手之间形成一种“胜利者与失败者”的人际关系。因为，在某一项比赛中获胜并不意味着胜者“什么都行”，失利也不意味着败者“什么都不行”。所以，在比赛中无论取得什么样的名次的人都应该尊重对手。不能让竞争的双方都同时得到金牌，但并不意味着不能让双方都得到对手的尊重。

如果说参加竞争是为了更好地发挥自己的潜力，那么，只要已经最大限度地发挥了自己的潜力，即使没有取得某种荣誉，也应该是胜利者。更重要的是，在某一方面不能胜过别人的人，完全有可能通过努力在其他方面胜过别人。在生活这个竞争舞台上，人人都能够成为胜利者。

就我们投身于某一项竞争时所抱的期望而言，是可以以“我胜你败”为目标的；但就我们的社会人际交往而言，应该以“人人都成为胜利者”为目标，我们希望每个人都能在他所擅长的方面出类拔萃，希望人人都能成为生活中的胜利者。

然而，抱着病态的竞争心理的人，是不会坚持“双胜原则”的，他们只希望自己的对手失败，而绝不可能尊重自己的竞争对手。霍妮曾经指出：抱着病态的竞争心理的人，往往把竞争扩大化，完全没有必要去比的也要去比，完全没有必要去争的也要去争，似乎除了在竞争中获胜以外，生活不再有别的目的。

抱着病态的竞争心理的人，目标太高、野心太大，稍微受到挫折就很容易心灰意冷，往往一事无成；即使获得了成功，仍然会感到失望。他们的一个特点就是在竞争中隐藏着敌意，他们看到对手的失败比看到自己的胜利还要高兴，宁愿自己不赢，也要让对手输。

坚持“双胜原则”就应该建立一种“既竞争又合作的人际关系”。缺乏竞争精神或者合作精神都是不可能实现“人人都成为胜利者”的目标的，所以，要达到“双胜”，就必须同时是一个“有竞争精神的合作者”和“有合作精神的竞争者”。

在竞争中，不能靠牺牲他人的利益来赢得竞争、获得成功，而应该兼顾竞争双方的利益和尊严，兼顾双方的利益和尊严的原则也就是“双胜原则”。

三、“双胜原则”与服务

为了实现优质服务，旅游企业提出了“客人总是对的”这样一个口号，要求旅游服务人员无论在客人“对”的情况下，还是在客人“不对”的情况下，都要把“对”让给客人。这样，客人胜利了，服务人员也因为成功地扮演了自己的社会角色而成了胜利者，这就是符合“双胜原则”的结局。

但是，以“双胜”为目标并不是不分是非，需要强调的是，不应该把“分清是非”变成“争输赢”。

（一）“客人总是对的”这句话的由来

美国“现代酒店之父”斯塔特勒在麦克卢尔旅馆当领班时，一位刚刚与餐厅服务员吵了一架的客人冲到服务台要值班员评理。值班员说：“因为我认识那个服务员比认识你早得多，所以我只好说他是对的。”客人听罢，二话不说，收拾东西，结账离店。看到这一切的斯塔特勒在他的小本子上写下：“客人总是对的（The guest is always right）。”并要求服务员以这句话为原则为客人提供服务。

老板对斯塔特勒说：“你是不是对服务员太苛刻了？你甚至都不打听一下那位服务员是否也有他的道理。”斯塔特勒回答：“不是的，先生。我的意思是，服务员不应该与客人争吵，不管什么原因都不应该与客人争吵。您看，我们失去了一位客人，是不是?”

这就是“客人总是对的”这句话的由来。

（二）“客人总是对的”不是对事实的判断

在旅游服务人员与客人之间出现是非问题时，可能是旅游服务人员不对，也可能是客人不对，不能武断地判定谁是谁非。“客人总是对的”这句话并不是对客我交往中客观存在的事实做出的一种判断，而是对旅游服务人员提出的一项要求。这项要求可以粗浅地理解为：即使真的是客人不对，也决不要说客人“不对”，而要把“对”让给客人。

当然，客人完全有可能犯错误，但是，客人是来接受服务的，不是来接受批评的。客人不喜欢我们说他们“不对”，更不喜欢我们逼着他们承认自己“不对”，有的客人甚至会认为，说他们“不对”就是对他们的贬低。所以，处理客我关系的信条是“客人总是对的”。即使完全是客人的错，也应该接受客人的责备并且表示自己的歉意，保全客人的面子，帮助客人摆脱窘境。绝不能与客人去比高低、争胜负，指责客人的错误，显示自己的正确。

“客人总是对的”是因为客人总是认为自己是对的。我们的工作是满足客人的需要，而不是批评或者纠正客人的错误。

（三）“分清是非”不等于“争输赢”

对于客我之间的是非问题，首先要看它是“大是大非”还是“小是小非”。如果是“小是小非”，那就不要去和客人计较。对于旅游服务人员来说，为了一点小事情去和客人计较，惹得客人不高兴，是得不偿失的，在这种情况下，把“对”让给客人是明智的。

如果遇到必须分清“大是大非”的问题，那就一定要记住：“分清是非”并不等于“争输赢”。“分清是非”与“争输赢”的区别在于：“分清是非”只是要弄清楚“什么是对的，什么是错的”，“争输赢”则是一定要争一个“谁是对的，谁是错的”。

为了不使“分清是非”变成“争输赢”，服务人员就要善于既不明确地说客人“不对”，又在事实上把是非分清。例如，某一项规定是所有的客人都必须遵守的，有一位客人却硬是不肯按规定办事，这当然是不对的。然而，作为旅游服务人员，应该做的是想方设法使这位客人也能像其他客人一样按规定办事，而不是想方设法去迫使这位客人“认错”。只要这位客人也能像其他客人一样按规定办事了，那就说明“该不该按规定办事”这一“是非”已经分清了，就完全没有必要再去批评他原来不肯按规定办事是如何的“不对”。当一个人想要改变自己的行为时，“下台阶”的办法是很多的，并不是非要认错不可。如果在事实上是非已经分清，服务人员还非要对客人说“是你不对，而不是我不对”，一定要争一个“我对，你不对”的结局，那就是把“分清是非”变成了“争输赢”，就违背了以“双胜原则”。

四、“双胜原则”与推销

（一）推销的实质

所谓推销，一般人的理解是：把自己的产品卖出去。但是，如果仅仅这样来理解推销，是不可能进行成功的推销的。

事实上，一些不高明的推销员总是从“卖”的角度来考虑问题，他们是“为卖而卖”，想方设法，甚至不择手段地卖出自己所要卖的产品。他们进行推销“似乎就是灵巧而顽强地说服顾客做他们不愿意做的事情，买他们不愿意买的产品”。其结果不是白费口舌（自己失败），就是强迫或者诱骗顾客买下产品（使对方失败）。这样做即使把产品卖出去了，也只是一次性的成功，从长远来看，失去了信誉，就再也做不成生意了（双方皆败）。

高明的推销员却是从“买”的角度来考虑问题的，他们是“为买而卖”，是去帮助一部分顾客买到自己所要买的产品，他们首先要做的事情是选择推销的对象，了解顾客的需要，然后以服务的方式进行推销。这样做能够博得顾客的好感，为自己所代表的企业赢得信誉，因此他们不仅能赢得现在的生意，而且能赢得以后的生意。顾客得到了好处，推销也获得了成功（双胜无败）。

《一分钟销售员》中总结了一条推销的“奇妙的逻辑”：当一个人不去追求自己想得到的东西，而是去帮助别人得到他们想得到的东西时，他在经济上就会获得更多的成功，而在生活中也会有更多的乐趣。

（二）推销者应具备的心理素质

从事推销工作的人，在心理素质上需要考虑两方面的条件：一方面是驱力，即追求成功的内在动力；另一方面是同感，即设身处地去理解他人的能力。

一种推销员是具有“高驱力、低同感”的人，他们往往急于把产品卖出去，却不善于设身处地为顾客着想，常常强加于人。从长远来看，这种人当不好推销员。另一种推销员是具有“低驱力、高同感”的人，他们与顾客相处得很好，顾客对他们印象也很好、很喜欢他们，甚至能与他们成为朋友，但是他们卖不出去产品，这种人也不是好的推销员。还有一种“低驱力、低同感”的人，这种人不适合成为推销员。只有“高驱力、高同感”的人，才能成为优秀的推销员。

具有“高驱力”的人，追求成功的内在动力很强，他们充满自信，对工作满腔热情，善于自我激励，具有较强的意志、勇气和毅力。

美国的推销和推销培训专家汤姆·霍普金斯论述了“常胜”推销员所应该具备的心理素质，他说：“在‘常胜’推销员身上经常表现出一种无法测量的素质，那就是想要取得成就的强烈愿望。一个‘常胜’推销员，对生活充满热情和信心，他们所具有的那种乐观精神，能使他们永远做出好的成绩。无论是身处顺境还是身处逆境，他们都能给自己带来阳光。”

在日本被尊称为“推销之神”的原一平认为：“推销员的必备条件就是要有高昂的工作士气，要有无论如何都必须完成任务的坚定信念。这一行的成功者都是尝过咬紧牙关发愤而起那种滋味的人。他们期盼‘有朝一日’，向着这个目标，心无旁骛、勇往直前。”

（三）如何具有“高同感”

具有“高同感”的人，同情心和同理心很强，他们能够“穿着别人的鞋子走路”，即能够站在他人的立场上考虑问题。他们愿意设身处地去为顾客的利益着想，用自己优质的产品和服务去满足顾客的需要。如何表现出“高同感”呢？有以下一系列论述可供我们借鉴。

1. 不要强加于人

春秋纵横家鬼谷子说：“无以人之所不欲而强之于人，无以人之所不知而教之于人。”这意味着要避免在顾客面前显示自己的高明，尽管你比顾客内行、你的专业知识比顾客多，你也绝不要去和顾客争论，绝不能说他不懂、说他不对。如果顾客不愿意，也绝不要勉强他。但是，不去教他、不去勉强他，并不等于不去积极地对他施加影响。

2. 要摸透顾客的心思

要想推销成功而又不强加于人，就需要摸透顾客的心思。在这方面鬼谷子对我们也有启示，他强调：“知其所好恶。”这意味着在进行推销之前，要摸清楚顾客的情况，要了解顾客喜欢什么、讨厌什么。现代许多高明的推销员也认识到这一点，原一平说过：一个杰出的推销员在与准顾客见面之前，对他一定要了如指掌，以便在见面时，能够流利地述说他的职业、家庭状况，甚至他本人的故事。由于句句逼真亲切，很快就能拉近彼此的距离。原一平在选定一个推销对象以后，就会在他身上下很多工夫，他通常只用5%的时间与顾客进行面对面的推销，而用95%的时间去了解和研究顾客。

3. 跟从式引导

鬼谷子还说道：“人之有好也，学而顺之。”是指顾客喜欢什么，你就要学习他、顺着他。可以采用“跟从式引导”的方法，表面上是你跟在他后面，学习他、顺着他，而实际上是你在引导他。

汤姆·霍普金斯举过这样的例子：在他当推销员时，有一次向一个顾客推销，在他之前同公司的另一个推销员已经去过，并给这个顾客留下了极其恶劣的印象。霍普金斯采取了“引导式”的提问，他问这个顾客：“如果您是我们公司的老板，您对那种推销员会怎么办？”顾客回答：“我会解雇他。”霍普金斯紧跟着说：“对，我们的老板正是按照您的意思办的，已经解雇他了。”这样，顾客与他的感情距离马上就被拉近了。要进行跟从式引导，在推销的过程中就必须善于试探，开始不要把话说得太绝对，要留有余地。鬼谷子的说法是“或圆或方”，“圆以合语，方以措事”，“未见形，圆以导之；既见形，方以事之”。所谓“圆”，就是话要说得圆滑，圆的东西容易滚动，才可能顺着顾客的话并对其加以引导；所谓“方”，就是说一是一、说二是二，果断地把生意做成，不能显得模棱两可、犹豫不决。当你对顾客的意思还不是很清楚时，话要说得委婉一些，寻找对方感兴趣的话题，然后想办法把话题引导到与推销有关的方面上；当你能够确认顾客已经有了购买意图时，话就可以说得很肯定，促使买卖成交。

五、“双胜原则”与谈判

人们在什么情况下才有可能谈判呢？可以说双方大体上处于平等的地位才有可能进行谈判。双方的实力相当，谁也不可能对另一方下命令，只能通过谈判来解决问题。谈判可以理解为一个合作的过程，它是一个从理想到现实的过程。

（一）谈判需要双方的合作

只考虑自己一方的立场，不注意调和双方的利益，是不可能达成协议的。谈判的结果是现实的，但可能对双方都不是最理想的。不能只是为自己的一方着想，也需要为对方考虑，要考虑到对方的实际情况对自己的要求做一些调整，最后双方达成协议。只有达成符合双方利益的解决方案才能使双方都满意。

（二）谈判家需要具备的两个条件

谈判家既要有合作精神，又要有强烈的竞争意识。如果没有合作精神，一点弹性也没有，十分僵化，就不可能进行谈判。有合作精神才能实现从“理想”到“现实”的转变，能够做出一定的让步，把“无条件的拒绝”变为“有条件的接受”。有竞争意识才能在“可行”中求得“最佳”，不会轻易让步，只做“有条件的承诺”，不做“无条件的承诺”，善于运用筹码，力争用“小的让步”换取“大的收获”。

（三）谈判要坚持“双胜原则”

在谈判中可以使双方都得到“比50%更多”的利益。一方面，可以通过谈判合作创造更多的利益，这样，一方所获得的就比原来的50%更多；另一方面，谈判的双方对利益的看法可能有所不同，比如国外关于谈判的教材上常引用的一个例子：姐妹俩争一个橘子，谁都想分得更多的一部分。但事实上，妹妹是要橘瓣吃，而姐姐是要橘皮做蛋糕。如果把橘瓣全部给妹妹，橘皮全部给姐姐，那么她们都得到了“比50%更多”的利益。

所以，在谈判中我们应该坚持“双胜原则”，兼顾双方的利益，这样才能取得谈判的成功。美国谈判学会会长尼尔伦伯格和英国谈判专家比尔·斯科特在这方面的论述将给我们很好的启迪。

尼尔伦伯格在《谈判的艺术》中指出：“一场成功的谈判，每一方都是胜者。”“谈判的目标应该是双方达成协议，而不是一方独得胜利。谈判的双方都必须感到自己有所得。即使其中有一方不得不做出重大牺牲，整个格局也应该是双方各有所得。”这就是说，在成功的谈判中“双方都是胜利者”，而不能“一方独得胜利”。

也许有人要问：“我方独得胜利不是更好吗？”尼尔伦伯格指出：“许多以激烈的

竞争方式进行的谈判，似乎都以单方面的彻底胜利而告终。所谓的赢家攫取一切，称心如意；而输家则一败涂地，丢尽脸面。然而，这样的‘结局’很难说是就此了结了。除非达成的条件在某些方面对‘输家’有利，否则这个‘输家’很快就会设法改变这种结局。与一盘棋赛不同，现实的谈判没有‘终局’。我的一些当事人常常确信自己已经完全战胜了对手，并已迫使他们彻底认输。我总是尽力地向他们解释，可能对这个‘最终’结果大有影响的持续性因素和副作用还多着呢。一项完全一边倒的协议会惹出种种麻烦，最终只能被证明是浪费时间和精力，它包含着自我毁灭的祸根。”

（四）谈判中的竞争与合作

一提到谈判，人们就会想到竞争。毫无疑问，谈判中不会没有竞争，但若只有竞争而没有合作，那就不会有成功的谈判。“谈判不是一场棋赛，也不是战争。”尼尔伦伯格指出：“应该把谈判看作一项合作的事业。在使别人更加富有、更加幸福和更加放心的同时，你也能使自己的需要得到更多的满足。事实上，这就是一切谈判的理想结果。”

尼尔伦伯格指出：“谈判的目标不是要将对方置于死地。无视于此，谈判者就会自食恶果。有时候，看到对方似乎已‘败退’，有人就会一味地穷追猛打。但是，那最后的一击很可能使人前功尽弃。”

（五）谈判方针

英国专家比尔·斯科特在其著作《贸易洽谈技巧》一书中，试图消除一些人心中存在的“谈判不过是施展各种手腕和诡计，争个你死我活、两败俱伤”的概念。他归纳了以下三种谈判方针：

1. “谋求一致”

斯科特极力推崇在友好、和谐的气氛下“谋求一致”的谈判方针，也不妨使用在谋求我方最大利益的前提下给对方以适当满足的“皆大欢喜”的谈判方针，避免采用冲突型的“以战取胜”的方针。斯科特把“谋求一致”比作双方共同制作“更大的或更可口的蛋糕”。

2. “皆大欢喜”

至于“皆大欢喜”，斯科特指出：这里不再设法把“蛋糕”做得尽可能的大，而是试图从获得自身最大利益出发来分割这块“蛋糕”。但是，任何一方得到半个以上的“蛋糕”都是不公平的。如果一方得到“蛋糕”中较多的“馅料”，而把另一方喜欢吃的那层“糖霜”让予他，这样每一方都觉得他们得到了自己想要的部分，都从这块“蛋糕”上得到了超过得到一半“蛋糕”所带来的满足。

3. 避免“以战取胜”

“以战取胜”的谈判是一方牺牲他方的利益来取得己方的胜利，其目的在于打败对方。斯科特指出：采取“以战取胜”方针的危害性在于失去了对方的友谊；失去了将来与对方开展更大业务往来的机会；会遭到对方的反击，甚至被对方打败；由于对方被迫屈从，所以不大可能积极履行协议。

斯科特认为，即使自己处于较强的地位，也不能采取强权策略，而仍然应该坚持以“皆大欢喜”为方针进行谈判，因为这样能得到较大的利益而不会有发生冲突的风险。

但是，如果对方采取“以战取胜”的方针，我们也要善于采用“反措施”。“反措施”有四类：阻止进攻；控制谈判局势；以毒攻毒；扩大己方的影响。

第二节 摈弃违背“双胜原则”的心理游戏

旅游工作者要与自己的服务、推销、谈判和管理的对象建立良好的人际关系，就必须坚持正确的交往原则，即“双胜原则”。而那些心理上不够成熟和不够健康的人却热衷于玩一种违背“双胜原则”的心理游戏。

在现实生活中，人们通常是为利益上的得失而去与别人进行争斗的。但是有些人之所以去和别人进行争斗，主要是为了获得“心理上的满足”，对于这些人而言，人与人之间的钩心斗角似乎是一种非常“好玩”的“游戏”。

作为旅游工作者，不仅自己不要做心理游戏的发起人，而且还要拒绝某些客人或合作者玩心理游戏的“邀请”。

一、心理游戏中的角色扮演

所谓心理游戏是指人们通过扮演“惩罚者”、“受害者”和“拯救者”这样一些心理角色来进行争斗。人们之所以玩心理游戏，一是因为人们可以利用这种游戏来打发时间，避免孤寂；二是因为如果在游戏中胜出，就能够在人际关系中“占上风”，从而获得虚假的满足。

扮演“惩罚者”，就是要让别人把自己当作一个有权去惩罚他人的人来对待。“惩罚者”向对手发出的信息是：“你服不服？我能够惩罚你、整治你，这就说明‘我比你行’。你如果敢不听我的，你就等着瞧吧!”

扮演“受害者”，就是要让别人把自己当作一个无辜的受害人或者一个应该被拯救的人来对待。“受害者”向对手发出的信息有两种，一种是：“是你害了我！我理所应当谴责你、报复你!”另一种是：“快来救救我吧！快来为我伸张正义吧！否则，你还能算是个好人吗?”

扮演“拯救者”，就是要让别人把自己当作一个能够拯救他人的或者曾经拯救过他人的人来对待。“拯救者”向对手发出的信息是：“你离不开我，你要依靠我，你的一切都是我给的，所以你应该对我感恩戴德、唯命是从。”

“惩罚者”、“受害者”和“拯救者”三个角色之间的关系可称为“心理游戏的三角关系”，如图 9-1 所示。玩心理游戏的人可以在这三种角色之间来回跳动。

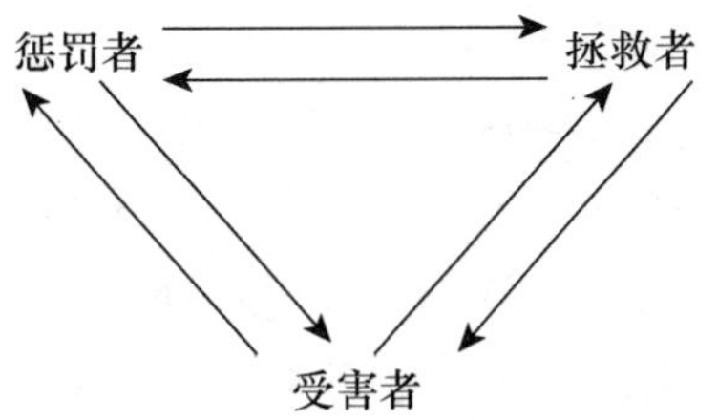

图 9-1　心理游戏的三角关系

一场“完整”的心理游戏需要“惩罚者”“受害者”和“拯救者”都出场。因为同一个人可以先后扮演两种甚至三种不同的角色，所以即使只有两个人也能够“玩”一场“完整”的心理游戏。

下面是一个“生活戏剧”，它反映了由三种角色构成的三角关系和在这个三角关系中不同角色的转换。

父亲是一位导游，刚出差回来，看见儿子不及格的考卷，大发雷霆。

父亲（扮演惩罚者）大骂儿子：“你这个不争气的东西，每次考试成绩都这么糟糕，到墙边跪着反思去！”

儿子（成为受害者）流着泪、噘着嘴跪到墙边，嘟囔着：“哼，每次回来都这么凶。”

母亲（扮演拯救者）把儿子拉起来说：“擦擦脸，吃饭去吧。”

母亲（变为惩罚者）对父亲发牢骚：“你平时干什么去了？从来不管孩子的学习，只知道责骂孩子。你知不知道，子不教，父之过！”

父亲（变为受害者）一脸委屈道：“我实在是工作太忙了嘛。”

儿子（变为拯救者）在饭厅大喊：“妈，别啰嗦了，爸刚回来呢。”

母亲（扮演受害者）抹起眼泪：“好啊，你们两个人合起来欺负我一个人。”

父亲（变为拯救者）递给母亲一张纸巾，说：“别哭了，吃饭去吧。”

在上述例子中，父亲由惩罚者变为受害者再变为拯救者；母亲由拯救者变为惩罚者再变为受害者；儿子由受害者变为拯救者。每一个人都先后扮演了不同的角色，从三角关系的一角跳到了其他一角。

二、心理游戏中的“陷阱”

玩心理游戏的人，无论他在游戏中扮演哪一种角色，都需要有人来给他当“配角”。所以，一个人是玩不了心理游戏的，至少还得“拉”一个人进入游戏。把别人拉到心理游戏中来给自己当“配角”是一件害人的事情，这常常是以设“陷阱”的方式来实现的。

一个要扮演“惩罚者”的人，往往要设下一个“受害者陷阱”，通俗地说，就是“挖一个坑让你跳”。他会想方设法让你暴露出自己的弱点，然后抓住你的弱点来狠狠打击你，他就可以以“惩罚者”的面目出现，对你进行惩罚其实只是一种借口，即使这种人的确掌握着赏罚大权，他们也会以权谋私，从别人的痛苦中谋取某种心理上的满足。

一个要扮演“拯救者”的人，他也要设下一个“受害者陷阱”，而且他所设下的“陷阱”更不容易被人识别。当他“帮助”你、“原谅”你的时候，你以为他是一片好心，其实他所做的一切都是为了把你紧紧地抓在他的手心里。“拯救者”以别人的“大恩人”“大救星”自居，其实他可能什么好事都没有为别人做，即使为别人做了一点事情，也带有“放人情债”的性质。这种人对别人施恩的目的是控制人，他们总是认为：“我对你有恩，你应该报答我，否则你就是忘恩负义。”或者“只有我能拯救你，你必须听从我，否则我就抛弃你。”

最善于用“设陷阱”的办法来坑害人的，要数那些扮演“受害者”的人。他们中的一些人会想方设法激怒你，让你在一气之下做出不明智的反应，表现出过激的言行，掉进“惩罚者陷阱”而后悔莫及。还有一些人依赖性很强，为了让你成为他们依赖的对象，他们会表现出各种各样的可怜相来让你掉进“拯救者陷阱”，乖乖地为他们效劳。

在心理游戏中，有人喜欢扮演“惩罚者”，有人喜欢扮演“受害者”，有人喜欢扮演“拯救者”。但是从实质上来看，扮演“受害者”和“拯救者”的目的都是在人际关系中充当“惩罚者”。也许掉进“陷阱”的人还不能清楚地看到这一点，但这是一个事实。

扮演“惩罚者”总是要以“你应该受惩罚”为借口的，以“受害者”和“拯救者”的面目出现，更容易为自己加害于人找到借口。让我们看一看游戏者是如何从“受害者”或者“拯救者”一角跳到“惩罚者”一角的。“受害者”会说：“你坑害了我这个无辜的人，你还不应该受到惩罚吗?”或者说：“你眼睁睁地看着我受苦受难，一点同情心都没有，难道不应该受惩罚吗?”“拯救者”会说：“我只不过是想帮助你，可你竟然把好心当作驴肝肺！你这个不知好歹的家伙，难道我不该惩罚你吗?”或者说：“想想我当初是怎么对待你的，你现在又是怎么对待我的? 你这个忘恩负义的家伙，难道不应该受惩罚吗?”

既扮演“拯救者”，又扮演“受害者”，往往能够在心理游戏中处于最有利的地位。一种很有代表性的说法是：“多年以来我为你牺牲了一切，现在对你提出这么一点点要求，你都不答应，你还有一点良心吗?”

利用人与人之间的矛盾和在人与人之间制造矛盾来进行挑拨离间，也是那些玩心理游戏的老手惯用的花招。在我们看来，当那些热衷于玩心理游戏的人给别人设下“陷阱”的时候，他们自己也掉进了人际关系的“陷阱”。如果他们不能幡然悔悟，那就永远也不能与别人建立一种健康的人际关系。

三、人们玩心理游戏的原因

所有的心理游戏都来源于童年时代最简单的“游戏”——“我的比你的好”，孩子玩这样的“游戏”是为了使自己从“我不行”态度的压抑下求得暂时的解脱。成人之间的心理游戏是通过扮演“惩罚者”、“受害者”和“拯救者”等心理角色来证明“我比你行”，其根源仍然在于“我不行”的人生态度。

心理上成熟且健康的人，可以通过从事创造性的劳动和与他人建立良好的人际关系来使自己的需要获得满足。而心理上不够成熟和健康的人之所以热衷于玩心理游戏，是因为玩心理游戏能使他们从中获得虚假的亲密感和自豪感。

玩心理游戏能使那些不能与别人和谐相处而又“不甘寂寞”的人从这种虚假的亲密关系中得到虚假的亲密感的补偿。尽管在一起玩心理游戏的人都是“心怀鬼胎”，但是玩心理游戏毕竟也是人与人之间的一种“接触”。

玩心理游戏能使那些自我评价很低、自卑感很强、缺乏创造能力而又不甘于默默无闻的人通过游戏显示出自己的优越，在人际交往中取得操纵别人的支配地位而扬扬得意，获得虚假的自豪感的补偿。

在心理游戏中扮演“惩罚者”，与为了尽自己的职责而对那些违法乱纪的人施以必要的惩罚是有着本质的区别的。为了维护社会生活的正常秩序、矫正某些人的不良行为而进行的惩罚是必需的。而扮演的“惩罚者”虽然也总是以“你应该受惩罚”为借口，却是为了从中寻求一种“乐趣”，其真正的目的是通过惩罚别人来显示自己的“优越”。“惩罚者”的逻辑是：“我能惩罚你，这就证明‘我比你行’。”

在心理游戏中扮演“拯救者”，与助人为乐是有着本质区别的。助人为乐是为了帮助别人，助人者希望被帮助的人自强自立，助人者也绝不会索取报偿；而扮演的“拯救者”却是为了“放感情债”，为了控制“被拯救者”，其目的在于通过“拯救”别人来显示自己的优越。“拯救者”的逻辑是：“我拯救了你，这就证明‘我比你行’”。

在心理游戏中扮演“受害者”，是用一种特殊的方式来显示自己的“优越”，一定要把那些扮演受害者的人与真正被别人迫害的人加以区别。那些扮演受害者的人，有的实际上是“恶人先告状”，有的虽然算不上是“恶人”，却也并不像他们自己所标榜的那样“清白无辜”，往往是故意制造自己受害的“事实”，让别人钻进“迫害者”的圈套；有的是装出一副可怜相让你去为他们做许多本来应该由他们自己做的事情。“受害者”的逻辑是：“我是无辜的受害者，我没有像你那样做害人的事情，所以我比你对、我比你好!”或者是：“我是一个无能为力的受害者，因此你必须来拯救我、为我效劳，看起来是你比我行，实际上还是我比你行!”

无论是在心理游戏中扮演“惩罚者”，还是扮演“受害者”或“拯救者”，其根本目的都是在人际交往中占上风，成为一个能够在冠冕堂皇的借口下，为谋取私利去支配别人的“操纵者”。“惩罚者”所使用的操纵手段是：“你敢不听我的，我就惩罚你!”“拯救者”所使用的操纵手段是：“你敢不听我的，我就抛弃你!”或者是：“你如果敢不听我的，我就向你讨还你欠我的‘人情债’!”“受害者”所使用的操纵手段是：“你要是不听我的，你就要受到众人的谴责和良心的谴责!”所以，那些玩心理游戏的人虽手段各异，但目的相同——都是证明“我比你行”“我比你对”和“我比你好”，都是建立一种不平等的心理角色关系。

四、旅游人际关系中的心理游戏

一些学者把相互作用分析理论关于心理游戏的分类应用到旅游接待业中，对旅游人际关系中的心理游戏进行了分析。

伯恩内在《人们玩弄的游戏》一书中归纳了30多种心理游戏，他用非常通俗的语言给这些游戏命名，如："是的，不过……""吹毛求疵""钻牛角尖""让你和他吵一架""打带跑""现在我逮住你了""还不是为了你""看你把我害成什么样子""喧嚣""法庭""警察与强盗""扯自己后腿""笨蛋""可怜的我""义肢""认罪""无情的人""我只不过是想帮助你""没有我，你该怎么办？"，等等。这些心理游戏可分为宾客游戏、经理游戏和员工游戏几大类。

（一）宾客游戏

罗伯特·赫利在《旅游团组织者手册》一书中，按照英文字母从A到Z的顺序列举了26种"成问题"的宾客，其中就有不少是爱玩心理游戏的宾客。宾客们最喜欢扮演的心理游戏角色是"受害者"，当然他们有时也扮演"迫害者"和"拯救者"。扮演"受害者"有两个好处：一是可以谴责"迫害者"，把对手推进"迫害者陷阱"加以打击（抱怨和挑剔我们的工作）；二是可以呼唤"拯救者"，让对手掉进"拯救者陷阱"乖乖地为其效劳（让我们仅仅为他一个人服务）。宾客游戏有以下几种：

1. "义肢"

喜欢玩"义肢"游戏的客人就是把自己装扮成一个"残疾人"，不是身体上的残疾，而是总装出一副可怜的样子，希望所有的人都照顾他，或者要求导游只围着他一个人转、只关照他一个人，这种人表面上是"我不行"，其实正是用自己的"不行"来支配别人、控制别人，扮演"受害者"，呼唤"拯救者"来乖乖为他效劳。实际上就是要证明他这个"不行"比别人的"行"更加"行"。

2. "可怜的我"

有的游客表面上总是显示出一副大度的姿态，上车时把前排的好座位让给别人，自己坐颠簸的后排；看戏时把好位置让给别人；就餐时抢着用残缺的碗筷……而到了一定的时候，他就要向导游发难了："为什么我总是这么倒霉？什么好处都轮不到我的头上，什么坏事都让我赶上了，你们这样做公平吗？"这是通过扮演"受害者"而把对方当作"迫害者"来加以谴责。

3. "喧嚣"

玩这种游戏的客人要么是不断地抱怨，要么是突然地大吵大闹，以控诉的口吻发起挑衅。如果服务人员针对这些挑衅的言语为自己进行辩护，这种游戏就会一直继续下去，最后客人总是恫吓道："快去把你们经理找来！"所以，与"喧嚣"游戏的爱好者进行争吵是徒劳无益的，只能使对方更加无理取闹。服务人员一定要保持冷静、避免争辩，这样才能终止游戏。

4. "让你和他吵一架"

这种游戏常常是由领队发起的，他故意在导游和客人之间搬弄是非，引起客人对导游的不满，当双方发生冲突时，他就达到玩这个游戏的目的了，获得了自己作为"拯救者"的心理满足。喜欢玩这种游戏的领队惯用这一手法来进行挑拨离间，导游应该引起注意，不要掉进他们所设置的陷阱中。

（二）经理游戏

经理由于扮演着旅游企业中具有特殊位置的社会角色，他们在心理游戏中很容易扮演“惩罚者”的角色。经理游戏有以下几种：

1. “是的，不过……”

有些经理在召开一些“集思广益”的会议时，表面上十分诚恳地向员工请教某个问题的解决办法，但当员工提出一系列建议以后，经理却对所有的建议一一加以驳斥，然后说：“你们难道想不出一个好办法吗?”游戏的目的是想强化“你们都不行”。

2. “吹毛求疵”

有的经理会尽量找出员工工作中的小差错，挑剔最细小的毛病来打击员工，或者讥笑、讽刺、挖苦员工，却从不提出改进的建议。这不是一种积极的管理方法，而是在“找碴儿”。游戏的目的是想证实“你不行”。

3. “现在我逮住你了”

“现在我逮住你了”游戏是由经理发起的，通常有如下表现：

（1）经理把工作目标定到员工难以达到的高度，一旦员工没有达到目标，就横加指责；

（2）经理不给员工做好工作创造必要的条件，却由于管理不善而责备员工造成的工作上的疏漏；

（3）经理不在工作中为员工提供指导，事后出现问题却批评员工；

（4）经理告诉员工应该采用某种方法处理问题，员工完全遵照他的指令办事，当出现问题时，却指责员工为什么不采用其他方法去做。

玩这种游戏就是等待甚至引诱别人做错事情，然后理所当然地谴责对方，表现出威严的家长自我，其目的也是想证实“你不行”。

（三）员工游戏

虽然心理上成熟而健康的旅游工作者绝不会在工作中玩心理游戏，但是，旅游企业中也难免会有一些心理游戏的爱好者。员工游戏有以下几种：

1. “扯自己后腿”

有的员工从来不完成分配给自己的任务，而总是以“即使我想好好地去做，我也无法把事情做好”为借口，通过扮演“受害者”来操纵别人打击自己，最终有可能被解雇。

2. “看你把我害成什么样子”

玩这种游戏的人自己做错了事情，却总是责怪或埋怨别人：“总之，那不是我的错，一切都是因为你不好，才把我害成这个样子。”游戏者通过对他人的“义正词严”的责备，来逃避对自己所犯错误的责任。其目的仍然是证明“我行，你不行”。

3. “我只不过是想帮助你”

喜好这种游戏的人并不是真正地乐于助人，而是要利用一切机会使你相信他总是在帮助你的，或者他的愿望是想帮助你的。如果这个“拯救者”遭受拒绝，他就仿佛自己受到伤害似的进行抱怨：“我只不过是想帮助你，你真没有良心。”但其实他并不是真心实意地、心甘情愿地想帮助别人，而是想放一笔要求偿还的“人情债”。

4. “没有我，你应该怎么办？”

有的员工很擅长某种工作，却常常把这种工作推给那些没有经验的同事去做，当别人把事情做砸了的时候，他就会站出来说：“如果没有我跟在你们旁边指导，你们就做不好！”以此来强化自己的“拯救者”的心理地位，证明“别人都不行”。

旅游工作者应该努力使自己成为心理上成熟与健康的人，摈弃心理游戏。同时必须警惕客人和合作者中的一些心理游戏的爱好者发出的玩心理游戏的“邀请”，对于这类人的“邀请”要拒绝。但凡玩心理游戏的人，不管他们以何种面目出现，其实都是“色厉内荏”的，他们的内心深处也都是渴求被别人尊重的。所以，作为一名旅游工作者，必须坚持从自身做起，以自己对他人的尊重去换取他人对自己的尊重。如果你能够让交往对象获得真正的亲切感与自豪感，他们就不必通过玩心理游戏去追求虚假的亲切感与自豪感的满足。

本章小结

本章探讨了旅游人际交往中的“双胜原则”与心理游戏的问题。

1. 人际交往的最终结局要么是“两败俱伤”，要么是“双胜无败”。

2. 生活中的胜利者是成功而且幸福的人。如果没有人与你合作，你就不可能获得成功；如果没有人爱你，你就与幸福无缘。所以，只有在让对方也成为胜利者的过程中，自己才能成为真正的胜利者。

3. “双胜”的含义是：双方都得到了自己想要得到的东西，这就是“双胜”；虽然并没有得到自己想要得到的一切，但双方都得到了自己最想得到的东西，这也是“双胜”；即使没有得到自己最想得到的东西，只要双方都得到了自己应该得到的东西，都觉得合情合理，这也是“双胜”；只要双方都得到了应有的尊重，即使未能解决某些具体问题，也应该是一个“双胜”的结局。

4. 坚持“双胜原则”并不否认人与人之间的竞争，在竞争中兼顾竞争双方的利益和尊严，可以说就是达到了“双胜”。

5. “客人总是对的”是一句口号，它不是对客我交往中的事实的判断，而是对旅游工作者提出的一项要求。在“小是小非”问题上，要把“对”让给客人；而在“大是大非”问题上，不要把“分清是非”变成“争输赢”。

6. 不高明的推销员是“为卖而卖”，想方设法，甚至不择手段地去卖出自己所要卖的产品，其结果不是白费唇舌（自己失败），就是强迫或者诱骗买下产品（使对方失败），最终是双方皆败；高明的推销员是“为买而卖”，是去帮助一部分顾客买到自己所要买的产品，顾客得到了好处，推销也获得了成功，达到了“双胜无败”的结局。

7. 谈判是一个从理想到现实的合作的过程，又是一个在可行中寻求最佳的竞争的过程。成功的谈判中“谈判的双方都是胜利者”。

8. 心理游戏是指人们通过扮演“惩罚者”、“受害者”和“拯救者”这样一些心理角色来进行的钩心斗角。扮演“惩罚者”，就是要让别人把自己当作一个有权去惩罚他人的人来对待；扮演“受害者”，就是要让别人把自己当作一个无辜的受害人或者一个应该被拯救的人来对待；扮演“拯救者”，就是要让别人把自己当作一个能够拯救他人的或者曾经拯救过他人的人来对待。玩心理游戏常常是以设“陷阱”的方式来实现的。玩心理游戏能够使那些缺乏爱的能力，而又“不甘寂寞”的人从这种虚假的亲密关系中得到虚假的亲密感的补偿；还能够使那些自卑感很强，缺乏创造能力而又不甘于默默无闻的人通过游戏显示出自己的优越，在人际交往中取得操纵别人的支配地位而获得虚假的自豪感的补偿。

思考与练习

1. 为什么说人际交往的最好结局不是“我胜你败”，而是“双胜无败”？

2. 为什么说在市场经济条件下，提倡在人际交往中坚持“双胜原则”既是必要的也是可能的？

3. 高明的推销员与不高明的推销员对于“推销”这个概念的理解有什么不同？这种不同的理解对其推销行为和结果会产生什么样的影响？

4. 为什么说在成功的谈判中“双方都是胜利者”，而不能“一方独得胜利”？

5. 为什么某些心理学家把人与人之间的钩心斗角称为心理游戏？心理游戏有哪些“玩法”？

6. 怎样用“惩罚者”“受害者”和“拯救者”这些概念来分析人与人之间的钩心斗角？

案例分析与讨论 >>>>>>

骆剑双是全国“十佳”导游之一，下面是他在导游接待中的一个案例：

某年，骆剑双在北京接待了德国某旅行社组织的一个旅行团，北京是他们此次行程的最后一站。这个团的领队奥先生曾三次旅华，据全陪反映，奥先生十分挑剔，和各分支社的导游都配合不好，不是容易发脾气就是强行代替地方导游讲解。全陪在长途电话中一再强调要让骆剑双来接这个团，并要“整一整”这位领队奥先生。骆剑双在机场初次见到奥先生时，也感到他比较傲慢。

骆剑双觉得，要搞好这个团的接待工作，能不能与奥先生搞好关系是很重要的一个环节。为了打开局面，他在接待中首先做到耐心细致、主动热情。一上汽车，他先讲了一段热情友好的开场白，使全团气氛顿时活跃起来。奥先生马上对他说：“骆先生，久闻大名，我很高兴认识您。”接着骆剑双就和他攀谈起来，以了解他“挑剔”的症结所在。在交谈中奥先生向骆剑双比较详细地介绍了一路上所遇到的“困难”，他对骆剑双说：“有些城市的导游既不了解自己的祖国，也不熟悉自己的家乡，这样的导游无法使顾客满意。”从交谈中骆剑双了解到，一方面奥先生比较自负，另一方面导游在工作中也有不足之处，所以他有不满情绪。

为了给旅行团和领队奥先生留下一个良好的印象，增进中德两国人民之间的友谊，骆剑双决定：第一，努力把故宫导游好；第二，主动接近奥先生，尊重他，并适当让他发挥特长。在长达三个小时的故宫导游结束后，骆剑双对全团成员的专心听讲以及领队的配合表示感谢。同时，领队奥先生也向骆剑双表示：“骆先生，谢谢你生动活泼的介绍，以后一切听你的安排！”骆剑双说：“不，我们还要互相商量、配合，在语言方面，你是我的老师。”此外，骆剑双还了解到奥先生对东方国家的历史和佛教史有一定的研究，所以，在去碧云寺和卧佛寺的路上，骆剑双主动邀请他为全团讲述佛教史。奥先生对骆剑双的邀请非常感动，在讲完佛教史后说：“谢谢骆先生给我这个机会。关于碧云寺和卧佛寺的具体情况，请朋友们听骆先生讲解，我相信，他肯定比我讲得更生动、更好。”骆剑双立刻说：“我从奥先生的讲述中学到了不少有关佛教的知识，对此表示感谢。”由于二人默契配合，在北京期间，全团始终处于愉快、兴奋的状态，奥先生的心情也比较舒畅和愉快，最后全团高高兴兴地离开了中国。奥先生在临行前说了一句德国谚语：“Ende gut，alles gut.”这句话的意思是说：“只要结局好，那就一切都好。”后来，奥先生成了骆剑双的好朋友，只要德国有旅游团来华，他总要托人向骆剑双转达问候。

［分析］

从心理学的角度来看，全陪打给骆剑双的长途电话可以说是一种玩心理游戏的“邀请”，奥先生扮演着“惩罚者”的心理角色，全陪扮演着“受害者”的心理角色，全部打电话给骆剑双是在呼唤“拯救者”，希望骆剑双做自己的“拯救者”，而成为奥先生的“惩罚者”，让奥先生也做一回“受害者”。而骆剑双的“人生定位”是“我行、你也行”，是强者的人生态度，因为他既不自卑，也不自负，把自己放在与别人完全平等的位置上，以对领队奥先生的尊重赢得了对方对自己的尊重。

假如骆剑双接受了全陪的请求，决定要“整一整”这位领队奥先生，在去碧云寺和卧佛寺的路上他就不会主动邀请奥先生为全团讲述佛教史，而是用贬低和为难的态度对待他，那么，他就落入了心理游戏的陷阱，双方的关系就变成“贬低-敌意”的恶性循环。

骆剑双拒绝了玩心理游戏的“邀请”，没有落入心理游戏的陷阱。他扮演着强者的心理角色，把自己放在与别人平等的位置上，以对别人的尊重赢得对方对自己的尊重。他坚持了双胜原则，最终获得双胜无败的结局。

［讨论］

1. 请从心理学角度总结骆剑双的成功经验。从心理学的角度来看，奥先生是一个什么样的人？骆剑双是一个什么样的人？

2. 假设北京的地陪不是骆剑双，而是其他人，并且接受了那位全陪的请求，他将有可能怎样“整”奥先生？其结果又将如何？

3. 骆剑双在与奥先生的交往中是如何争取“双胜”结局的？

第十章
旅游人际交往的艺术

学习目标

通过本章的学习，你将了解、掌握：

1. 三个“自我”是人的三个不同的“行为决策者”；
2. “双胜八法”的内容和在旅游人际交往中的灵活运用。

导入案例

导游员小葛、小王和小陈正在讨论人际交往模式。

小葛说：“我听说人际交往可以分为家长自我、儿童自我和成人自我。像客人对我说：‘你必须搞到我的飞机票。’就是家长自我中的命令型。有位客人护照丢了，我安抚他说：‘请不要着急，先坐下来喘口气。’就是家长自我中的安抚型。七十岁的老人走失了，他太太对我说：‘哎呀，葛先生，不得了啦，你看怎么办呀？’就是儿童自我中的依赖型。我让客人准时上车时，客人嘴一撇说：‘别理他，我们走我们的！’就是儿童自我中的撒泼型。如果客人要求我去做什么事，我对客人说：‘好的，先生，我一定照办！’就是儿童自我中的服从型。”

小王说：“我知道，成人自我是一种理智的、不带情绪的、把话说得很明白的方式。比如说，客人问我：‘小王，今天我们去哪儿游览？’我回答说：‘按原定计划，去岳麓书院。’客人和我都是用的成人自我。”

小陈说：“看来这种理论并不复杂，不过，在带团中用什么模式最好呢？”

小葛说：“我想，用成人自我最好，无论客人用什么模式我们都能以不变应万变。”

小王说：“不对吧？客人的护照丢了，跑来对我说：‘王先生，我的护照不见了！这可怎么办呀？’我也不安慰他一下，就说：‘您仔细想一想，最后一次见到护照是在什么地方？’你们说，这样不是太别扭了吗？”

小陈说：“我同意小王的看法。如果客人命令我说：‘下午四点钟之前，一定要给我搞到回南京的火车票！’我也不先来个‘顺毛捋’，就直接说：‘据我的经验，在两个小时之内弄到火车票的可能性很小。’我想客人一定会火冒三丈！”

正说着，赵先生进来了。小王高兴地叫道：“赵大哥，您来得正好，我们正有一个问题要请教您呢！”

赵先生听了他们的问题，笑着说："理论与实际相结合嘛！依我看，很重要的一点是要看交往的双方是什么样的角色。如果你是客人，我也是客人，这是一回事；如果你是客人，我是服务人员，那就是另外一回事了。客人说：'下午四点钟之前，你必须给我买到回南京的火车票！'如果我也是客人，我可以用成人自我来回应：'可能性不大，我得跟着团队一起去游览。'甚至可以直接拒绝：'我跟你一样，都是来旅游的，凭什么要我去给你买火车票！'如果我是导游员，那就不能这样了。我一般都会这样回答：'好的，某某先生，我会尽我最大的努力去买您要的火车票。不过，据我的经验，在两个小时以内买到去南京的火车票不大容易，恐怕要费一些周折。'这是先用儿童自我的服从型，然后用成人自我。用儿童自我的服从型起了一个缓冲的作用。小陈，客人丢了护照，连哭带喊地对你说：'我的天哪！这一回我可完蛋了！'你会怎么说呢？"

小陈说："我会这样说：'太太，您不要着急，先坐下来喘口气，我一定会想办法帮您找到护照的。现在我希望您能给我提供一些线索，您仔细回忆一下，您最后一次看到您的护照，大概是在什么时候、什么地方？'噢，我知道了，用成人自我之前，先来一个缓冲，用的是典型的家长自我的安抚型。"

赵先生说："现在清楚了吧？当客人用家长自我或儿童自我来和我们交往时，我们用成人自我做出反应是对的，但是在这以前要有一个缓冲，这个缓冲很重要，有了这个缓冲，客人才不会误解我们的服务态度。"

相互作用分析理论认为，一个人有三个"自我"。在旅游活动中，我们要巧妙地运用原则性与灵活性相结合的交往艺术，要善于运用自己的"三个自我"灵活地去应对客人的"三个自我"，灵活掌握和运用"双胜八法"来处理好与客人和合作者的关系。

第一节 三个自我与旅游人际交往艺术

一、人际交往的"行为仓库"

人与人之间的交往有不同的内容，也有不同的方式。就方式而言，主要有"家长对儿童""儿童对家长""儿童对儿童""成人对成人"的方式。两个成年人打交道，也不一定都是采用"成人对成人"的方式，有时可能采用"儿童对儿童"的方式；有时也可能采用"家长对儿童"和"儿童对家长"的方式。一方就好像另一方的威严或者慈爱的"家长"，另一方则像是一个顺从或者任性的"孩子"。

形象地说，在人际交往中，每个人都有自己的"行为仓库"。这个"仓库"中储存的主要是以下六种行为：一是以"自发"为特征的天真型儿童行为；二是以"反叛"为特征的任性型儿童行为；三是以"驯服"为特征的顺从型儿童行为；四是以"训导"为特征的威严型家长行为；五是以"关切"为特征的慈爱型家长行为；六是以"通情达理”为特征的理智型成人行为。

二、三个不同的“行为决策者”

在人际交往中，应该从自己的“行为仓库”里“取出”哪一种行为去与人交往呢？这就是人际交往中的“行为决策”问题。相互作用分析理论告诉我们，一个人有三个“自我”，这三个“自我”就是内心世界的三个不同的行为决策者。

人的行为，有时主要受感情的支配，有时主要受权威的支配，有时主要受理智的支配。“儿童自我”、“家长自我”和“成人自我”就是分别用感情、权威和理智来支配人的行为的三个不同的“行为决策者”。这里所说的“权威”不是指生活中的某个或某些权威人士，而是指每个人在头脑中记录的权威人士（首先是家长）的言教和身教。

“儿童自我”是一个“感情用事”的行为决策者，它不会根据社会的、他人的利益和自己的长远利益来考虑“合理不合理”“应该不应该”的问题，而只是考虑“喜欢不喜欢”和“高兴不高兴”的问题。

“家长自我”是一个“照章办事”的行为决策者，它的“章程”就是头脑中所记录的那些由权威人士提供的行为准则。

只有“成人自我”才是一个“面对现实”的行为决策者，它既不像“儿童自我”那样感情用事，也不像“家长自我”那样只会照章办事，它善于独立思考，善于根据实际情况做出明智的选择。

在行为决策中，有时是“成人自我”起主导作用，有时是“儿童自我”或“家长自我”起主导作用。面对同一件事情，如果不同的“自我”在行为决策中占了优势，人就会做出不同的反应。

三、让“成人自我”起主导作用

对“行为仓库”里的各种行为，我们不能说哪一种绝对好，或哪一种绝对不好。而只能说，用得恰当就是“好”，用得不恰当就是“不好”。在人际交往中，我们应该根据所处的场合、交往中的具体情况以及自己所扮演的社会角色，有意识地从自己的“行为仓库”中选择出最恰当的行为。

如果要有意识地选择出最恰当的行为，就必须让面对现实的“成人自我”在自己的行为决策中起主导作用，而不能放任地由感情用事的“儿童自我”或自以为是的“家长自我”来主宰自己的行为。

让“成人自我”起主导作用，并不是只能采用“成人行为”。重要的是，无论采用哪一种行为，都应该由“成人自我”来做出决定。

四、用“成人对成人”的方式解决问题

心理成熟和具有强者心态的人在人际交往中，并不是只采用“成人对成人”的方

式。生活是丰富多彩的，人与人之间的交往也应该是丰富多彩的，适当地进行“家长对儿童”、“儿童对家长”和“儿童对儿童”的交往，可以增添生活的情趣。

但是，在人际交往中面临比较重要的问题时，必须通过“成人对成人”的方式进行讨论和商量，来寻求一个能使双方都感到满意的解决办法，而不能用“家长对儿童”的“压”的方式和“儿童对家长”的“顶”的方式去互相施加压力；也不能像两个不懂事的孩子那样用“儿童对儿童”的“闹”的方式去“怄气”。

“家长对儿童”的“压”的方式和“儿童对家长”的“顶”的方式以及“儿童对儿童”的“闹”的方式都是只允许对方说“是”，不允许对方说“不”的方式。只有“成人对成人”的“商讨”的方式，才是既允许对方说“是”，又允许对方说“不”的方式。

用“压”来迫使对方屈服于自己，以“顶”来迫使对方迁就自己，或者为了不得罪对方而“忍气吞声”地屈服和迁就，都不是解决问题的好办法。遇到问题时，只能用“成人对成人”的方式商讨并解决问题。

五、选择恰当的自我诱导所期待的行为

“选择”是指在人际交往中，善于从自己可能采取的各种行为中选择最恰当的行为。“诱导”是指在人际交往中，善于从别人可能采取的行为中诱导出自己所期待的行为。

在人际交往中，对方会表现出什么样的行为，并不是与我们的行为毫无关系的。因为对方的行为一方面是为了满足他自己的需要而进行的“操作”，另一方面也是针对我们的行为（对于他来说是“刺激”）而做出的“反应”。如果我们采取不同的行为，给予他不同的“刺激”，他就有可能做出不同的“反应”。这就说明，我们可以从对方可能采取的各种行为中“诱导”出某种我们所期待的行为。

作为一名旅游工作者，你对客人的行为有什么样的期待呢？你希望客人是用关切的“慈爱型行为”还是用训导的“威严型行为”与你打交道呢？是用驯服的“顺从型行为”还是用反叛的“任性型行为”与你打交道呢？当然，我们希望客人表现出“慈爱型行为”而不是“威严型行为”，或者表现出“顺从型行为”而不是“任性型行为”。可是，客人除了自己做出的行为以外，还有对我们的行为做出的反应。所以，在客我交往中，客人关切的“慈爱型行为”常常需要我们用驯服的“顺从型行为”去诱导，而以反叛为特征的“任性型行为”多半只能诱导出以训导为特征的“威严型行为”。同样，要客人表现出“顺从型行为”，需要我们用关切的“慈爱型行为”去诱导，如果我们用训导的“威严型行为”去“压”客人，换来的只会是客人用反叛的“任性型行为”做出“顶”的反应。

旅游工作者在与客人和合作者的交往中，要避免从对方可能采取的各种行为中诱导出并非自己所期待的行为，更要有意识地从对方可能采取的各种行为中去诱导出自己所期待的行为。“诱导”是以“选择”为前提的，为了达到“诱导”的目的，我们就必须对自己的行为有所“选择”。

第二节 具体的交往方法——“双胜八法”

“双胜八法”是在人际交往中争取“双胜”结局的八种方法，是旅游工作者处理好与客人和合作者的关系应该掌握的具体的交往方法。“双胜八法”的具体内容是：真诚赞赏法、幽默化解法、积极倾听法、支持性对抗法、敞开心扉法、广义推销法、广义谈判法和分两步反应法，如图 10－1 所示。

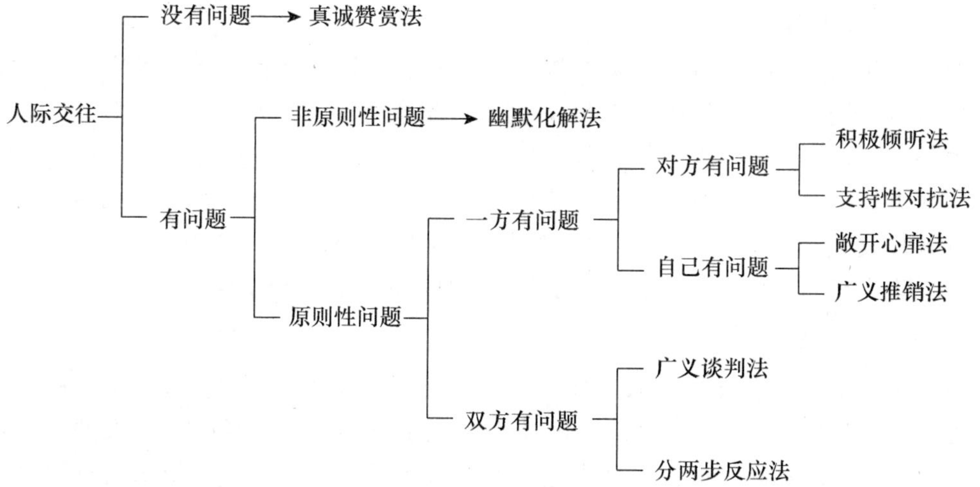

图 10－1 “双胜八法”

旅游工作者应该针对旅游人际交往中的不同情境和同客人及合作者交往的具体情况灵活地运用“双胜八法”：如果彼此之间都没有问题，可以用真诚赞赏法来进行交往；如果彼此之间有问题，但不是必须认真对待的实质性问题，可以用幽默化解法来进行交往；如果是对方觉得有问题，可以用积极倾听法来进行交往；如果是对方有错误，而自己有责任去纠正他的错误，可以用支持性对抗法来进行交往；如果是有关对方应该用什么样的态度和方式对待自己的问题，可以用敞开心扉法来进行交往；如果是自己需要对方的合作或者是希望对方接受自己的意见，可以用广义推销法来进行交往；如果是双方都觉得有问题，而对方的行为方式是“讲理”的，可以用广义谈判法来进行交往；如果是双方都觉得有问题，而对方的行为方式是“不讲理”的，可以用分两步反应法来进行交往。

一、真诚赞赏法

（一）为什么要赞赏

赞赏是人们普遍需要的一种心理服务，赢得对方好感的一个最简单的方式就是对他表示赞赏。美国哲学家杜威认为：“人类天性中最深刻的冲动就是‘变得重要的欲望’。”美国心理学家威廉·詹姆斯说：“人类天性的至深本质就是渴求为人所重视。”

美国心理学家和人际关系学家戴尔·卡内基总结了要使别人喜欢你的规则之一就是“使别人感觉自己很重要，并真诚地这样做”。他认为，要使别人喜欢自己，就必须说一些好话，不是关于自己的，而是关于对方的。人类行为有一种绝对重要的定律，就是永远使对方感觉自己重要，一种打动人心弦的切实办法就是巧妙地使对方明白，你承认他的重要，并且真诚地赞赏他。

及时地赞赏对于所期待的行为能够起到强化作用，称赞别人具有激励他们充分发挥蕴藏着的可能性的神奇力量。一个人的能力在批评中会变得枯萎，而在赞美中会如鲜花般绽放。

（二）赞赏什么

要赞赏我们所期待的行为，要赞赏对方还不是十分自信的长处。要让对方感受到赞赏的真诚，最好是针对具体的“事”，而不是笼统地针对“人”来表示赞赏。不是以评论家的口吻，指出他“本应如此”，要表达出对其所作所为由衷的赞美与感激之情。要赞美对方每一次细小的进步，要诚恳地认同和慷慨地赞美，只要用心观察，就可以发现他人值得赞美的地方是很多的，对方的外貌、服饰、气质、性格、行为、表现、兴趣、学识、能力、修养、品德等，在合适的时候都可以加以赞美。

（三）如何赞赏

真诚的赞赏不等于故意奉承。赞赏和阿谀奉承的区别就在于：赞赏是真诚的，而阿谀奉承是虚伪的；赞赏发自内心，阿谀奉承只出自嘴巴；赞赏是对他人的奉献，阿谀奉承是为了谋求私利。所以，赞赏是所有的人都需要的，阿谀奉承却被有识之士所鄙弃。

真诚的赞赏是成功地处理人际关系的一个秘诀。它在给别人带来幸福和快乐的同时也会使自己得到幸福和快乐。

二、幽默化解法

（一）幽默的作用

用幽默来化解人与人之间的紧张气氛，既是为别人提供心理服务，也是为自己提供心理服务。

幽默不同于讽刺，从心理学的角度来看，幽默与讽刺的作用正好相反，讽刺使人紧张，幽默却使人从紧张中解脱出来。缺乏幽默感的人总是小题大做，弄得彼此关系紧张；幽默却往往能够使小事化了，使交往能够轻松愉快地进行。所以，幽默可以融洽关系、减轻压力、调节情绪、消除紧张、解除烦恼。我们可以用幽默来面对日常生活中引起我们不快的小挫折，从而能够轻松地面对困难，重新振作精神，摆脱困境。

（二）幽默重在心态

我国幽默理论家徐侗先生认为：“幽默是一种人生的态度，是一种观察和把握世界的眼光、心境和情态，是一种承受和应对悠悠万事、芸芸众生的姿势、方法和力量。”幽默绝不是居高临下地嘲笑一切，具有幽默心态的人更注重自嘲自省。幽默虽然也有技巧，但根本上还是一个心态的问题。一个有着弱者心态或优越者心态的人是不可能具有幽默感的，只有拥有强者心态，从积极的方面去看待生活的人，才能够真正富有幽默感。

三、积极倾听法

（一）为什么要倾听

倾听也是人们普遍需要的一种心理服务，古希腊哲学家芝诺提醒人们："为了多听少说，我们才长了两只耳朵，却只长了一张嘴。"莎士比亚也曾经说过："将你的耳朵给一个人，而不是你的声音。"对处于繁忙的社会生活中的现代人来说，倾听显得尤为重要，它是彼此建立信赖感的关键。美国心理学家罗杰斯说："倾听并理解对方是沟通意见的渠道。"以富于同情和理解的心情去倾听别人的话，能够直接进入对方的心灵深处，是创造和谐的人际关系的最有效的方法之一。

倾听可以获得信息，并且对对方所要传达的信息进行加工整理，准确地理解对方所说的确切含义。还可以让对方说真话，加深了解对方的情绪和想法。积极倾听法用得好，还可以化解敌意，让对方把不满的情绪表达出来，就不会转化为敌意了。

（二）如何积极倾听

积极倾听就是要表现出对对方所述说的一切的专注和重视。倾听时头脑要冷静、态度要平和、注意力要集中，不能心不在焉。要凝视说话者，用眼神和手势表现出对对方的关注。要有兴趣地听并且听懂对方的意思，还要用适当的方式让对方知道你已经听懂了。要理解对方的感受并用言语、表情和动作及时给予反馈，使对方知道你已经理解了他的感受。这样才能与对方产生共鸣，使对方感觉你是他的"知音"。

可以用一定的提示帮助对方澄清他的问题，但不要急于向他提供问题的答案，而要善于引导对方自己做出判断。

倾听时应该注意：不要带着自己的期待、目的和预设的结论去选择性地倾听那些和我们自己的想法相符的部分，更不能将自己的情绪掺杂进去，也不要急于发表自己的意见。

四、支持性对抗法

（一）支持性对抗的含义

支持性对抗是指对抗的只是人所犯的错误，而不是犯错误的人；支持的是犯错误的人，而不是人所犯的错误。就是说，对于犯错误的人，要保护他的自尊心，同时纠正他所犯的错误。支持是对那些犯错误的人表示尊重，对抗是对他们那些不良行为或者不良表现表示否定。所以，旅游工作者在遇到某个行为失当的客人或合作者时应该否定的只是对方所采取的那种不恰当的行为，而不是他这个人本身。只有既支持又对抗，才能做到"双胜无败"。

（二）如何进行支持性对抗

支持性对抗分为明对抗与暗对抗。如果有错的人是管理对象，应该采用支持性的明对抗，要明确指出对方的错误之所在；而对方若是服务对象，可以采用支持性的暗对抗，对其错误不要明说。

1. 支持性的明对抗

对行为失当的人进行支持性的明对抗，首先要用中性的语气告诉他错在何处、为什么是错的；然后要谴责他的错误，但应该针对“事”而不要针对“人”。必须纠正对方的错误，同时理解其错误背后的需要和感情，保护对方的自尊心。不能因为一个人犯了错误就说他不是好人，因为他可以改正错误，今后可以表现得更好。为了帮助他纠正错误，需要进行严厉的批评；为了促使他今后表现得更好，还必须尊重他，必须肯定他仍然是一个好人。如果已经肯定他不是好人，也就不能指望他有什么好的行为了。所以，应该否定他所做的事情，而肯定他这个人，对他这个人仍然抱有希望。

2. 支持性的暗对抗

对行为失当的人采用支持性的暗对抗，只要求对方在事实上用正确的行为取代错误的行为，而不要挑明他的不对在何处，并且要为对方提供一个理由，让他能够体面地改正错误，用“正确的行为”取代“错误的行为”。这时尤其要注意绝不能伤害对方的自尊心。

五、敞开心扉法

（一）为什么要敞开心扉

人与人之间要建立良好的人际关系就必须互相了解。互相了解是通过沟通来实现的，沟通的艺术包括“听”的艺术和“说”的艺术。敞开心扉法就是一种“说”的艺术。

当两个人进行沟通的时候，彼此可能向对方传递以下几个信息：说话人想说什么？说话人实际上说了什么？按对方的理解，说话人说的是什么？听话人想听到什么？听话人实际上听到了什么？

因此，人们在沟通的时候互相误解的可能性非常大。罗杰斯认为：人与人之间沟通的最大障碍在于对另一个人或另一群人的言论乱下结论、妄加评论、轻率表态，而这种倾向却是人们的天性。在夹杂了强烈的感情和情绪因素后，这种倾向就更加突出。因此，感情越激动，双方在交谈中就越难找到共同的语言。

敞开心扉法是一种对人说真话的方法。人们在沟通时必须说真话，向对方敞开自己的心扉，这样才能赢得对方的理解，才能与对方建立比较亲密的关系。不说真话，对方就不知道该怎样对待你以及和你打交道。

（二）说真话的艺术

说真话并不等于“有什么就说什么”“心里怎么想的就怎么说”，要搞好人际关系，不仅要愿意说真话、敢于说真话，而且要善于说真话、讲究说真话的艺术。那么，究竟应该怎样说真话呢？

心理学家总结道：说真话是说那些“自己知道，对方不知道而又必须知道的”事情，绝不是那些“对方知道，而自己并不清楚的”事情。具体而言，对方的所作所为使自己产生了什么样的感受，自己对对方有什么样的希望和要求，这些是“自己知道，而对方并不一定知道的”，所以应该坦率地说出来，不说对方就不可能了解。而对方的所作所为出于什么样的意图，要达到什么样的目的，这些可能是“对方最清楚，而自己并不清楚的”，所以不应该由自己去告诉对方，如果在这种情况下凭主观臆断去指责对方，尤其是对对方进行人身攻击，就必定会引发彼此的冲突。罗杰斯说：“妄加评论是意见交流的障碍。”

说真话的时候需要注意：要具体、有针对性地说，最好一次只说一件事，就事论事；要切合实际，不要夸大其词；表达感受时应该用诚恳而委婉的措辞，用非情绪化的语言来描述自己的感情；提出希望和要求时要体谅、尊重对方。

六、广义推销法

（一）何谓广义推销

广义推销可以理解为这样一个过程：把我的问题变成你的问题；把我的主意变成你的主意。一般地说，就是让你为了你自己的利益和尊严来做我让你做的事情。我向你推销意味着做这件事情肯定对我有好处，但是，做这件事情不仅仅对我有好处，同时对你也会有好处。要进行广义推销，就必须为自己的推销对象找到一个能够接受自己的意见和主张的理由。把自己的主意变成解决对方的问题的方案，其结果是既解决了自己的问题，又解决了对方的问题，达到“双胜”的结局。

广义推销被古人称为“说人之法”。鬼谷子认为学会这种说服别人的办法是十分重要的，可以用它“说人”“说家”“说国”“说天下”。但是，说服别人并不是一件简单的事情，《韩非子》中有一篇《说难》，谈到说服别人之难并不在于“我不知道说什么”，也不在于“我口才不好，说不清楚”或是“我胆小，不敢把想说的都说出来”。“凡说之难：在知所说之心，可以吾说当之”，就是我必须了解我的说服对象的心里是怎么想的，然后我所说的这些可以和他心里所想的相适应。通俗地说，就是能不能说到对方的心坎上，如果不能，那么即使说得再有道理，对方也可能不会听进去。鬼谷子讲明了其关键原因在于“去其利则不受也”，虽然我说得头头是道，但对方所考虑的是对他自己有什么好处，如果我没有考虑到对方的利益和尊严，那就是盲目的推销。

（二）如何进行广义推销

关于如何进行广义推销的问题，鬼谷子也有很好的论述：“捭之阖之”，“捭之者，开也、言也、阳也；阖之者，闭也、默也、阴也”。“捭”即打开，就是让他行动起来；“阖”即关闭，就是让他停止行动。一个人通过对另一个人的心理施加影响，把一个主意推销给他，无非是让他行动起来，或者让他停下来。推销是“说”的艺术，在“说”之前，还必须谋划。鬼谷子把语言分为两类：一类是“阳言”，即说对方喜欢的东西；

另一类是“阴言”，即说对方讨厌、害怕的东西。所谓“言善以始其事，言恶以终其谋”，在说的过程中，需要注意：“言有象，事有比。”语言要生动、形象，空洞的道理没有说服力。还需要从正反两方面做一个对比，说明他接受了你的主意对他有什么利益，不接受你的主意对他有什么损害。

运用广义推销法去说服别人的时候，最重要的是什么呢？韩非子有一个说法：“凡说之务，在知饰所说之所矜而灭其所耻。”在进行广义推销的时候，我们应该尽可能去美化那些对于说服对象而言是值得他骄傲的事情，是能使他引以为豪的事情；而千万不能触及那些对于他而言是耻辱的事情。鬼谷子的说法是：“人之有恶也，避而讳之。”在说服别人的时候，要注意尽量回避、忌讳提到那些别人讨厌的事情。我国古代哲人的这些思想与戴尔·卡内基对广义推销的论述有异曲同工之妙。戴尔·卡内基总结的影响别人并使别人同意你的规则包括：“把自己的意愿变成对方的意愿”“尽力从对方的观点去考虑”“同情对方的意念及欲望”等。

七、广义谈判法

（一）何谓广义谈判

广义谈判就是通过沟通和商讨来解决问题。尼尔伦伯格认为：“只要人们是为了改变相互关系而交换观点，只要人们是为了取得一致而磋商协议，他们就是在进行谈判。”

（二）如何进行广义谈判

进行广义谈判时需要注意以下几点：

1. 明确需要解决的实质性问题

在谈判中，应把双方的关系问题和需要解决的实质性问题区分开来。要直接处理人的问题，不要试图用实质性问题的让步来解决人的问题，也不要回避双方的情绪，要坦然地向对方挑明自己的感觉，这样可以使谈判中的“针锋相对”得到缓解而强化建设性的积极态度。在摆脱了“潜藏的”情绪压力之后，双方就容易着手解决真正的问题。

2. 根据双方的利益构思方案

在谈判中，重要的不是方案，而是利益。不要把双方提出的方案简单地进行折中，而应该进行深入的交谈，探讨出双方方案背后隐藏着的利益。

3. 认真研究方案

不要匆忙地做出决定，要构思尽可能多的备选方案，在构思的过程中不要对对方的方案妄加评论，在构思结束以前也不要轻易否定对方的方案。

4. 按照公认准则筛选方案

可以先制定对方案进行取舍的公认准则，再根据公认准则在备选方案中筛选出一个双方都能够接受的方案。绝对不能屈服于压力，而应只屈服于原则。

5. 不要把意见分歧变成心理对立

在谈判中，人们常常会执意不肯放弃自己的立场，其原因并不是不能接受对方的提议，而是不愿意表示自己输给了对方。所以，只有双方都能够平等待人、互相尊重、通情达理时，才能使谈判顺利进行。

八、分两步反应法

（一）为什么要分两步反应

如果旅游工作者遇到了“不讲理”的客人或合作者，应该认识到：你并不是遇到了一个不讲理的“人”，而是遇到了他的某个不讲理的“自我”。

应该说，每一个人都是既“讲理”又“不讲理”的，因为每一个人都有一个“讲理”的“自我”（成人自我）和两个常常“不讲理”的“自我”（家长自我和儿童自我）。当一个人表现出他的威严的家长自我时，他只希望别人能够尊敬他、服从他，而不希望别人与他“讲理”；或者当一个人表现出他的任性的儿童自我时，他只希望别人能够迁就他、纵容他，而不可能与别人“讲理”。只有当一个人表现出他的通情达理的成人自我时，他才可能与别人一起通过商量和讨论来解决问题。

所以，如果旅游服务人员要与客人“讲理”，那么只能与这个客人的成人自我“讲理”，而不能与他的家长自我或儿童自我“讲理”。往往有些旅游服务人员在遇到问题时，不等客人表现出他的成人自我，就急于同客人“讲理”，他越急着“讲理”，客人就越不爱听；客人越不爱听，他就越着急，实在沉不住气了，冒出一句：“你这个人怎么这样不讲理呀！”就把客人得罪了，结果是“有理”反而变成了“没理”。

为了诱导出客人的成人自我，旅游服务人员必须沉住气，巧妙地去应付对方的那个盛气凌人的家长自我或胡搅蛮缠的儿童自我。应该相信，我们可以让客人的成人自我接受他的家长自我不愿意接受的意见和主张，前提条件是我们必须尊重而不是去顶撞他的家长自我；我们也可以让客人的成人自我去做他的儿童自我不愿意去做的事情，前提条件是我们必须体谅而不是去责备他的儿童自我。

为了诱导出客人的成人自我，必须请他的家长自我或儿童自我退出人际交往的舞台，这样他的成人自我才能登场。然而，对方的家长自我得不到尊重是决不愿意让位的，对方的儿童自我得不到理解也是决不愿意让位的，要想让它们让位，就必须先让它们得到一定的满足。顶撞对方的家长自我，或压制对方的儿童自我都是无济于事的，只能把事情弄糟。

所以，面对客人家长自我的“压”，我们既不能“屈从”也不宜“顶撞”；面对客人儿童自我的“闹”，我们既不能“迁就”也不宜“压制”，这就处在了两难的境地。遇到这种情况，可以采用分两步反应法——一步行不通，就分两步来解决问题。

（二）如何分两步反应

分两步反应法可以概括为“先接受—再说”，即分两步做出反应：第一步，针对客人的家长自我或儿童自我，“先接受”那些“不能接受的”；第二步，“有什么要说的”要等到请出客人的成人自我以后“再说”。

1.“先接受”

（1）接受家长自我。

如果对方自以为是、盛气凌人，为了让他威严的家长自我多少获得一点满足，我们第一步可以先扮演一个“乖孩子”，用灵活的方式把对方无理的意见和主张“先接受”下来，然后转入第二步——“再说”。这是针对家长自我的“接受”。

这种“接受”，可以是明确的、全盘的接受，也可以是部分的、有所保留的接受，或者是含糊的接受，还可以是有前提条件的接受。比如说：“您说的我完全同意。”这是明确的、全盘的接受。“您说……在这一点上我同意您的意见。”这是部分的、有所保留的接受，就是对方说了许多问题，我们只同意其中某一点，不同意的问题以后“再说”。“我想，您这样说一定有您的道理。”这是比较含糊的接受，因为这个道理是否真的成立还是个问题，需要以后“再说”。“是啊，这件事看起来是有点问题。”这也是比较含糊的接受，因为看起来有问题并不等于真的有问题，是否真有问题以后“再说”。“当然，只要有这样的规定，我们一定照办!”这是有前提条件的接受，如果规定不是这样，我们就不能照办，而是否真有这样的规定，需要以后“再说”。“如果事实诚如您所说的这样，我们一定要严肃处理。”这也是有前提条件的接受，因为事实上到底是否如此，需要以后“再说”。

最低限度的“接受”是用恰当的语言把对方所说的意思复述一遍。比如客人来投诉说：“你们那个服务员真不像话!”你可以回答：“您的意思是说我们那位服务员做得不对，是吗?”如果有人指责你：“你这个人真差劲!”你可以回答：“您的意思是说我有什么地方得罪了您，对吗?”如果对方用比较粗暴的口吻说话，你应该复述对方的“意思”，不必复述对方的“原话”，也不要加以评论，不要表示赞成也不表示反对。复述，是一种最简单的、行之有效的方法。复述对方的意思，表明了你在认真地倾听对方的话，并且在仔细地领会，表明你“接受”了对方，这使对方威严的家长自我受到了尊重，避免顶撞对方的家长自我；同时也为自己赢得了思考问题的时间，使你能够从容地考虑“再说”的问题。

（2）接受儿童自我。

如果对方感情冲动、胡搅蛮缠，表现得像一个“不懂事的孩子”，为了让他任性的儿童自我多少获得一点满足，我们第一步可以先扮演“好妈妈”，以慈母之心来理解和接受对方的情绪。等对方态度缓和了，再转入第二步“再说”，使交往以“成人对成人”的方式继续进行。有时候，对方所说的话是我们无论如何也不能接受的。比如，一位客人发现他的钱包不见了，硬说是某个服务员偷的，这时候，我们能够对她说“是的，是她偷的”吗？显然不能。但是，即使在这种情况下，分两步反应法也仍然是适用的。因为当我们即使无法接受对方所说的那些具体的“意见”和“主张”时，我们仍然可以对对方的情绪表示理解和接受，其实，这就是针对儿童自我的“接受”。如果客人指责你拿了他的钱包，你不能承认他“说得对”，但也不要批评他“说得不对”。因为在这种情况下，客人完全受感情用事的儿童自我支配着自己的行为，你不妨在心里把他当作一个不懂事的孩子，不要去计较他的言辞，而应该对他的心情表示“接受”。你可以这样对他说：“我能够理解您的心情，您找不到钱包心里一定特别着急。不过，您不要太着急了，我们一定设法帮您去找……”等他情绪平息下来以后，再进入第二步，向他询问有关情况。

2. “再说”

“再说”也有两种方法：一是平行陈述法，二是请教式提问法。

（1）平行陈述法。

“平行”就意味着“不相交”，进行平行的陈述，就是指不与对方交锋，用不与对方争论、更不对对方进行攻击的方式来陈述自己的意见、主张或感受。“成人与成人”的交往是彼此平等的交往，你可以陈述你的意见，我也可以谈我的看法，并不是只要有了分歧，就一定要彼此交锋、争论不休，应该允许各抒己见。在需要双方达成共识的时候，也可以先让双方“平行”地说出自己的意见，然后再进行协商讨论。

（2）请教式提问法。

用向对方请教的方式提出问题，可以让对方自己去思考、找出错误，也能够使对方从激动的情绪中平息下来，这是诱导对方成人自我的一种最好的方法。

向对方请教包括：请对方说得更具体、更详细一些；请对方说出自己的理由和根据；如果对方不同意自己的想法或做法，请教对方应采取什么具体办法；针对对方办法中存在的问题，请教如果遇到对方还没有考虑到的某种情况，又该怎么办。

质问、辩解和批驳都会诱发抗拒，而请教式的提问则可以促进合作。在许多情况下，质问、辩解和批驳都可以用请教式提问来代替，请教式提问法用得好，可以让对方说出你本来想要说的话。

本章小结

本章探讨了旅游人际交往中的三个自我，以及具体交往方法——“双胜八法”等问题。

1. 人际交往的“行为仓库”中有天真型儿童行为、任性型儿童行为、顺从型儿童行为、威严型家长行为、慈爱型家长行为、理智型成人行为六种行为。

2. 儿童自我、家长自我和成人自我是人的内心世界支配其行为的三个不同的“行为决策者”。

3. 旅游工作者在与客人和合作者的交往中，一定要让成人自我在自己的行为决策中起主导作用，要善于从自己可能采取的各种行为中选择最恰当的行为。面临问题时，用“成人对成人”的方式解决问题，要有意识地从对方可能采取的各种行为中去诱导出自己所期待的行为。

4. “双胜八法”是在人际交往中争取“双胜”结局的八种方法，是旅游工作者处理好与客人和合作者的关系应该掌握的具体的交往方法。“双胜八法”的具体内容是：真诚赞赏法、幽默化解法、积极倾听法、支持性对抗法、敞开心扉法、广义推销法、广义谈判法和分两步反应法。

思考与练习

1. 三个“自我”作为人的三个不同的“行为决策者”各有什么特点？
2. 怎样的倾听才是积极的倾听？
3. 为什么要说真话？应该怎样说真话？
4. 举例说明，如何进行支持性的明对抗和支持性的暗对抗。
5. 遇到“不讲理”的人，为什么要分两步做出反应？
6. 举例说明，在不同的情况下如何运用分两步反应法。
7. 在处理人际关系问题时，如何根据不同情况灵活地运用“双胜八法”？

案例分析与讨论

某饭店客房部服务员小王，在接受旅游心理学的培训时，记住了老师所讲的“对不讲理的客人要分两步做出反应”。她记得老师是这样讲的：所谓分两步做出反应，第一步是“先接受”，第二步是“再说”。尽管客人不讲理，尽管客人说得不对，但为了使双方的关系不至于一下子就紧张起来，第一步应该对客人的话表示接受，只有这样，才能形成一种比较平和的气氛，为第二步的“再说”创造条件。小王当时觉得老师讲得很对，可是后来她遇到一件事，使她对老师所讲的分两步反应产生了怀疑。事情是这样的：有一天，她给住在某房间的李太太送了拖鞋之后不久，李太太就气势汹汹地追过来对她说：“快说实话，你把我的钱包藏在哪儿了？刚才没有别人来过，只有你来过，一定是你拿的！”小王心里想：“遇到这种不讲理的客人，难道我也应该‘先接受—再说’吗？她说我拿了她的钱包，难道我就应该对她说‘是的，太太，我拿了您的钱包’吗？不！在这种情况下，我绝不能表示接受！”

［分析］

“双胜八法”中的分两步反应法，对于小王所说的这种情况同样是适用的。小王之所以会觉得“不适用”，是因为她对分两步反应法里面的“接受”二字理解得不够全面。实际上，“接受”一词在这里有两种不同的含义：第一种含义是尽管客人所说的意见和主张是没有道理的，我们也可以先以灵活的方式，表示他所说的“有一定的道理”；第二种含义是如果客人由于情绪冲动说出来的话太“离谱”、太“出格”，我们就不要去谈论他所说的那些话的内容是否正确，而要针对他说话时的情绪来做出反应，也就是先要表示他的心情是“可以理解”的。这第二种“接受”，并不是对客人的“意见和主张”的接受，而只是对其“感情”的接受。因为小王只记住了“接受”的第一种含义，而没有记住它的第二种含义，所以她就产生了“分两步反应的方法不适用”的想法。那位李太太说小王拿了她的钱包，就属于因为情绪冲动而说出了太“离谱”、太“出格”的话。在这种情况下，先不要去谈论自己是不是拿了这位太太的钱包，而要先表示这位太太的心情是“可以理解”的，这也是“先接受—再说”。

当李太太说小王拿了她的钱包的时候，小王会觉得很冤枉，很可能迫不及待地要为自己辩解，甚至会斥责李太太“诬赖好人”，这些也都是可以理解的。但是在李太太如此冲动的情况下，如果小王急于为自己辩解，或斥责她诬赖好人，除了会引起冲突之外，对于解决问题是不会有任何好处的。

建议小王还是要分两步做出反应。第一步，可以先说一些类似这样的话："李太太，您是说您的钱包找不到了，是吗？您找不到钱包一定很着急。"第二步，再想一个能够使问题得到解决的办法，例如可以这样说："李太太，您看是不是让我带您去见我的领导？您再把情况跟我的领导说一说，好吗？"

［讨论］

试分析旅游心理学中所讲的"先接受—再说"是否适用于案例中的这种情况。面对那位冤枉好人、气势汹汹的李太太，如果你是小王，你应该怎样做，不应该怎样做？

第十一章
旅游工作者的心理素质

学习目标

通过本章的学习，你将了解、掌握：

1. 三个自我与心理成熟的关系；
2. 心理健康者的特点；
3. 潜意识的内容及自我整合的原则；
4. 旅游工作者常见的自我防御机制；
5. 旅游工作者常用的情绪调节的方法。

导入案例

全陪小钟对小郑说："这次陪团我犯了一个错误，却得到了客人的好评。"

小郑问："出了什么事呢？"

原来，小钟的客人曾对小钟说，到了西安一定要带他们去品尝羊肉泡馍，可是到了西安，小钟把这事忘记了。等到了桂林，客人又提起这件事，小钟才猛然想起，赶紧向客人道歉，并表示要增加其他项目做补偿。小钟担心客人还是会有意见，没想到客人反而安慰小钟，有的说："你有那么多的事要做，也不可能什么都记住，情有可原。"有的说："你一路上够辛苦的了，俗话说，老虎也有打盹的时候嘛！"……

小郑听了也觉得有点奇怪："按道理说，客人肯定会有意见的，你的客人怎么会对你这么好呢？如果不是客人怕你，那就是客人特别佩服你，连你的失误也包容了。不过，要让客人佩服不是那么容易的，我想你肯定是做了什么特别的事。"

小郑猜得不错，小钟的确是做了两件让客人非常感动和佩服的事。

第一件事是在上海外滩游览的时候，一个小偷偷了客人的提包，小钟发现后纵身从高台上跳下，截住了小偷的去路，从小偷手里抢回了提包。那提包是一对夫妇的，里面除了钱和证件之外，还有去欧洲参加一个会议的机票。散团之后他们就要去欧洲，一天也不能耽搁。这对夫妇自然是对小钟感激不尽，全团的客人也都对小钟的英勇行为赞叹不已。

第二件事是在苏州的寒山寺。那天，在运河边上拍照的一位老先生不小心掉进了河里，在场的人都愣在了那里。小钟见此情景，把公文包朝地陪一扔，就跳进河里救人。等船工把救生圈扔过来的时候，小钟已经把那位老先生从水里救起来了。

小郑说："有这样两件事，客人当然佩服你啦！"

小钟说："客人到了各地，都主动对地陪说他们这个全陪如何如何好，没想到偏偏是我自己出了问题！"

小郑听完小钟的叙述后说："要说起来，忘记安排客人品尝羊肉泡馍就是你的失误。不过，客人还要看你是有心的还是无心的。像你这样，在上海就做了一件见义勇为的好事，紧接着在苏州又一次见义勇为，客人肯定觉得你是一个好人。既然是好人，那么失误就肯定是无心的。所以，是你做的好事感动了客人，使客人原谅了你的失误。"

案例中的小钟对游客真诚、热情，把游客放在心上并有着良好的心态，以自己的热心助人赢得了游客对其小的失误的谅解。

第一节 旅游工作者的心理成熟与心理健康

要做一个优秀的旅游工作者，就必须努力提高自己的心理素质。提高自己的心理素质就意味着使自己在心理上变得更加成熟和更加健康。

看一个人心理上是否成熟，就是要看他的成人自我是否已经在他的三个"自我"中居于主导地位。一个让儿童自我或家长自我主宰自己的人，绝不是一个心理上已经成熟的人。一个真正成熟的人，他的成人自我已经超越了儿童自我和家长自我，但他绝不会一味地压抑和排斥自己的儿童自我和家长自我。他能做到根据实际情况，该表现哪一个"自我"就表现哪一个"自我"。

看一个人心理上是否健康，就是要看他"趋求幸福"的心理倾向是否战胜了"回避痛苦"的心理倾向。心理健康的人在对幸福的趋求中体验到幸福，他们通过发挥爱与创造的潜能来实现人生价值，他们是不断成长的人。

一、三个自我与旅游工作者的心理成熟

（一）人的欲望、感情与思想

1. 人的行为由人的欲望和感情驱动

欲望和感情是心理驱动系统，为行为提供内驱力，对行为起着驱动作用。欲望来源于需要，欲望是被体验到（而不仅仅是被认识到）的需要。这就是说，由于感情的作用，需要才变成了欲望，无动于衷也就无所谓欲望。反过来也可以说，人正是因为有欲望才会"有动于衷"。人的感情是随着欲望的满足与否而波动的（实际上的或想象中的满足与否都会引起感情的波动）。总之，人的欲望和感情是紧密联系在一起的。

2. 人的行为由人的思想调控

思想对行为的调控作用包括“导向作用”和“制动作用”。“导向作用”主要指对行为的对象和方式的选择，“制动作用”是指使心理驱动作用不能实现以及必要的克制。在一个人的思想中，有些是被别人灌输的、本人未经过思考就接受了的思想；有些是本人根据自己的经验和教训，经过思考而领悟出来的思想。

（二）从不成熟到成熟

相互作用分析理论认为一个人有三个自我：儿童自我、家长自我和成人自我。儿童自我可以说是表达欲望和感情的自我；家长自我中保存了从小被生活中的权威人士灌输的，未经本人思考、消化就吸收了的思想；成人自我则是人们从童年开始，随着经验教训的积累和独立思考能力的增强，经过自己反复思考而领悟出来的思想。

一个人从不成熟到成熟，首先要经历家长自我对儿童自我的超越。这是思想对感情和欲望的超越。没有这样的超越，就不懂得什么是对的、什么是不对的，什么是应该做的、什么是不应该做的，人就无法适应他必须生活于其中的家庭与社会环境。

其次要经历成人自我对家长自我的超越，这是思考对记忆的超越，是独立自主对照章办事的超越。只有实现了这样的超越，一个人才在心理学意义上从儿童变成了成人。

成人自我形成以后，在成长的过程中，仍然要不断地进行自我超越。这意味着要不断地接受新的信息、思考新的问题、领悟新的道理，以新的见解取代旧的见解。

旅游工作者要成为心理上成熟的人，就要不断地进行超越，而超越并不等于排斥。一个心理上成熟的旅游工作者，其成人自我超越了自己的儿童自我和家长自我，但并不排斥自己的儿童自我和家长自我，而是把它们统合起来。

（三）自我超越与统合

一个心理成熟的人能够实行自我超越与统合，即不仅让家长自我超越儿童自我，让成人自我超越家长自我，让新的成人自我超越旧的成人自我，而且把上述超越者和被超越者统合在完整的人格之中。

一个心理成熟的人是完整的而不是“残缺不全”的人。他既有思想，又有欲望与感情。他不会“感情用事”“为所欲为”，他用自己的思想超越了自己的感情和欲望，即使在涉及自己的种种问题上也能够做到“旁观者清”，而不是“当局者迷”。然而，他又是热爱生活、永不满足的人，是感情丰富而深刻的人。他懂得用合理的、正当的方式来满足自己的欲望、表达自己的感情。

一个心理成熟的人已经不再是不懂事的孩子，但是，他常常表现出可贵的童心。他是精明的，又偶尔带着几分“傻气”；他既能够有效地管住自己的儿童自我，又能够最大限度地解放自己的儿童自我；他能够认真地做好那些“必须做的事”和“应该做的事”，使自己有条件尽情地、无后顾之忧地去做那些“喜欢做的事”。

一个心理成熟的人是统一的而不是三个自我“各行其是”的人，他的三个自我总是在“成人自我”的主持下，像三个好朋友那样进行坦诚地“对话”。通过这样的“对话”，努力使自己成为自己的“知心人”。

一个心理成熟的人并不是只有“好的”思想感情，而没有“不好的”思想感情，那些“不好的”思想感情也是他无法剔除的一部分。但是，他懂得，只有承认那些“不好的”思想感情，才能对它们保持警觉，使自己不至于在不知不觉中受它们的支配。在必要的时候，他还会重新思考那些“好的”究竟是不是真的好，“不好的”究竟是不是真的不好。

总之，一个心理成熟的人，是通过自我超越与统合而成为心理上成熟的、完整的人。

（四）人与人之间的三个自我

每个人都有三个自我，但一个人的三个自我和另一个人的三个自我是不相同的，一方面是“内容”不同，另一方面是“关系”不同。

每个人从童年到成年所经历的感情历程是不一样的，所以自己的儿童自我中记录了什么样的喜怒哀乐与他人是不相同的；每个人生活中的权威人士——家长是不同的，每个家长的“言传”和“身教”也各有不同，所以一个人的家长自我中记录的内容也是与他人不相同的；每个人从生活中获得的经验教训是有差别的，从这些经验教训中领悟出来的思想也会具有差异，所以一个人的成人自我中拥有的内容也是与他人不相同的。这是三个自我在“内容”方面的不同。

三个自我在“关系”方面的差异是区分一个人成熟与否的最重要标准。一个人的成人自我在多大的程度上超越了自己的儿童自我和家长自我，和另一个人的情况是有差别的，这是人和人之间最大的差别。

我们认为，一个人的成人自我在其三个自我的“关系”中是不是能够居于主导地位，他的儿童自我、家长自我和成人自我之间究竟形成了什么样的关系，决定了其心理成熟的程度。

（五）人际关系中三个自我的作用

心理成熟的旅游工作者在与客人和合作者进行交往的时候，成人自我应该总是居于主导地位的。在处理复杂的旅游人际关系时，他们认为“成人”与“成人”的关系是最正常的人际关系。一方面，他们已经不再是不懂事的孩子，因此不需要别人来充当自己的“家长”；另一方面，他们也能把别人当作“成人”来尊重，而不会去充当别人的“家长”。

如果在交往中彼此仅仅只是运用自己的成人自我，那么就不可能产生真正的亲密的关系。只有彼此都作为完整的人来进行丰富多彩的交往，才能使彼此都体验到一种真正的亲密的关系。在亲密的关系中，心理成熟的旅游工作者既能够恰当地表现儿童自我，又能够恰当地表现家长自我。

在处理复杂的人际关系时，心理成熟的旅游工作者是通情达理的，既天真又顺从，既慈爱又威严。他们能够在该讲理时表现出通情达理、该天真时表现出天真、该顺从时表现出顺从、该慈爱时表现出慈爱、该威严时表现出威严。心理成熟的人在成人自我占主导地位的前提下，能够充分发挥儿童自我和家长自我的积极作用，使三个自我各尽所能、各得其所。

二、人的基本欲望与趋避冲突

（一）人的基本欲望

人有三种基本欲望：求安定的欲望、求完美的欲望和探索未知事物的欲望。

人只是在实际上或在想象中感到不安定的时候才会产生求安定的欲望，而且安定是有止境的。所谓“求”安定其实只是对不安定的“回避”，因此，求安定的欲望是一种回避性的欲望。人对完美的追求和对未知事物的探索是永无止境的，是不断接近、不断求取的过程。求完美的欲望和探索未知事物的欲望都属于趋求性欲望。

所以，人的基本欲望也可以表述为：趋求幸福、回避痛苦。人对幸福的趋求包含着人对完美的追求和对未知事物的探索，以及由此而产生的自豪感、亲密感（或亲切感）和新鲜感。人对痛苦的回避主要指对不安定因素的回避，包括对生活中的种种威胁、干扰和失落，以及由此而引起的恐惧、焦虑、愤怒、厌烦、悲伤、忧郁、孤独、自卑等感受的回避。

（二）趋避冲突

1. 趋避冲突的形成

弗洛姆在《自我的追寻》一书中谈道：“幸福对生活的艺术而言，是完美的标准；对人性的道德而言，是美德的标准。幸福在逻辑上，往往被认为与悲伤及痛苦对立。身体与精神上的痛苦，乃是人生的一部分，这类感受是无法避免的。个人如果不惜一切代价地逃避悲苦，其结果唯有彻底的超脱，也没有感受幸福的可能。因此，幸福的反面并非悲伤与痛苦，而是由于内在的贫乏与没有创造力所形成的沮丧。”这说明趋求幸福与回避痛苦并不是一回事，趋求幸福和回避痛苦是两种不同的心理倾向，“不痛苦”并不等于“幸福”，“回避痛苦”也不等于“趋求幸福”，它们是两种有矛盾的心理倾向，而不是一种心理倾向的不同说法。如果人只是为了回避痛苦而活着，那么人也许根本就没有必要活着，因为回避痛苦的最彻底的办法就是一死了之。人之所以无论经受什么样的痛苦都要顽强地活下去，正是因为不能放弃对幸福的趋求。

如果人生道路上的情况是“前有幸福，后有痛苦”，趋求幸福与回避痛苦是朝着一个方向的，那么人们只需“向前进”就行了。趋求幸福与回避痛苦就不会产生矛盾，就没有什么趋避冲突，也就没有什么人生难题了。

然而，人生道路上的实际情况常常是“前面既有幸福，又有痛苦”，而且是“只有经历痛苦，才能获得幸福”。在这种情况下，是为了回避痛苦而放弃对幸福的趋求，知难而退呢？还是为了坚持对幸福的趋求而不避痛苦，勇往直前呢？趋求幸福与回避痛苦这两种心理倾向就产生了矛盾，当一个人对痛苦的回避妨碍了他对幸福的趋求时，人就陷入了趋求与回避的冲突中，这种趋避冲突是构成人生难题的最基本的心理因素。

2. 趋避冲突的表现

趋避冲突主要表现在以下几个方面：

（1）希望获得成功，却因为害怕失败而放弃对成功的追求。

每个人都希望获得成功，成功能够带给人幸福。但是，在追求成功的道路上难免失败，失败则会带给人痛苦。有的人不畏失败去争取成功，为了趋求幸福不惜承受痛苦；有的人不求有功、但求无过，为了回避失败带来的痛苦而放弃了对幸福的趋求。

（2）希望进入一个新领域，谋求更大的发展，却又不勇于承担风险。

人们都渴望进入新的领域，探索更多新的东西，接触更多新人，做更多的新鲜事。但是，又害怕离开安全、熟悉的旧环境，害怕陌生的新环境带来的风险。因为在新的环境中，人所拥有的许多旧的知识与经验就不适用了，新的东西既使人感到兴奋，同时也会使人感到有威胁。进入一个新领域意味着要用安全感去换取未知的新奇感和危险性，前面既有幸福又有痛苦，会使人产生趋避冲突。

（3）希望成长而又不愿意改变某些旧的习惯。

当某些旧习惯阻碍人的成长和进步，妨碍人获得某种荣誉的时候，有的人虽然希望成长、希望取得荣誉，却又不能舍弃一些曾经使自己获得过某种满足的旧习惯。因为放弃已经获得的满足是很痛苦的，但是，如果不经历这种痛苦，就不能得到更大的幸福，这时也会产生趋避冲突。

（4）希望出类拔萃，却又害怕陷于孤立而产生孤独感。

俗话说："枪打出头鸟""出头的椽子先烂"。古人云："木秀于林，风必摧之；行高于人，众必非之。"现代人也唱道："我是一只小小鸟……登上了枝头，却成了猎人的目标……飞上了青天，才知道从此无依无靠。"这都说明出类拔萃得到的不一定都是赞美与喝彩，有时也会因此遭受打击或被孤立，使人陷于冲突。

面对冲突，面对人生难题，有的人可能为了趋求幸福，宁愿承受痛苦，在困难中坚持对幸福的趋求；有的人可能为了回避痛苦，宁可部分地放弃对幸福的趋求或者只是赢得一些低层次的幸福，用虚假的满足代替真正的满足。

三、旅游工作者的心理健康

（一）心理健康的人在对幸福的趋求中体验到幸福

趋求幸福、回避痛苦是人之常情，趋避冲突是构成人生难题的最基本的心理因素。趋避冲突的解决是"趋求幸福"和"回避痛苦"这两种最基本的心理倾向"谁战胜谁"的问题。

就人的心理健康状况而言，可以把人分为病态人、正常人和健康人。"没有病"的人是正常人，但是，正常人并不都是健康人。健康人有着比正常人更好的心理素质，是更加优秀的人。这"三种人"对幸福的趋求和对痛苦的回避态度不同，其中，心理健康的健康人在对幸福的趋求中能够体验到幸福。

1. 病态人

心理学意义上的病态人为了回避痛苦几乎完全克制和压抑了自己对幸福的趋求，他们对于在现实生活中获得幸福的体验已经丧失了信心，他们的所作所为只是为了回避对于他们来说是无法忍受的痛苦。他们是弗洛姆所说的"完全投身于死亡"的、"精神错乱"的人。

2. 正常人

心理学意义上的正常人不同于病态人，他们不会放弃对幸福的趋求，他们清楚自己并不仅仅是为了回避痛苦而活着的，但是，他们又常常不敢于迎接生活中的挑战。有些人在徘徊和迷惘中虚度年华；有些人则希望有“捷径”能够“绕过痛苦而得到幸福”；有些人明知自己的生活并不十分幸福，却宁愿维持现状而不愿意承受“变革之苦”。

3. 健康人

心理学意义上的健康人对幸福的趋求远胜于对痛苦的回避，他们不会因为回避痛苦而放弃趋求幸福，而是为了幸福勇敢地面对现实，心甘情愿地去承受那些必须忍受的痛苦。他们对幸福的趋求是没有止境的，他们认为幸福并不是一种“结局状态”，目标的意义不仅在于它实现的时候能够使人感到满足，还在于它使人明确了前进的方向，使人有决心无论遇到什么样的艰难险阻都要继续奋斗。所以，他们能够满腔热情、满怀信心地去追求幸福，而且能从这个过程本身中体验到幸福。

要成为一个优秀的旅游工作者，首先就要做一个心理学意义上的健康人。实际上，无论选择哪一种职业，都应该努力去做一个心理学意义上的健康人，使自己成为一个优秀而幸福的人。马斯洛认为“心理健康”应该和“优秀”是同义的。而弗洛姆认为“心理健康”应该与“幸福”是同义的，他指出：“幸福是个人最伟大的成就，是他全力从事本身以及外界创造性工作的结果。”

（二）心理健康的人通过爱来实现人生价值

1. 关于爱的问题

“爱”这一词汇的含义十分丰富，有时指一种情感体验，有时指一种行为，有时指一种人与人之间的关系。爱的问题是一个复杂的问题，我们可以从以下几个不同的角度来探讨：

（1）爱的体验和爱的行为。

如果一个人说“我现在得到了爱”或者“我正在爱”，何以见得呢？从心理学角度可以用他的体验、感受加以检验。爱的体验包括愉悦感、依恋感、亲近感、共鸣感、信赖感、期待感和自豪感。

爱并不只是一时的感情冲动，而是一种实实在在的行为。爱作为一种行为包含着三种要素：关心、理解和尊重。

1）关心。

关心就是时刻把所爱的人放在心上，并且对所爱的人有所奉献，勇于为其承担责任，而不是那种以相互利用为目的的关心。

2）理解。

人与人之间的亲密感来自相互的理解，来自心灵的沟通。泰戈尔说：“理解是爱的别名”，古诗中也有“身无彩凤双飞翼，心有灵犀一点通”的说法。所以，没有理解也就没有爱。

3）尊重。

尊重首先意味着对人的价值的尊重，还意味着对人的独立性和独特性的尊重。对一个人的价值的尊重就是要对他的长处而不是短处感兴趣，要欣赏和看重他的才能、成就和贡献，肯定他的优点。

尊重有以下两方面的意义：一方面，尊重的意义就是要把被爱的人当作一个独立的人来尊重，让他按照他自己的个性去成长和发展。弗洛姆说过："健康的爱情是那种在保存个性的基础上将自己与另一个人结合起来的爱情，而不是那种把自己消融于另一个人之中的爱情。"这就是说，两个人虽然结合在一起了，但这是两个具有独立个性的人的结合，而不是其中一个人消失了，融化在另一个人之中。舒婷那首著名的爱情诗《致橡树》生动地说明了这一点："我必须是你近旁的一株木棉，作为树的形象和你站在一起……我们分担寒潮、风雷、霹雳；我们共享雾霭、流岚、虹霓。仿佛永远分离，却又终身相依。"

另一方面，尊重的意义还在于尊重被爱的人的独特性，把他当作一个独一无二的人来对待。他就是他，不可能与别人一样。每个人都有自己的长处和短处，尊重也意味着对对方缺点的容忍。《致橡树》中还写道："你有你的铜枝铁干，像刀、像剑，也像戟；我有我红硕的花朵，像沉重的叹息，又像英勇的火炬。"形象地阐明了相爱的人各自的独特性。

无论是狭义的爱还是广义的爱都包含着关心、理解和尊重这三种要素。

(2) 爱的对象与爱的能力。

作为一种人与人之间的关系，爱一方面是指"被别人爱"，另一方面是指"对别人的爱"。马斯洛需要层次理论中的"爱的需要"实际上是"被爱的需要"。在爱的问题上，应该说比"被爱"更重要的是"施爱"。如果人人都等待着"被别人爱"而不主动地"向别人施爱"，那么最终谁也得不到爱。

1) 爱的对象。

怎样才能使人体验到幸福的相爱关系呢？应该说就是与一个"爱自己而又值得自己施爱的人"相爱。

从"被爱"的角度来看，如果你希望"被别人爱"，你需要考虑自己是否值得别人来爱；从"施爱"的角度来看，有一个"向谁施爱"的问题，即爱的对象的问题，但更重要的是爱的能力的问题。

2) 爱的能力。

什么是爱的能力呢？弗洛姆说："爱是一种产生爱的能力。"这句话中的前一个"爱"是指自己对别人的爱，后一个"爱"是指别人对自己的爱。所以，爱的能力可以说就是用自己对别人的爱去唤起别人对自己的爱。马克思在《1844年经济学哲学手稿》中也谈过这个问题，他指出：如果你的爱没有引起对方的反应，如果你作为爱者用自己的生命表现没有使自己成为被爱者，那么你的爱就是无力的，而这种爱就是不幸。具体而言，爱的能力就是能够以自己对别人的关心、理解和尊重去赢得别人对自己的关心、理解和尊重。

只有那些自己值得被爱而又具有爱的能力的人，才能与别人建立相亲相爱的人际关系，才能使爱成为人生幸福的保证。

(3) 健康的爱与病态的爱。

1) 健康的爱。

健康的爱包含了关心、理解和尊重三种要素。寻求爱的健康方式是用自己对别人的爱去赢得别人对自己的爱，以自己对别人的关心、理解和尊重去赢得别人对自己的关心、理解和尊重。

2) 病态的爱。

什么是病态的爱呢？心理学家霍妮对爱的病态需要的两个特征进行了论述：一个特征是“强迫性”，对于爱的正常需要是“我希望被爱，我因为被爱而感到愉快”；对于爱的病态需要是“我必须被爱，为此我不惜任何代价”，对于爱的两种需要之间的区别就好像“一种人进食是因为他胃口特别好，能够充分享受美食的乐趣，在食物的选择上极为讲究；另一种人进食则是因为他饿得半死，必须不加选择地胡乱充饥，而且不惜任何代价”。另一个特征是“永不知足”。其主要表现是病态的嫉妒和要求无条件的爱。病态的嫉妒表现为持续地害怕失去对对方的占有，因此，对方可能有的任何其他兴趣，都会成为一种潜在的危害。要求无条件的爱是指“我要你爱我而不计较我的任何激怒人的行为，我要你为我牺牲自己而不需要任何回报”。

霍妮指出，寻求爱的病态方式是：收买笼络、乞求怜悯、诉诸公正以及威胁恐吓。收买笼络是指“我深深地爱你，因此你也应该以爱作为回报，并为了我的爱而放弃一切”。乞求怜悯是指“你应该爱我，因为我正在受苦并且无依无靠”。诉诸公正是指“我已经为你做了这些事，你将为我做些什么呢”。威胁恐吓是指“你让我遭受了痛苦，你毁了我，因此你有责任帮助我、照料我、资助我”。

可以说玩心理游戏就是寻求爱的病态方式，收买笼络的方式可以说是扮演“拯救者”；乞求怜悯的方式可以说是扮演“受害者”；诉诸公正的方式可以说是既扮演“拯救者”，又扮演“受害者”；威胁恐吓的方式可以说是扮演“惩罚者”。那些不能与别人建立相亲相爱的人际关系的人只有通过玩心理游戏的方式去寻求病态的爱，从而获得虚假的亲密感。

2. 关于人生价值的问题

人生的价值究竟何在呢？恩格斯指出：有所作为是生活中的最高境界。苏联作家奥斯特洛夫斯基认为：人生最美好之处就在于即使你的生命停止了，也还能够以你所创造的一切为人类服务。

马斯洛在《存在心理学探索》中探讨了人生目标和人生价值，他说：“看来只有一个人类的终极价值，一个所有人都追求的遥远目标……这个目标就是使人的潜能现实化，也就是说，使这个人成为有完美人性的，成为这个人能够成为的一切……肌肉发达的人喜欢运用他们的肌肉，的确，为了自我实现必须使用它们，这样才能达到主观感觉上和谐的，没有压抑的和满意的活动。这是心理健康的非常重要的方面。有智力的人必须运用他们的智力，有眼睛的人必须运用他们的眼睛，有爱的能力的人应当有爱的冲动和要求，这样才能感到是健康的。”这段话的意思是：人的价值在于最大限度地发挥自己的潜能，有眼睛就用它来看世界，有耳朵就用来耳听八方，有一副好嗓子就要成为歌唱家，有一个好头脑就要成为科学家……就是你能够达到一个什么样的目标，就要努力去达到这个目标，你能够成为一个什么样的人，就要努力去成为这样的人。

只有充分发挥生命的潜能、爱的潜能和创造的潜能，通过爱与创造才能实现自己的人生价值。

（三）心理健康的人是不断成长的人

要成为一个幸福的人、心理健康的人，就要做一个不断成长的人。

1. 什么是成长

比如说，有一粒种子，把它种到地里，给予它阳光、雨露、肥料等必要的条件，然后它发芽、出苗、开花、结果。这一过程就是成长的过程，就是发挥它的潜能的过程，就是把它的潜在的可能性变为现实的过程。因为种子具有发芽、出苗、开花和结果的潜在可能性，当它把这种潜在的可能性变成现实的时候，我们就说它成长了，人亦如此。孔子曾经说过："苗而不秀者有矣夫，秀而不实者有矣夫!"指出了"苗秀实"这样一个成长过程。孔子感叹他的某些学生"出了苗"，但没有"开花"；"开了花"，但没有"结果"。这都是非常遗憾的事情。那么，我们是否需要想一想，我们这一生能够开出什么样的"花"，结出什么样的"果"？我们应该怎样去成长，我们应该向人类奉献什么样的"花"、什么样的"果"？

2. 人人都具有成长的需要

应该说，人人都具有成长的需要，这是有机体生命的一种前冲力。在悬崖峭壁的石缝里，也会有树顽强地生长、向着太阳伸展苍翠的枝丫；在贫瘠的原野上，也会有绿草不屈不挠地蔓延着，所谓"野火烧不尽，春风吹又生"。这表明生物体都有成长的需要，每一种生物都在尽量地表现自己的生命力。人与其他生物的区别在于：人不仅要表现生命的潜能，而且要表现爱的潜能和创造的潜能。

人的三种核心需要是不能等量齐观的。生存层次上的需要和关系层次上的需要属于缺失性的需要，它们产生于"无"，是由于缺少、失去了什么而产生的需要，它们是通过索取来得到满足的；而成长层次上的需要属于非缺失性需要，它产生于"有"，是因为还具有潜能尚未发挥出来才产生的需要，成长的需要未能得到满足，不可能向别人要一个成长，而只能自己去成长，它是通过奉献来得到满足的。那么，要满足成长的需要究竟应该奉献什么呢？弗洛姆认为，一个人能够奉献给别人的最宝贵的东西不是他的身外之物。他说：奉献最重要的方面不在物质财富范围内，它存在于人性特有的领域。人把什么给予他人呢？他把自己最宝贵的东西——他的生命奉献出来，这并不一定意味着他为别人牺牲自己的生命，而是指他把自己的生机、活力给予他人，把他的欢乐、志趣、理解、知识、幽默和伤悲给予他人，把他活泼生命的一切表征给予他人，把自己的生命内容给予他人，由此丰富他人、充实他人。有的人，你和他在一起就能感受到他的生气勃勃；你缺乏信心，与他交往，就觉得充满了信心；你感到苦闷，缺少理解，他能理解你，能解开你心里的疙瘩；你怀疑自己的能力，有一种自卑感，他十分尊重你，使你重新认识到自己的价值……这一切都是生命的活力的奉献。

所谓生命的活力可以归结为爱的能力与创造的能力，奉献可以理解为向自己所爱的人们奉献自己所创造的一切。

3. 成长的意义

马斯洛认为人在基本上满足了缺失性需要以后，才能更好地成长。这说明，索取并不是没有意义的，人们通过索取使其生存的需要和关系的需要获得基本的满足，但索取的目的是更好地奉献。弗洛姆说过："心理健康的人，并不是为接受而给予，给予本身便是极大的快乐。在给予中，他使对方身心中的某些东西复苏，这种复苏过来的东西又反射给他自己。所以，给予意味着他人也成为给予者，双方都分享着他们所唤起的东西赋予他们的快乐。"因此，奉献并不仅仅是牺牲，当一个人把自己的生命活力、自己爱的能力和创造的能力奉献给他人时，也点燃了对方的生命之火，唤醒了对方的爱与创造的能力，这一切将会反作用于他自己。奉献就意味着互相去爱、互相创造，共同创造美好的生活。

所以，人生的价值就在于充分发挥生命的潜能、爱的潜能和创造的潜能，在于对人类、对世界所做出的奉献。奉献得越多的人，他的人生价值就越大，他所体验到的人生幸福就越多，成长的意义就在于此。

第二节 旅游工作者的自我整合与自我调节

一、旅游工作者的自我整合

（一）潜意识与自我整合

人生活在两个世界里：一个是"外面的世界"，即外部环境；另一个是"里面的世界"，即内心世界。我们不仅要"由表及里"地去了解别人，而且要"由浅入深"地来了解自己。如果能进入自己的"内心深处"，你将会发现那里的确有不为人知的"新大陆"。

1. 内心世界的两个层面

人的内心世界包括深、浅两个层面，浅层是意识层，深层是潜意识层。发生在意识层的心理活动是本人能够意识到的，是自觉的或者"有意"的；发生在潜意识层的心理活动是本人不能意识到的，是不自觉的或者"无意"的。

意识层的容量是有限的，在同一时间里，只有很少量的东西能够被我们意识到，这就表明我们不可能同时意识到我们内心世界中的一切。意识层的内容是"流动"的，这种流动是从潜意识层流出来又向潜意识层流回去的，因此，意识的"流动"实际上就是意识与潜意识的"交流"。当心理活动的内容"流入"人的意识层，能够被人意识到的时候，就是意识；当它们"流出"人的意识层，已经不能再被人意识到的时候，就成了潜意识。所以，潜意识可以视为心理活动中那些还不曾被人意识到，而又有可能被人意识到的，或者曾经被人意识到，而现在又没有被人意识到的内容。

2. “黑箱”中的潜意识

别人的内心世界，对于我们来说是一个“黑箱”；我们内心世界的潜意识层，对于我们来说也是一个“黑箱”。这个“黑箱”虽然无法打开，但是可以被认识，因为我们可以通过观察它的“输入”和“输出”去推断它内部的情况。

人的潜意识包括心理活动中那些被人忽视的内容，即那些“没有被注意到”的，仿佛是“偷偷溜进”潜意识层的内容。还包括心理活动中那些被人遗忘的内容，即那些“曾经被记住”的，现在被“储存”在潜意识层中再也不能回忆起来的内容，也包括心理活动中那些被人压抑的内容。压抑就是把那些一想起来就使人觉得非常痛苦的东西从自己的意识层驱逐到潜意识层去，并且不允许它们再回到意识层来。如果说克制是对别人隐瞒，那么，压抑就是对自己隐瞒。如果隐瞒得很成功，人就会以为自己真的已经没有那些被压抑的想法了，但是，它们仍然在潜意识中起作用。

人们常常因为产生了两种互相矛盾的想法而在头脑中进行“争斗”，其结果常常是肯定其中的一种想法而否定另一种想法。那种被否定的想法实际上并没有被人从头脑里“清除”出去，而只是被人压抑了，人们的“心”中仍然存在着两种互相矛盾的想法，只是“占了上风”的那一种想法能够在意识层“自由出入”，而被压抑了的另一种想法很难拿到进入意识层的“通行证”。

3. 人的“自动化行为”与潜意识

人的潜意识层不仅是意识层的“仓库”，而且是一个相对独立的“自动化工厂”和“自动化指挥中心”。它不仅能“存放”心理活动中那些被忽视、遗忘和压抑的内容，而且能在不知不觉中“制造”出一些新的想法和感受，在不知不觉中支配人的行为，影响人的情绪反应和生理活动；它还能在意识层并没有来“提取”的时候，主动地向意识层“提供”种种想法和感受，让这些想法和感受在人的意识中“冒出来”或“油然而生”。

在潜意识这个“自动化工厂”和“自动化指挥中心”里进行的心理活动是人们所觉察不到的，也是“不必操心”的。人的熟练的、习惯性的，以及其他不自觉的行为都是由潜意识自动控制和支配的。

4. 不要让自己的潜意识与意识“唱反调”

生活中常常有这样的情况：当我们决定按照某种想法去采取行动的时候，脑海里突然“冒”出一种与它相反的想法，使我们失去了采取行动的决心和勇气；或者自己认为应该高高兴兴去做的事情，做的时候却产生了相反的消极的情绪体验；或者本来想说“是”却说了“不”，本来想说“不”却说了“是”；或者本来想朝着某个方向走时却不由自主地走向了另外的方向……所有这些“身不由己”“自己不听自己的话”“自己指挥不了自己”“自己与自己闹别扭”的情况，实际上都是“心不由己”。因为我们不仅有一个“意识的心”，而且还有一个“潜意识的心”，我们的“身”常常被那个“潜意识的心”直接指挥着。这就不难理解，那些“自我干扰”“自我削弱”和“自我挫败”的行为，都是因为遇到了来自深层的，即潜意识层的阻力，都是因为潜意识这个“我中之他”在与意识“唱反调”。

如果想避免“自我干扰”“自我削弱”“自我挫败”，避免自己的潜意识与意识“唱反调”，就必须进行自我整合。

（二）自我整合的原则

实行自我整合就是要努力使自己的身与心、意识与潜意识成为一个统一的整体，以避免“自我干扰”“自我削弱”和“自我挫败”。自我整合的原则包括以下几方面：

1. 了解自己的潜意识

（1）让自己的意识对自己的潜意识开放。

要实现自我整合，首先要让自己成为自己的“知己”，为此就必须“挖出”支配着自己的行为的、却还没有被意识到的心理因素。

我们常常因为只注意来自外界的信息而忽视了来自内心深处的信息。要了解自己的潜意识，就要暂时把自己的注意力从指向外部世界变为指向内心世界。

要了解自己的潜意识，就要对它抱着一种开放的态度，不要自己对自己隐瞒，允许它以其本来面目进入自己的意识层，不要在自己面前为自己辩解。这并不是一件很容易的事情，因为人们常常用压抑和合理化来对待自己潜意识中那些使人痛苦的东西和认为不好的东西，不允许它们“冒”到意识中来，或者通过自我辩解来改变它们的本来面目。

要真正了解自己，就不能只是用一些显而易见的原因来解释自己的行为，而要经常问问自己：“我之所以这样说、这样做，是不是还有一些我不愿意承认的原因?”

（2）能够向别人敞开，就能够向自己敞开。

一个人对自己隐瞒常常是从对别人隐瞒发展而来的，如果没有必要向别人隐瞒什么，也就没有必要向自己隐瞒什么了。一个人要能够对自己敞开自己，常常是以能够对别人敞开自己为前提的。深入了解自己的一个好办法，就是去找一个完全可以信赖的人，向他敞开自己的心扉。

如果你觉得在生活中难以找到一个可以向他倾诉自己内心世界的人，那么不妨去找一位心理咨询专家谈一谈。事实上，一个人如果觉得自己能够被别人接受，自己也就容易接受自己了，如果能够在别人面前无所顾忌地敞开自己的内心世界，自己也就容易了解自己的潜意识了。

2. 清理自己的潜意识

（1）解开内心深处的“结”。

人们有时会体验到一种“莫名的烦恼”，知道自己有烦恼，却不知道自己为什么而烦恼。这是由于引起烦恼的原因被压抑了，如果不把引起烦恼的原因找出来，这种“莫名的烦恼”就无法解除。

引起烦恼的原因就是那些内心深处的“结”，构成心中的“结”的情况主要有三种：尚未满足的欲望、尚未表达的感情和尚未想通的道理。

1）要清理自己的潜意识，首先要清理一下内心深处有哪些尚未满足的欲望。要弄清楚其中哪些是有可能满足的，哪些的确是无法满足的；哪些是现在就能够满足的，哪些是将来才能满足的；哪些是只要自己努力就能够满足的，哪些是必须在别人的帮助下才能满足的；哪些是要付出较大的代价才能满足的，哪些是不用付出多少代价就能满足的；哪些是无关紧要的、可满足可不满足的，哪些是一定要满足的。以适当的方式去满足那些必须满足的欲望。

2）要清理自己的潜意识，还要清理一下内心深处还有哪些尚未表达的感情。有了某种情绪时，如果能够表达出来，就不会形成内心世界的“结”，但如果这种情绪被压抑了，就很容易成为内心深处的“结”。必须找到那些尚未表达的感情，把它们宣泄出来，努力为自己造就一个“心平气和”的“内部环境”。

3）要清理自己的潜意识，还应该清理一下内心深处还有哪些尚未想通的道理。我们的某些想法，并没有经过认真的思考就被否定了，而且是迫于种种压力被否定的，这样也容易形成内心深处的“结”。所以，我们应该清理一下支配自己行为的种种想法中哪些是正确的、哪些是不正确的，真正想通其中的道理。所谓“想通”包括承认有些欲望是无法满足的，有些感情是不能表达的，有些痛苦是必须承受的。西方有一句谚语：“上帝啊，给我力量，去改变那些可以改变的事情；给我耐性，去接受那些无法改变的事情；给我智慧，去认识这两者之间的差别。”应该承认，世界上有些事情是可以改变的，有些事情在一定条件下是无法改变的，弄清这两者的区别，努力去改变那些可以改变的事情，坦然地接受那些无法改变的事情，放弃那些徒劳无益的努力，把精力集中于那些可以做并且应该做的事情上，从而轻松愉快地生活。

（2）找出并改写自己的“生活脚本”。

要找出自己的“生活脚本”，就要看一看自己的内心深处是不是有一种“自我认定”，即认定自己在生活中理所当然就是应该扮演某种心理角色。如果有，那么就应该认真想一想：那真是理所当然、无法改变的吗？

在童年时期，人的批判能力较差，家长和其他“权威人士”向其灌输了许许多多为人处世的“准则”，一个人会成为什么样的人，在很大程度上是由这些在他的潜意识中扎了根的“准则”来决定的。要实现“成人自我”对“家长自我”的超越，就应该把这些“准则”都翻出来看一看，分析判断究竟哪些是正确的、哪些是不正确的，哪些是应该坚持的、哪些是应该抛弃的。

在童年时期，人没有能力对“情境”与“情绪反应”之间的联系做深入的分析，因此常常把特殊当作一般、把现象当作本质、把偶然当作必然，人的儿童自我就是这样形成的。成年人之所以会对某些情境做出不适当的情绪反应，就是因为还没有完全实现成人自我对儿童自我的超越。为了实现这种超越，有时候还得清理一下那些似乎已经很“遥远”的情绪记忆。

只有改变那些错误的“自我认定”，彻底改写自己的“生活脚本”，才能从根本上改变自己的生活。

3．有意识地影响自己的潜意识

（1）用积极的自我暗示改变自己。

人的潜意识常常以“受暗示”的方式，即“不加怀疑、不加批判、不加抵制”的方式来接受影响。我们不能对自己的批判能力估计得过高，潜意识是缺乏批判能力的，而意识所具有的批判能力又往往被抑制，所以潜意识常常不加批判地接受错误的东西。

让别人“不加怀疑、不加批判、不加抵制”地接受自己的影响是“暗示”；让自己“不加怀疑、不加批判、不加抵制”地接受自己的影响是“自我暗示”。人们常常不清楚自己潜意识中的那些有害的想法究竟是从哪里来的，实际上其中有一部分就是来自消极的自我暗示。人们往往自己给自己灌输一些有害的想法，自己让自己对这些有害的想法深信不疑。人们潜意识中许多根深蒂固的思想都是反复“受暗示”的结果。

潜意识容易接受那些出现的频率高、明确而不含糊、很少受到怀疑和批判，以及有许多回忆构成的或想象出来的生动形象为其作证的暗示。因此，我们可以有意识地对自己的潜意识施加影响。

避免消极的自我暗示，进行积极的自我暗示，这就是有意识地对自己的潜意识施加影响。进行积极的自我暗示的方法是：把那些正确的、应该灌输给自己的、应该让它在自己的潜意识中扎根的想法，编成一段用正面的、肯定的语气来说的话，然后在放松的，完全不加怀疑、不加批判、不加抵制的情况下，出声或不出声地，反复说给自己听，灌输给自己的潜意识。

（2）用积极的想象改变自己。

潜意识常常不能区分真实的东西和想象的东西，而把想象的东西当成真实的东西。对于潜意识而言，想象的东西常常也能像真实的东西一样起作用。因此，我们可以通过发挥自己的想象力来对自己的潜意识施加影响。为了把我们要做的事情做得更好，为了增强我们对不良刺激的耐受力，我们应该经常在想象中训练和改变自己。

积极的想象可以改变自己，正如心理学家马尔兹所说：“如果我们想象自己以某种方式行事，几乎也就是实际上在这样干。心理实践可以帮助我们的行为臻于完美。”具体而言，就是“想象你在按照你希望的那样去行动、感受、‘存在’”。要在想象中按照自己所希望的去行动，在想象的行动中自我感觉良好，即想象自己感受到那种良好的体验，然后你就真正“存在”于那种美好的想象中了。那么，在实际生活中，你也能够像在想象中那样去行事。

（3）在行动中改变自己。

按照已经形成的习惯做出反应是潜意识的又一个特点。俗话说“习惯成自然”就是指这个道理。要积极地对自己的潜意识施加影响，就应该养成良好的习惯，用好的习惯取代不好的习惯。

在现实生活中，按照你希望自己的所作所为那样去行动，并且在行动中自我感觉良好，这样一次又一次地进行，就能够形成良好的习惯。

能够把积极的自我暗示、积极的想象和积极的行动结合起来，我们就能有效地对自己的潜意识施加影响，就能在越来越大的程度上使我们的意识和潜意识由“两条心”变为“一条心”，自觉地实行自我整合，避免自我挫败。

二、旅游工作者的自我调节

（一）旅游工作者的自我防御机制

在第一章中我们介绍了几种常见的自我防御机制，防御机制的概念是弗洛伊德于

19世纪末提出的，后来由他的女儿安娜·弗洛伊德进行了系统的归纳。当个体面对压力、挫折、冲突等情况时，就可能产生焦虑，为了减轻或摆脱焦虑的困扰，保持心理相对平衡，人们会自觉地或不自觉地使用各种自我防御机制，以减少挫折对自己的伤害，减轻和消除内心的不安感。

下面我们将分析常见的旅游工作者自我防御机制。

1. 升华（Sublimation）

升华即把本能的心理能量提高到高级的、为社会文化能够接受的状态。升华是防御机制中最具有积极意义的一种形式。在运用升华机制时，本能没有被阻挠或转移，而是另辟蹊径。比如，旅游工作者把自己遭受挫折产生的攻击欲望加以升华，努力学习专业知识，使自己成为一个业务能手，或者通过有趣的游戏、运动和业余爱好来表达自己的攻击性。在升华的防御方式作用下，原来的动机冲突得到了宣泄，不但可以产生适应的本能性满足，消除因动机受挫而产生的焦虑，而且能够使个体顺应社会文化，获得成功的满足。

2. 补偿（Compensation）

补偿是指一个人在生活的某一方面的需要无法获得满足而产生挫折感时，转而选择其他能够使自己获得成功的活动加以代替，从而掩盖自己的自卑感和不安全感，弥补自尊和自信，减轻不适感。例如：某位电话接线员是位下肢瘫痪的残疾人，由于身体原因不能直接进行对客服务，但她却用甜美的声音为客人提供了优质的服务，取得了突出的工作业绩。

3. 幽默（Humor）

幽默是指以潜意识的语言或象征来应付紧张的情境或表达潜意识的欲望。一般来说，人格较为成熟的人，常懂得在适当的场合使用合适的幽默转变困境，大事化小、小事化了，较成功地适应窘境，同时也能引发喜悦和快乐，创造一种轻松愉快的环境气氛。例如，在一家饭店的前台接待处，一位先生向前台接待人员询问："听说某某公司经理入住这里了，请问他住哪个房间?"假如接待人员说："本饭店有制度，不能告诉您。"这位先生肯定会感到难堪并可能因此而恼怒。如果换一种方式，接待员低声说："您能保密吗?"对方也许会说："当然能。"接待人员微笑着说："我也能，某某公司经理希望我能为他保密。"一场尴尬就在轻松幽默而又含蓄委婉的对答中消失了。幽默的防御机制有益于身心健康、人际交往，有益于旅游服务工作。

4. 克制（Suppression）

克制是指一个人在行将做出冲动的反应时，在意识或潜意识中暂且压制这种冲动，延迟其行动。比如面对盛气凌人、胡搅蛮缠的客人，旅游工作者可以使用压制的自我防御机制，告诉自己："我现在不能发怒，下班之后我会处理这种情绪的。"下班之后也确实处理了这种情绪。在与客人交谈中，当急于开口去反驳对方时，也可以使用这种防御机制延缓反应，比如端起茶杯喝一口水，就延缓了"反驳"这种行为。

5. 合理化（Rationalization）

合理化是指通过使用一种歪曲现实的理由或借口来使自己的行为在自己和他人的

心目中显得更合乎理性，以达到保护自己的自尊心的作用。这些理由和借口未必是真实的，而且在别人看来往往是不合乎逻辑的，但其本人却能以此说服自己，并感到心安理得。自我辩解、自我解嘲、自欺欺人等，都属于合理化作用。比如，服务人员把一次服务的失误归罪于其他同事不好好配合；某个旅游企业的员工违反了纪律，当经理批评他时，他会说："是因为看见别人都这样做才跟着做的。"这种理由虽然具有一定的减轻心理紧张和痛苦的作用，但是如果成为个体应对挫折的习惯性反应方式，就可能助长其惰性，成为其进步的障碍。

6. 逃避（Escape）

逃避是指个人不敢面对自己预感的挫折场景，而逃到比较安全的地方。逃避包括三种形式：

（1）逃向另一现实。

例如，刚进入旅游企业不久的工作人员因为不能胜任工作而极力想调到其他岗位，甚至放弃工作而埋头于自己的嗜好或娱乐。

（2）逃向幻想。

从现实困境撤退到幻想世界，不仅能避免痛苦，还可以使很多欲望获得虚假的满足。

（3）逃向生理疾病。

例如由于过度紧张，有的服务人员在接待贵宾的重要场合失声。个人借生理上的某种机能性障碍得以逃避面对的困难，是一种病态反应，而非有意识装病。但本质上，逃避的自我防御机制不利于旅游服务工作的开展。

7. 投射（Projection）

投射是指把自己不能接受的欲望、动机、观念、态度等"投射"到别人身上，说成是别人有这些欲望、动机、观念、态度等，以此来降低自己的焦虑。比如，有的旅游工作者缺乏耐心及敬业精神，当客人对其服务质量提出质疑、投诉时，他反而到处诉苦说客人如何挑剔、难伺候，对客人百般刁难，认为是客人找碴儿而不是他自身的原因。

8. 攻击（Attack）

攻击是指一个人受到挫折后，产生强烈的敌视心理和愤怒的情绪，发泄自我的不满情绪，在言行上表现出对抗性的行为反应。攻击机制可以分为直接攻击和转向攻击。

（1）直接攻击。

直接攻击就是在个体受挫后直接把矛头指向造成挫折的人或物，常见的有顶撞、谩骂、吵闹，甚至拳脚相加。一般来说，自尊心过强或者脾气暴躁的人，容易将愤怒的情绪向外发泄而采取直接攻击的行为反应。例如，一家餐厅的服务员在为客人服务时，由于客人挑剔而发生口角，该服务员一气之下将客人打伤，并当即脱下工服说："我不干了！"这种情况必然会造成严重后果，是旅游服务中应该极力避免的。

（2）转向攻击。

转向攻击的表现有三种：一是"迁怒"，即将愤怒的情绪发泄到其他人或物上。二是“无名烦恼”，即没有明显的对象可以攻击，或受挫不知如何攻击，而使情绪陷入低潮。三是“自罪”，指对自己缺乏信心的悲观者，认为受挫是因为自己无能，而把攻击的矛头对准自己，责备自己，甚至践踏自己，性格内向的人容易产生这种行为。使用这种防御机制对旅游服务工作有极大危害。

自我防御机制有成熟和不成熟之分，以上八种自我防御机制中，前四种是成熟的自我防御机制，不仅有利于个体适应社会，而且可以被一般社会文化所接受，所产生的效果是积极的、建设性的，有利于提高旅游工作者的心理健康水平，帮助他们调整好心态，为客人提供优质的服务。后四种是不成熟的自我防御机制，虽然使用它们也能够在一定程度上缓解焦虑、恢复心理平衡，但可能造成心理障碍，会产生消极的效果和破坏性的作用，甚至激化客我矛盾，降低旅游服务质量，是旅游服务工作中应该极力避免的。

（二）旅游工作者的情绪调节

情绪调节有多种方法，下面简单地介绍几种常用的情绪调节方法。

1. 形象和联想控制法

人的情绪常常与浮现在意识中的形象联系在一起。当一个人在意识中浮现出或联想到美好的形象时，他的潜意识会自动化地使自己进入良好的情绪状态。时常在心中描绘美好的、具体的、鲜明的形象有助于形成积极的情绪状态。这种形象可以是过去留下的美好记忆，也可以是对美好未来的想象。

比如，旅游工作者在工作中遇到困难时，可以用过去工作中取得成功的美好印象来调节自己的情绪，增强自信心。再如，因为担心失败而感到不安或精神不振时，可以在自己心中描绘出未来的美好情景，描绘时要仿佛亲眼看见一样，把每一个细节都描绘出来，这样就会使自己体验到成功的喜悦，由此产生早日实现这个目标、尽快取得成功的希望。这种希望会取代担心失败的不安心理，促使人满怀信心地去实现自己的目标。

2. 动作和姿态矫正法

人的心理与生理相互影响，生理的反应可能引起心理上相应的反应；心理的反应也可能引起生理上相应的反应。

人们内心世界的活动总是通过姿态和动作表现出来，人的情绪也会随着外部的动作和姿态的变化而变化。所以人们可以通过有意识地调整自己的身体动作和姿态来调节和改善自己的情绪状态。

旅游工作者如果发现自己情绪不佳，可以通过改变自己的一些动作和姿态以达到改变自己的情绪状态的目的。比如，情绪低沉时，昂首挺胸可以振奋精神；心情郁闷时，可以用快速的步伐和富有节奏感的摆臂来调整心态；焦躁不安时，可以做一做深呼吸以调节情绪；愤怒不满时，可以对着沙袋用力地拳击使情绪得以排遣。运用动作和姿态的改变来调节情绪是一种最为快捷、便利、有效的方法。

3. 冥想训练法

英国学者戴维·丰塔纳认为，冥想的方法是我们抵御压力，排遣忧郁、烦恼等负面情绪状态的措施中最有效的心理学技能之一。冥想的作用在于：可以训练注意力，增加对思维过程的控制，提高处理情感的能力，帮助身体放松。

冥想的过程是“选择一个目标或经历，然后沉着地对它聚焦。随着思想的出现，我们便拒绝脱离已选定的目标或经历，不做任何抛开思想或阻止其出现的努力。不论这些思想好与坏、乐与悲，我们都任其出入我们的头脑，不紧紧纠缠，不让它们偏离正常的判断或联想”。

冥想的步骤如下：

（1）选择一个不太可能被打扰的时间和地点，关掉手机。

（2）坐在椅子上，或双腿交叉盘坐于硬垫之上，双手轻握放在大腿上，整个过程中保持上身直立，头和肩不要倾斜，背部不要朝后倒，保持这种直立姿势，同时尽可能放松肌肉。

（3）闭上双眼，把注意力集中在呼吸上，保持轻松自然。

（4）让自己对呼吸的感觉占据你的全部意识，无论你聚焦于身体的哪个部位，都要把对呼吸的感觉作为焦点。选择一个焦点并坚持，不要让注意力随呼吸而转向全身。

（5）边呼吸边记数，第一次呼气时默数 1，第二次默数 2，第三次默数 3，一直默数到 10，然后倒数，从 10 默数到 1，如此循环往复。倘若在记数过程中走了神，那么回到 1，从头开始。

（6）当各种想法出现时，既不要随它“跑”，也不要赶跑它，不论其内容如何，均不要判断其“好”与“坏”。只把注意集中在呼吸上，不要聚焦于想法，让它自由出入你的头脑，既不追随，也不阻止。

（7）冥想过程结束后，慢慢从座位上站起来，在你从事各项活动时，保持冥想过程中体验到的平衡意识（不论多简单）。用你意识呼吸的方法去努力意识周围的所见所闻，不要急于将它们概念化，不要急于对它们下结论，也不要急于脱离联想链。

4. 放松训练法

放松训练法是使身体和精神从意识中解脱出来，使紧张得以缓解的方法。下面介绍戴维·丰塔纳关于身体和头脑的放松方法。

（1）身体的放松方法。

1）选择一个你不太可能被打扰的时间和地点。

2）宽衣解带。

3）平躺在地板或坚硬面上。

4）使你的右脚的肌肉紧张，扭动脚趾，体会此时的感觉。收紧肌肉，再放松，反复做几次，注意收紧和放松时感觉上的不同，并记住它。

5）左脚重复同样的练习。

6）收紧小腿肌肉，先右后左，重复几遍收紧和放松，注意两种状态的不同感觉，并记住它。

7）大腿肌肉也进行同样练习，注意大腿的紧张是如何影响膝盖和膝关节的。

8）移到臀部和肛门（容易产生不必要紧张的位置），再一次注意紧张和松弛状态的不同感觉。

9）向上依次练习腹部、胸部、背部和肩膀的肌肉。

10）练习二头肌、前臂和手。

11）最后移到脖颈、下颌、脸部、前额和头皮。

（2）头脑的放松方法。

1）选择一个你不太可能被打扰的时间和地点。

2）身体平躺。

3）闭上双眼，用意识掠过全身，放松所有紧张的肌肉群。

4）想象一个你非常熟悉的景致，或是你的花园，或是你的房间。选一个令人高兴且有快乐联想的景致，倘若不能明确想象也没关系，无论想到什么都行，想象力会随练习而提高。

5）一旦确定了想象之事，仔细看着它，寻找它的细微之处，假如想象的是花园，找出花丛或树的确切位置，观察它们的颜色和形状，尽量准确地获取它们的一切，倘若图像不太清晰或想象随即消失也没有关系。

6）放开想象（让它走开），代之以一个幻想中的景象，如一个海滩，风平浪静，海水在阳光照耀下波光熠熠；或一条河，川流于茂密的森林中，树影倒映水面，斑驳陆离。选一个与日常生活中的场景截然不同的但充溢着宁静、祥和，让你心旷神怡的景象。

7）随着景象越来越清晰，幻想自己越来越轻柔，直到飘飘悠悠离开自己现在躺着的地方，飘进了想象中的宁静景观，让它环抱着你，你已置身其中，与它融为一体，再感觉身体与它的联系。

8）你已化为景象的一部分、宁静的一部分，没有地方要去、没有事要做、没有要求要满足、没有压力、没有最后期限，只有环境的宁静和内心的祥和。

9）任意选择在这种状态下逗留的时间，然后慢慢让自己回到曾躺过的地方，让眼前的景象缓缓消逝，不要唐突地回到现实之中，再躺一会儿，看一看景象远去后留下的空白，随后缓缓地做好思想准备，睁开眼睛，回到现实。

本章小结

本章探讨了旅游工作者的心理成熟与心理健康、自我整合与自我调节等问题。

1. 儿童自我是欲望和感情自我，它记录了童年时期的情绪体验；家长自我是权威自我，它记录了家长和其他权威人士的言传和身教；成人自我是理性自我，它记录了经过自己独立思考而领悟的各种道理。心理成熟的人，其成人自我超越了儿童自我和家长自我，三个自我各得其所。

2.“趋求”与“回避”是人的两种基本的心理倾向。趋求幸福、回避痛苦是最基本的人之常情。趋求幸福与回避痛苦冲突是构成人生难题的最基本的心理因素。心理健康的人趋求幸福的心理倾向战胜了回避痛苦的心理倾向，他们能够在对幸福的趋求中体验到幸福。

3. 作为一种行为的爱包含着关心、理解和尊重三个要素。爱的能力是用自己对别人的爱来唤起别人对自己的爱，是能够以自己对别人的关心、理解和尊重来赢得别人对自己的关心、理解和尊重。成长的需要属于“非缺失性需要”，人之所以有成长的需要，并不是因为人缺少了什么或失去了什么，恰恰相反，正是因为人还有尚未发挥的潜能和尚未实现的价值。成长的需要不能通过索取，而只能通过奉献来获得满足。

4. 人的内心世界分为深、浅两个层面：浅层是意识层，深层是潜意识层。人的潜意识包括心理活动中那些被人忽视、遗忘和压抑的内容。了解自己的潜意识，就是让自己的意识对自己的潜意识开放，不要自己对自己隐瞒，要允许潜意识以其本来面目进入自己的意识层。清理自己的潜意识，就是要解开内心深处那些由尚未满足的欲望、尚未表达的感情和尚未想通的道理所构成的“结”，然后找出并改写自己的“生活脚本”。有意识地影响自己的潜意识是指用积极的自我暗示、积极的想象和行动中的自我强化来对潜意识施加影响。

5. 旅游工作者常见的自我防御机制有升华、补偿、幽默、克制、合理化、逃避、投射和攻击，前四种是成熟的自我防御机制，后四种是不成熟的自我防御机制。

6. 情绪调节的方法有很多，包括形象和联想控制法、动作和姿态矫正法、冥想训练法、放松训练法等。

思考与练习

1. 人的三个自我分别是怎样形成的？试用三个自我之间的关系来说明人在心理上是如何从不成熟走向成熟的。

2. 为什么说趋求幸福、回避痛苦是最基本的人之常情？什么是趋避冲突？为什么说心理健康的人能够在对幸福的趋求中体验到幸福？

3. 怎样理解作为一种行为的爱包含的三个要素？为什么说“爱”也有一个“能力问题”？

4. “成长”作为高层次的需要究竟意味着什么？学习了本章以后，你对于“索取与奉献”这个问题有什么新的认识？

5. “潜意识就是意识不到的心理”这种说法对吗？为什么？人的潜意识包括了哪些内容？

6. 何谓自我整合？怎样自我整合？

7. 旅游工作者常用的自我防御机制中哪些是建设性的？哪些是消极的？

8. 举例说明如何运用形象和联想控制法、动作和姿态矫正法来调节情绪。

案例分析与讨论

在一次旅游服务人员的培训课程中，一位服务员谈到了他在工作中遇到的一个难题：他总是容易被那种无理取闹的客人激怒。虽然一遇到那种蛮横无理的客人，他就反复告诫自己一定要沉住气，决不能与客人争吵，可他往往还是沉不住气，很容易发怒。他说："我也希望做一个能够沉得住气的人，可是我这个人就是沉不住气，我也不知道是怎么回事，有什么办法能控制自己的情绪呢?"

［分析］

案例中这种"自己不听自己的话""自己指挥不了自己""自己与自己闹别扭"的情况，实际上是因为自己被那个"潜意识的心"直接指挥着。那些"自我干扰""自我削弱""自我挫败"的行为，都是因为遇到了来自深层的，即潜意识层的阻力，都是因为潜意识这个"我中之他"在与意识"唱反调"。

旅游工作者要避免潜意识的"自我干扰""自我削弱""自我挫败"，掌控自己的情绪，必须实行自我整合，学会调节情绪的各种方法。具体而言，要避免潜意识与意识"唱反调"，就要避免消极的自我暗示，进行积极的自我暗示，这就是有意识地对自己的潜意识施加影响。案例中的旅游服务人员遇到不讲道理的客人，就一再告诫自己一定要沉住气，决不能与客人争吵。其实他是在进行消极的自我暗示，实际上就是在提醒自己的潜意识："我是一个沉不住气的人。"应该首先进入身心放松的状态，在这种放松的状态中，完全不加怀疑、不加抵制地，反复地对自己说："无论遇到什么样的人、什么样的事，我都能沉得住气。"还可以通过发挥自己的想象力来对自己的潜意识施加影响，进行逼真的想象演习。例如：想象你是一个无论遇到什么样的人和事都能沉得住气的人，你知道一个沉得住气的人遇到一个自以为是、盛气凌人的人会怎样做，所以你就很平静地应对这种情况，然后在交往的全过程中，你自我感觉良好。那么在现实生活中，当你真正遇到了一个自以为是、盛气凌人的人时，因为你已经是一个无论遇到什么样的人和事都能沉得住气的人了，而且你已经（在想象中）成功地和这样的人打过交道了，所以在现实中你就可以按照你希望自己的所作所为那样去行动，并且在行动中自我感觉良好。经过这几个步骤，你就能实实在在地变成一个"无论遇到什么样的人和事都能沉得住气的人"了。

［讨论］

1. 如果你遇到案例中旅游服务人员所面临的那种情况，你会怎样运用自我整合的原则来调节自己？

2. 假设你是某旅游企业人力资源部的经理，你的员工也像案例中的旅游服务人员那样经常做出一些使他自己后悔莫及的冲动反应，请你根据所学的心理学知识开导他，让他明白其中的道理，并向他提出几条有用的建议。

第十二章
严与爱相结合的旅游企业员工管理

学习目标

通过本章的学习，你将了解、掌握：

1. 旅游企业为什么对员工应有“严格的要求”、“严肃的评价”和“严明的赏罚”；
2. 把“严格的要求”与“对员工的关心”相结合的方法；
3. 把“严肃的评价”与“对员工的理解”相结合的方法；
4. 把“严明的赏罚”与“对员工的尊重”相结合的方法。

导入案例

老胡是一家旅游企业的老板，从创业到现在已经有十几个年头了，他一直坚持自己的用人之道和经营法则，不允许员工或管理层随便更改工作制度和产品风格。最近几年公司招了一批年轻人，他们希望能够在公司施展自己的才华，借助公司这个平台向市场推行自己设计的产品和旅游线路，但是每次提方案时都被老胡无情地拒绝，同时，老胡还定期给大家拿出自己的设计方案。久而久之，年轻的员工逐渐没有了干劲，离职的离职，跳槽的跳槽，导致最近公司一直处于用人紧张的状态。公司副总老王不止一次劝过他，结果每次都会被老胡臭骂一顿：“孩子们不懂，在那里瞎搞，你也跟着来添乱吗?”后来，老王实在看不下去了，跟老胡说了一番话也离开了该企业。老王说：“还记得你当初是为什么要创业吗? 你说要给自己一个机会，然后帮助那些怀有梦想的青年人实现梦想，这么多年来，你给过谁机会?”老胡听完这番话也陷入了深深的沉思中：“这么多年来我自己到底坚持的是什么?”

我们认为，从旅游企业管理工作的实践来看，要实行一种高效而又富于人情味的管理，即“严”与“爱”相结合的管理。只有实行这种“严”与“爱”相结合的管理，才是处理好员工关系的保证；才是能让自己的员工去为客人提供“高效而又富于人情味的服务”的保证。旅游企业必须重视员工、尊重员工，才能更好地发展。企业给员工的回报不应仅仅是工资、福利、报酬，要想让员工有归属感，管理者必须学会关爱员工、理解员工、尊重员工。

第一节 旅游管理中的“严”与“爱”

一、管理方格理论简述

美国学者 R. R. 布莱克和 J. S. 莫顿认为，企业中的管理者为“工作”而操心（即“关心工作”）的程度是不一样的，为“人”而操心（即“关心人”）的程度也是不一样的。他们用“管理方格图”来表示管理者在“关心工作”和“关心人”这两个方面的区别（见图 12－1）。

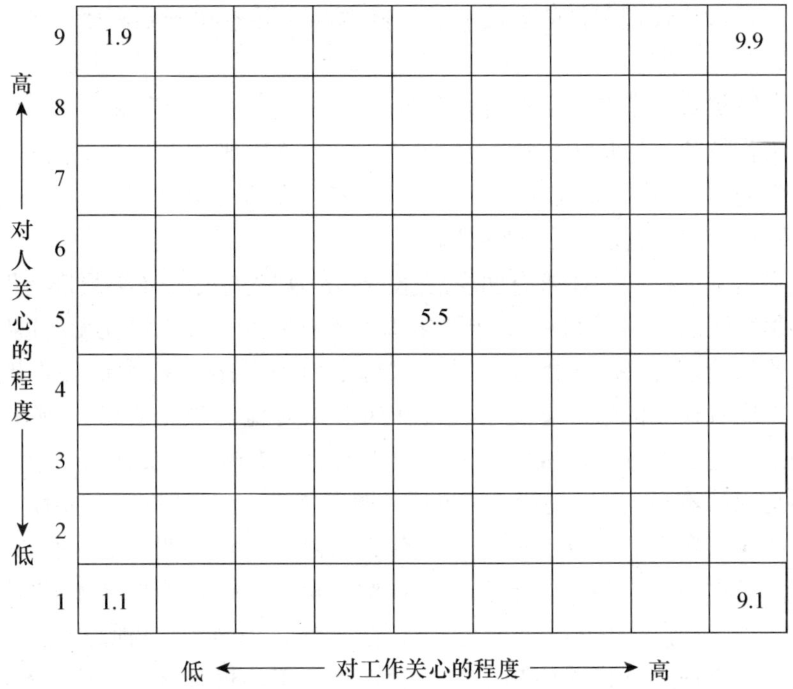

图 12－1 布莱克和莫顿的管理方格图

这张“方格图”的意思是：管理者对工作的关心可以分为从低到高的 9 个等级，对人的关心也可以分为从低到高的 9 个等级。要判断某一位管理者是什么样的管理者，就要分别去看他对工作的关心处在哪一个等级，他对人的关心又处在哪一个等级。图中有 81 个方格，这就是说，按照管理者“对工作关心的程度”和“对人关心的程度”，可以把管理者分成 81 种类型。实际上，无论是管理者对工作的关心，还是对人的关心，都不必划分那么多的等级。只要把对工作的关心和对人的关心分出高、中、低三个等级，就可以在管理者当中分出五个最有代表性的类型了。从图 12－1 中可以看出这五种不同类型的管理者在“方格图”中所处的位置。

布莱克和莫顿抓住了能够把不同类型的管理者区别开来的两个最重要的方面，即“对工作的关心”和“对人的关心”。抓住了这两个方面，就有了一个划分管理者类型的最简捷的思路。

管理方格理论根据“关注工作”和“关注人”两个指标把管理者分为五种类型，认为两个指标同等重要。对管理者而言，既要关注工作也要关注人，只有这样员工才能加倍回报企业。在旅游企业管理中要将“严”与“爱”相结合，正是从“关注工作”和“关注人”两个角度出发的，“严”与“爱”相结合的管理是一种兼具效率和人情味的管理方式。

二、“严”意味着严格、严肃、严明

管理者有权也有责任“管”好自己的部下。既然要管，那就一定要严。管而不严，等于不管。但是，从管理工作的实践来看，问题往往并不在于要不要“严”，而在于管理者对员工该怎么“严”。

我们说，既然管理者对员工的管理是通过“要求”、“评价”和“赏罚”来实现的，那么，管理工作的“严”也应该通过“要求”、“评价”和“赏罚”来体现。更具体地说，管理工作的“严”，一是要对员工提出“严格”的要求，二是要对员工的行为做出“严肃”的评价，三是赏罚必须“严明”。

对员工提出“严格”的要求有两层意思：一是所提的要求“必须遵行”；二是所提的要求“必须很明确”。实际上，如果要求提得不够明确，员工也就无法遵行。

旅游企业的管理者要尽可能地就员工“应如何去操作”来对员工提出要求，而不能只是就员工应有什么样的“态度”和“作风”来对他们提出要求。例如，旅游企业的管理者如果只是告诉员工，做服务工作“要主动、要热情、要耐心、要周到”，那是不够的。不是说“不对”，而是说“不够”。服务要主动、要热情、要耐心、要周到，这当然是对的。问题在于，什么叫主动？什么叫热情？什么叫耐心？什么叫周到？对这些，很可能是你有你的理解，他有他的理解。也许，你认为他还不够主动，但他却认为他已经“够主动”的了；你说他还不够热情，但他却说他已经“够热情”的了……所以，只有把要求提得明确，把该做什么、不该做什么，该先做什么、后做什么，都尽可能地说清楚，让员工觉得有很强的“可操作性”，才既便于员工操作，也便于管理者检查和做出评价。

当然，旅游企业服务是一种需要有很大的灵活性的工作，谁也不可能把所有的细节全都说得清清楚楚。特别是我们还要求服务人员充分发挥自己的主动性，去为客人提供比“标准化服务”更好的服务，而这种“更好的服务”究竟应该怎么去操作，那就更难说得清清楚楚了。不过，这与我们所说的要对员工提出严格的要求并不矛盾，因为这种“更好的服务”是指一种“比标准化更好”的服务，而不是指那种“达不到标准”的服务。标准可以被超越，但它必须是严格的，是“明确”而且“必须达到”的。

要对员工的行为做出“严肃”的评价也有两层意思：一是要坚持按照原来所提的要求，去衡量和评价员工的行为，而不能在对他们提出要求的时候是一套，在对他们的行为做出评价的时候又是另一套。二是在检查和评价员工的工作时，一定要坚持

“对就是对，不对就是不对；好就是好，不好就是不好”，决不能含含糊糊、模棱两可。作为管理者，如果做不到这两点，就等于告诉自己的员工，自己原来所提的那些要求是既可以照它去做，也可以不照它去做的——是一点也不“严格”的。

至于赏罚必须“严明”，主要是指赏罚必须公正。而要做到赏罚公正，就必须有一定的规章制度来保证。如果那些与管理者个人关系好的员工，不该得到奖赏的都得到了奖赏，而那些与管理者个人关系不好的员工，应该奖赏的却得不到奖赏；或者当管理者“情绪好”的时候，该罚的不罚，而当管理者“情绪不好”的时候，不该罚的也要罚，那就不仅不能使赏罚起到它所应有的作用，而且还会使管理者本人威信扫地。

总之，提出要求、做出评价和给予赏罚，就是管理者对员工的“管理”；而提出“严格”的要求、做出“严肃”的评价和给予“严明”的赏罚，就是在管理工作中不可缺少的，因而也是必须坚持的“严”。

三、“要求”、“评价”与“赏罚”三套规章制度缺一不可

不仅“赏罚严明”要有一定的规章制度来保证，“严格的要求”和“严肃的评价”也都需要有一定的规章制度来保证。说起规章制度，人们马上就会想到规章制度必须“健全”。那么，旅游企业的规章制度怎样才算“健全”呢？我们认为，既然管理工作的“严”要从“要求”、“评价”和“赏罚”这三个方面来体现，旅游企业的规章制度也就应该从“要求”、“评价”和“赏罚”这三个方面来“健全”，从这三个方面来成龙配套。

首先，要有一套关于“提出哪些要求”的规章制度。这一套规章制度要对工作在各个岗位上的员工“该干什么”和“该怎么干”做出明确的规定。这属于“执行法”。

其次，要有一套关于“如何做出评价”的规章制度。对在各个岗位上的员工的工作由谁负责去检查；检查的结果用什么方式来记录；如何保证每一位员工都能及时地得到“反馈”；等等。这些都要做出明确的规定。这属于“检查法”。

最后，还需要有一套关于“如何给予赏罚”的规章制度。在什么情况下应该给予奖赏；在什么情况下应该给予惩罚；该奖赏的怎么奖赏，该惩罚的怎么惩罚。这些也都需要做出明确的规定。这属于“处理法”。

很可能我们还说得不完全，很可能旅游企业还需要有其他方面的一些规章制度，但是我们可以肯定，有关“提出要求”、“做出评价”和“给予赏罚”的规章制度，或者说，“执行法”、“检查法”和“处理法”在每一家旅游企业、每一个部门都是缺一不可的。没有这些规章制度，旅游企业不可能“正常运转”，“员工关系”也不可能“理顺”。

四、心理学关于“爱”的原理对管理者的启发

之前我们谈到了爱的三要素是关心、理解和尊重，谈到了“施爱”与“被爱”的关系，谈到了爱的能力问题。心理学中这些有关“爱”的原理，可以使我们更深刻地理解：旅游企业要为客人提供富于人情味的服务，就必须有富于人情味的管理。为客人提供富于人情味的服务意味着什么？这意味着我们的服务人员要对客人“施爱”。而

要让我们的服务人员去对客人“施爱”，就首先要让他们自己有更多“被爱”的体验。而这就要求我们的管理者能够在“爱”的问题上“从我做起”，能在坚持“严格”、“严肃”和“严明”的同时，充分地表现出自己对员工的一份爱心。

我们相信，人只有在深切地感受到自己被尊重、被理解、被关心的情况下，才会觉得幸福，也才会充分地表现出“人性”的种种优点。所以我们说，作为管理者，要在管理工作中体现出对员工的“爱”，就是要让员工深切地感受到自己绝不仅仅是上司要求、评价和赏罚的对象，而首先是上司尊重、理解和关心的对象。

在我们分别讨论了“严”与“爱”的相关问题之后，在管理工作中应如何实现“严”与“爱”相结合的问题也就迎刃而解了。既然管理工作中的“严”要通过对员工的要求、评价和赏罚来体现，而对员工的“爱”要通过对员工的尊重、理解和关心来体现，那么，所谓“严”与“爱”相结合，实际上就是要把对员工的要求、评价和赏罚，与对员工的尊重、理解和关心结合起来。更具体地说，实行“严”与“爱”相结合，就是要实行以下这三个“相结合”：

一是，对员工的要求与对员工的关心相结合；

二是，对员工的评价与对员工的理解相结合；

三是，对员工的赏罚与对员工的尊重相结合。

第二节 严格的要求与关心相结合

作为旅游企业的管理者，当然必须代表旅游企业向员工提出要求。但是，员工如果不能从旅游企业和代表着旅游企业的管理者那里得到一定的报偿，是不会按照管理者所提的要求去做的。从这个意义上说，在旅游企业的管理者与员工之间，是有着一种“交换关系”的。但是，如果管理者只是按照“你干活，我给钱”的原则去处理与员工的关系，那就毫无人情味可言了。我们说，要实行对员工的“要求”与对员工的“关心”相结合，就是既要承认这种“交换关系”，又要在管理者与员工之间建立一种超越了“等价交换”的、有情有义的、人与人之间的关系。

一、两个“部分与整体的关系”

我们之所以强调管理者对员工的“要求”必须与对员工的“关心”相结合，是因为旅游企业的管理者在对员工提出要求时，往往只考虑到一种“部分与整体的关系”，而忽视了另一种“部分与整体的关系”。

比如说小王是某旅游饭店的客房服务员，客房部经理会怎样向他提出要求呢？通常，经理会这样对他说：“今年，我们饭店将……，我们客房部将……，小王你是饭店客房部的一员，所以你应该……”

这样来对小王提出要求当然不错。饭店是一个整体，客房部是这个整体的一部分，而客房服务员小王又是这“一部分”的一部分。既然小王与饭店和饭店的客房部的关系是“部分与整体”的关系，那么，按照“部分服从整体”的原则，小王当然应该按照饭店和饭店客房部对他提出的要求，来做好本职工作。

然而，除了在小王与饭店和饭店客房部之间有一种部分与整体的关系之外，还有另一种部分与整体的关系。虽然小王是饭店的客房服务员，但他并不是每天二十四小时都在客房部工作的，除此以外，他还要做许多其他的事情。如果说小王的个人生活是一个“整体”，那么，他在饭店当客房服务员也只是这个“整体”中的“一部分”。

小王既然当了饭店服务员，就应该好好地为饭店工作，这是毫无疑问的。然而，你又不能不承认，小王并不是专门为饭店而活着的，他首先是为他自己而活着的。因此，小王之所以能在饭店好好地工作，除了有经理所说的那些“饭店的理由”之外，必然还有他“个人的理由”。这些理由可能是“只有在饭店好好干，才能挣到比较多的钱”，或者是“只有在饭店好好干，才能得到晋升的机会”，或者是“只有在饭店好好干，才能对得起××”……不管“个人的理由”是什么，它肯定是存在的，而且，对于小王个人来说，“个人的理由”要比“饭店的理由”更为重要。

旅游企业的管理者如果不仅仅是把员工当作“完成任务的工具”来关心，而是真正能把员工当作“一个人”来关心，那就不仅应该考虑上述第一种“部分与整体的关系”，而且应该考虑上述第二种“部分与整体的关系”。这就是说，不仅要考虑员工所做的这些工作对于旅游企业来说有什么样的意义，而且要考虑这对于他个人来说有着什么样的意义。在对员工提出更高的要求时，不仅要说出“旅游企业的理由”，而且要帮助员工找到他“个人的理由”。这样，让员工按照更高的要求去更好地工作，就不仅是“旅游企业的事”，也是员工“个人的事”了。

有人说，只有当旅游企业能把员工“个人的事”当作“旅游企业的事”来关心的时候，员工才会把“旅游企业的事”当作他“个人的事”尽心尽力地去做。这说的就是在旅游企业的管理者与员工之间，必须建立一种“以心换心”的关系。

美国的一位女企业家玛丽·凯曾经在她的企业中提出这样一个口号：“上帝第一，家庭第二，工作第三。”这一口号不像“工作第一”的口号那样直截了当地强调工作的重要性，但它实际上是要让员工把“工作”与“上帝”和“家庭”联系在一起，使工作有了一种比“为企业做贡献”更重要的意义。

二、管理要因人而异

作为旅游企业的管理者，如果你能在工作中考虑到上述那两种“部分与整体的关系”，你就会发现，许多的员工虽然在旅游企业里扮演着同样的“角色”（指员工所扮演的“社会角色”，更具体地说，是指他们所扮演的“职业角色”），但实际上，每个人都是不一样的。

比如，小王是饭店的客房服务员，小杨也是客房服务员，小刘、小杜……都是客房服务员。作为客房服务员，他们是一样的，因此，客房部的经理应该对他们提出同样的要求。然而，小王为什么要来当客房服务员？小杨为什么要来当客房服务员？小刘为什么要来当客房服务员？很可能是各人有各人的想法。

也许，小王之所以要来当客房服务员，是因为他觉得当饭店服务员挣钱多。小杨之所以来当客房服务员，是因为他找不到更好的工作。小刘之所以来当客房服务员，是因为她希望能在饭店得到晋升的机会，她喜欢干饭店这一行，并将其当成了她自己的“事业”。小杜虽然也在当客房服务员，但是她真正感兴趣的不是饭店，而是书法和绘画，对于小杜来说，她的“事业”不是在工作时间以内，而是在工作时间以外。

这就是说，作为一种“职业角色”——“客房服务员”，小王、小杨、小刘、小杜……大家都一样，但是作为“一个人”，大家都是不一样的。

如果客房部经理对小王、小杨、小刘、小杜……说：“我不管你们是怎么想的，既然你们都当了客房服务员，那就都应该在客房部好好地干！”我们不能说他说得不对，但是他只想到了要对这些服务员提出“要求”，而没有考虑到应如何体现出对这些服务员的“关心”。

从第一种“部分与整体的关系”来说，小王、小杨、小刘等都是客房部的一员，所以都应该在客房部好好地干。但从第二种“部分与整体的关系”来说，他们之所以要好好地干又各有各的理由。作为管理者，了解员工的这些“个人的理由”绝不是多此一举。因为只有这样，才能更有针对性地去“管”好每一个人，才能更有效地去调动每一个人的工作积极性。

比如，经理知道了小刘想把干饭店这一行当作她自己的“事业”，那就可以重点培养她，对她提出更高的要求，给她更重的担子。小刘决不会因为你给她更重的担子而埋怨你，因为她知道这是对她的关心，是对她的信任和培养。而对于小杨压更重的担子就不一定合适了，因为他本来就不是很喜欢干饭店这一行，需要想别的办法去做他的工作。比如，可以鼓励他一边工作一边自学。当然，同时也要提醒他，不管在饭店干多长时间，哪怕只干一天，也要认认真真地干一天。至于小杜，尽管她感兴趣的不是饭店，而是书法和绘画，但是如果能够为她提供一个机会，让她能在饭店里发挥出自己在书法和绘画方面的特长，她就很可能会改变她原来的想法。小王对钱的问题考虑得比较多，对他就可以先从“避免扣奖金”谈起。

如果旅游企业的管理者能这样因人制宜地去关心和要求自己的员工，能把员工“个人的事”与“企业的事”联系在一起来考虑，那么，员工也就会像前面所说的那样，把“企业的事”当作自己“个人的事”尽心尽力地去做了。

三、把员工当作“复杂人”来关心

要在管理工作中充分体现出对员工的关心，就必须知道员工所需要的究竟是什么。

那么，员工究竟需要什么呢？从西方的情况来看，人们对这一问题的认识是经历了一个过程的。西方管理学理论中，先后出现的“经济人”“社会人”“自我实现人”“复杂人”概念，就是这一认识过程的反映。

最初，许多人都认为，人们最重视的是自己的经济利益。老板为什么要办工厂？为的是钱。工人为什么要来做工？为的也是钱。钱最能调动人的积极性，所以，人是

“经济人”。

后来，人们发现，企业的员工所需要的并不仅仅是钱。在不增加工资的情况下，改善人与人之间的关系，创造更好的社会心理环境，同样能提高员工的工作积极性。于是，有人说，人不是“经济人”，而是“社会人”。

再后来，人们又发现，有了良好的人际关系，还是不能最大限度地调动员工的工作积极性。只有当工作能满足自我实现的需要时，员工才会表现出最大的积极性、主动性和创造性。于是，又有人说，人不是“经济人”，也不是“社会人”，而是“自我实现人”。“自我实现”的意思是，通过充分地发挥自己的潜在能力来实现自己的人生价值。“自我实现人”工作的目的不是挣钱，也不仅仅是与别人建立良好的关系，而是要在工作中充分地发挥自己的聪明才智，使自己“开出能开的花，结出能结的果”。

那么，人到底是“经济人”还是“社会人”，还是“自我实现人”呢？一个最新的概念是“复杂人”。“复杂人”的意思是：人是复杂的，实际上每一个人都既是“经济人”，又是“社会人”和“自我实现人”。

ERG 理论指出，人有三种核心需要：生存需要、关系需要和成长需要。生存需要是低层次需要，关系需要是中层次需要，成长需要是高层次需要。人的各种各样的需要都是由这三种核心需要派生出来的。不难看出，生存需要就相当于“经济人”需要，关系需要就相当于“社会人”需要，而成长需要就相当于“自我实现人”需要。可见，ERG 理论也认为人是“复杂人”。

尽管每一个人都是“复杂人”，都有生存需要、关系需要和成长需要，但是人们的“优势需要”（即当前最迫切的需要）又各不相同。以生存需要为优势需要的，就是“经济人”；以关系需要为优势需要的，就是“社会人”；以成长需要为优势需要的，就是“自我实现人”。实际上，同一个人的“优势需要”也是会发生变化的。当生存需要是他的优势需要时，他就更像是一个“经济人”；当关系需要是他的优势需要时，他就更像是一个“社会人”；而当成长需要是他的优势需要时，他就更像是一个“自我实现人”。

根据以上的分析，结合旅游企业管理工作的实践经验，我们可以归纳出以下三个要点：

第一，旅游企业的管理者应该把每一位员工都当作“复杂人”来关心。这就是说，必须想到每一位员工都既是“经济人”，又是“社会人”和“自我实现人”。

作为“经济人”，他们需要挣更多的钱；作为“社会人”，他们需要得到更多的爱（以关心、理解和尊重为要素的，广义的爱）；作为“自我实现人”，他们还需要有自我实现的机会。因此，要调动员工的工作积极性，不能只在“钱”上打主意，还应该想到给员工更多的“爱”和更多的自我实现的“机会”。

有些旅游企业不仅注意理顺企业内部的人际关系，而且能把工作做到员工的家里去，让员工的亲属了解和支持员工的工作。在表彰先进员工时，也让他们的亲属来分享他们的荣誉。

有些旅游企业注意到某些员工不仅能很好地完成本职工作，而且还有不少“多余的精力和才能”，于是就尽可能创造条件使这些员工“英雄有用武之地”。

有些旅游企业，还考虑到年轻人不可能总在旅游企业吃这碗“青春饭”，所以，不仅要求他们努力做好本职工作，而且鼓励他们不断地充实自己，为将来谋求更大的发展做好准备。

实践证明，这些做法常常能对员工起到金钱所起不到的激励作用。

第二，由于员工的“优势需要”各不相同，有的员工可能更像“经济人”，有的员工可能怎么看也不像是“自我实现人”，应该承认这种差别，不能要求人人都一样。要针对不同的情况采用不同的方式方法，去调动他们的工作积极性。

第三，员工的“优势需要”并不是一成不变的。事实上，作为管理者，如何去做员工的工作，这往往能对员工的“优势需要”的变化产生很重要的影响。真正关心员工的管理者不仅要适应员工已经达到的精神境界，而且应该努力去提高他们的精神境界。

比如，服务员小王经常说：“别的都是假的，只有多挣钱是真的。”作为他的上司，你决不能因此就认为他只有“经济人”的需要，而没有“社会人”和“自我实现人”的需要。你要去分析他为什么会说出这样的话。一般说来，这有两种可能性：一种可能性是，他真的不知道在这个世界上还有比钱更好的东西，这就好比一个只吃过白菜和豆腐而从来没有吃过肉的人，以为世界上再没有比豆腐更好吃的东西了。另一种可能性是他也知道世界上还有许多比钱更好的东西，但是那些东西对于他来说是“可望而不可即”的，于是他就只好用“多挣钱”来安慰自己了。这就好比一个人明明知道肉比豆腐好吃，但是肉对于他来说是“可望而不可即”的，于是他就说：“哼，肉有什么好吃的！”作为管理者，能想到这两种可能性，也就知道该怎样去做他的工作、该怎样去提高他的精神境界了。如果因为小王说“别的都是假的，只有多挣钱是真的”，你就只是用钱去调动他的积极性，除了钱从不和他谈别的，那就更会使他觉得除了钱“别的都是假的”了。

第三节 严肃的评价与理解相结合

我们之所以强调“评价”要与“理解”相结合，是因为评价不能代替理解，理解也不能代替评价。如果让它们互相代替，那就既体现不出“严”，也体现不出“爱”。

“严”与“爱”相结合，绝不是“严”与“爱”的调和、折中。“严”必须是实实在在的“严”，“爱”也必须是实实在在的“爱”。这就好比在给客人上菜时，热菜就一定要热，凉菜就一定要凉，绝不能因为“都要吃到同一个肚子里”，就来一个凉与热的调和、折中。

“评价”和“理解”，应该统一于“因势利导”。

每个人都希望自己的需要能够得到满足，也都希望自己的感情能够得到表达，这是人的心理和行为的"大势所趋"，对这一点，应予以充分的"理解"。

但是，人的需要可以用不同的方式来满足，人的感情也可以不同的方式来表达。既有合理的、正当的方式，也有不合理、不正当的方式。因此，对于人们用来满足需要、表达感情的行为方式，又必须有严肃的、是非清楚的、黑白分明的"评价"。

不是不允许人们满足自己的需要和表达自己的感情，而是要引导人们用合理的、正当的方式来满足自己的需要和表达自己的感情。这就是"因势利导"。这是"做人的工作"，当然包括做旅游企业管理工作，所应遵循的一条基本原则。

一、评价不能代替理解，理解也不能代替评价

在管理工作中，对员工的"评价"，是指要按照原来所提的要求，去判断员工的行为（或者说"表现"）是对还是不对、好还是不好；而对员工的"理解"，是指要看到他们的行为"背后"起作用的那些环境因素和心理因素，或者说，要看到在那些行为"背后"起作用的客观原因和主观原因。所以我们说，"评价"是不能代替"理解"的。

让我们来举一个最简单的例子：小刘以前从来不迟到，最近却常常迟到。迟到对不对呢？迟到是违反企业规章制度的行为，当然不对。但是，小刘为什么以前从来不迟到，最近却常常迟到呢？是因为身体不好、家里出了问题，还是因为她不想在这里干了？作为小刘的上司，你把小刘出勤的情况记下来，并告诉她迟到是不对的、是不允许的、是要受罚的。这些都是你应该做的。但是，做了这些，并不等于你已经知道她究竟为什么迟到。这就叫作"评价"不能代替"理解"。

正因为"评价"不能代替"理解"，所以，管理者不仅要去评价员工的行为，而且要去了解员工为什么会表现出这样的行为。在现实生活中，同样的行为完全有可能是由不同的客观原因和主观原因造成的。比如，小刘之所以迟到，可能是因为她身体不好，也可能是因为她家里出了什么问题，也可能是因为她"闹情绪"，不想在这里好好干了。只有"理解"她，你才能更有针对性地去做她的工作，也才能体现出对她的关心。

正如"评价"不能代替"理解"一样，"理解"也不能代替"评价"。比如，小刘是因为她母亲生病而迟到的，这和因为"闹情绪"而迟到当然是有区别的。但不管是由什么原因造成的，迟到总归是迟到。迟到了还是没有迟到、迟到了十分钟还是迟到了五分钟，这不属于"理解"的问题，这是要按照事实来做出评价的问题。评价必须是严肃的，迟到了就是迟到了，没有迟到就是没有迟到；迟到了五分钟就是五分钟，迟到了十分钟就是十分钟。你不能把迟到说成没有迟到，也不能把迟到了十分钟说成只迟到了五分钟。这就叫作"理解"也不能代替"评价"。

正是因为"评价"不能代替"理解"，"理解"也不能代替"评价"，所以我们才说，"评价"必须与"理解"相结合。

二、"大势所趋"与"因势利导"

现在让我们来讨论，如何按照"评价"与"理解"相结合的原则，去做员工的

工作。

无论做什么工作，都必须懂得“大势所趋”。做人的工作，当然也是如此。不仅“天下大事”有它的“大趋势”，每一个人的心理和行为也都有它所固有的、不可改变的“大趋势”。所谓“做人的工作”，并不是要去改变人的心理和人的行为所固有的“大趋势”，而是要在认清“大势所趋”的基础上，按照“因势利导”的原则去帮助人们用合理的、正当的方式，而不是用不合理、不正当的方式来满足自己的需要和表达自己的感情。

从心理学角度来看，人之所以会表现出各种各样的行为（包括“好的行为”和“不好的行为”），一是为了满足自己的需要，二是为了表达自己的感情。当人的需要得不到满足时，“求满足”就会变成“求补偿”；而当人的感情得不到表达时，“求表达”就会变成“求宣泄”（所谓“宣泄”，是指把那些被压抑的感情一下子全都痛痛快快地表达出来）。求满足、求补偿、求表达、求宣泄——这就是人的心理和人的行为所固有的“大趋势”。而所谓“好的行为”和“不好的行为”，其区别只在于是用什么样的“方式”来满足自己的需要、表达自己的感情。用合理的、正当的方式来满足自己的需要、表达自己的感情，就是“好的行为”；用不合理、不正当的方式来满足自己的需要、表达自己的感情，就是“不好的行为”。

比如客房服务员小孙，认为自己对于客房管理有一套很好的见解，但是上司从来不重视自己，从来没有想到要找自己谈一谈。有一天，他故意做了一件很“出格”的、违反规章制度的事，上司果然很重视，马上就派人来找他去谈话。上司问小孙：“为什么要明知故犯？”小孙说：“不给你们找点麻烦，你们能把我请到这里来吗？”请问，小孙做得对不对呢？

违反规章制度，这肯定是不对的。但是，他想引起上司对他的重视，想有一个机会让上司听听自己对客房管理的见解，这不能说有什么不对。换句话说，他用来满足需要的“方式”是不对的，但这并不等于他的那种“需要”本来就是不应该得到满足的。

从管理的角度来看，这里就有一个“评价”如何与“理解”相结合的问题。就“评价”而言，违反规章制度肯定是不对的；但就“理解”而言，想引起上司对自己的重视，想有一个机会让上司听听自己的见解，这又是完全可以理解的。“评价”不能代替“理解”，“理解”也不能代替“评价”。无论如何，用故意违反规章制度的办法来引起上司对自己的重视，总归是不对的。但是，遇到这种情况，作为上司，也应该认真地考虑一下，如何才能使每一位员工都能得到应有的重视？如何才能使每一位员工都能有机会来说说自己对于管理和服务工作的见解？

再比如餐厅服务员小谢，因为与客人争吵而受了处分。她觉得上司并没有把情况搞清楚，所以她觉得很委屈，几次要去找上司“说理”，而上司总是对她说：“你和客人争吵，就是不对。不对，就应该受处分。没有什么好说的，你走吧，我忙着呢！”后来，小谢虽然不再找上司“说理”，也不再与客人争吵，却再也没有以前的那份工作热情了，而且还常常在同事中间发牢骚、说怪话。请问，是小谢做得不对呢？还是她的上司做得不对呢？

小谢与客人争吵，当然是不对的。但是她受了处分以后想不通，要找上司说说自己的委屈，这不能说有什么不对。后来，小谢对客人态度冷淡，还时常发牢骚、说怪话，这当然也是不对的。但是，从管理的角度来看，小谢后来的表现不能不说与上司对她的态度有关。正如人的需要应该得到合理的满足一样，人的感情也应该得到合理的表达。小谢的上司早就应该想到，你不让她用合理的、正当的方式来表达自己的感情，她就很可能要用不合理、不正当的方式来表达。

俗话说："人往高处走，水往低处流。""水往低处流"是大势所趋，"人往高处走"也是大势所趋。"因势利导"，这既是"治水"的原则，也是"做人的工作"所应遵循的原则。对于水，不能放任自流；对于人，也不能不加管束，任其为所欲为。对于水，不能一味地"堵"；对于人，也不能一味地"压"、一味地"批"。对于水，你不引导它往该流的地方流，它就会往不该流的地方流；对于人，你不引导他用合理的、正当的方式来求满足、求表达，他就会用不合理、不正当的方式来求补偿、求宣泄。

我们之所以强调，对于员工的行为必须有严肃的评价，而评价又必须与理解相结合，就是因为如果没有严肃的评价，那就无异于放任自流；而如果不能理解员工所要满足的需要和所要表达的感情，那就不可能按照"因势利导"的原则，去引导员工用合理的、正当的行为方式取代不合理、不正当的行为方式。

三、"急则治标，缓则治本"

有人强调要比较深入地去理解员工的心理，而不能用简化的做法去对待员工，这个道理是对的，但是，在实际工作中往往行不通。旅游企业的工作节奏是很快的，遇到问题先坐下来谈一谈，谈通了再去处理，这是不现实的。

我们认为，要把"评价"与"理解"相结合的原则落实到旅游企业管理工作中去，不妨借用中医"急则治标，缓则治本"的原则。中医强调治病"必求于本"，即必须从根本上解决问题；而不能只"治标"不"治本"，即不能只是针对"症状"，头痛医头，脚痛医脚。但是，中医又认为治病"须分缓急"，"急则治标，缓则治本"。在遇到高热、剧痛等紧急情况时，先要设法使症状得到缓解，这就是"急则治标"。在症状缓解以后，还必须针对"病因"力求从根本上解决问题，这就是"缓则治本"。所有这些有关标本、缓急的道理，对于治身体上的病是适用的，对于"治"行为上、心理上的"病"也是适用的。

强调对旅游企业员工的"问题行为"（即不好的、"成问题"的行为）不仅要"评价"，而且要"理解"，实际上就是强调做人的工作"必求于本"，即必须从根本上解决问题。只有"评价"而没有"理解"，看不到在行为"背后"起作用的那些环境因素和心理因素，那就等于要治病却不知道"病因"，所做的一切只不过是"头痛医头，脚痛医脚"而已。

然而，要"理解"，要把"问题行为"的"病因"查明，往往是需要一段时间的。因此，坚持对员工的"评价"与对员工的"理解"相结合，并不意味着"理解"必须在时间上与“评价”同步。在旅游企业管理工作的实践中，常常要针对员工的“问题行为”及其后果先做必要的处置（这相当于“急则治标”）；然后再进一步去了解造成“问题行为”的那些环境因素和心理因素，力求从根本上解决问题（这相当于“缓则治本”）。比如，客房服务员清理客房不符合标准，不管是由什么原因造成的，该返工的马上就要返工。又如，服务员冒犯了客人，不管是否想得通，都必须先向客人道歉，至于诉说心中的委屈，那是以后的事。但是，作为管理者决不能认为返工了、道歉了、处分了，就万事大吉了。做人的工作如果只做到这里为止，那就等于只是给病人退了烧、止了痛，离真正把病治好还差得远。

第四节 严明的赏罚与尊重相结合

“赏罚”与“尊重”相结合，这可能并不是一个很准确的提法。我们在这里所要说的实际上是，无论是给予奖赏还是给予惩罚，都要充分地体现出对员工的尊重。只有能体现出尊重的奖赏，才是真正的奖赏。也可以说，尊重就是最大的、最重要的奖赏。而在对员工进行惩罚时，要让惩罚起到它所应有的作用，也必须把受罚者这个“人”与他所做的那些不该做的“事”加以区别，在给予惩罚的同时，体现出对他这个“人”的尊重。

一、一条关于奖赏的“诫律”

企业管理者常常遇到这样的问题：为什么奖金发得少了，员工的工作积极性马上就会受影响，而当奖金发得多的时候，却看不出员工的工作积极性有多大的提高？

我们认为，要让奖金起到它所应有的作用，就必须把它与工资明确地区别开来。为了说明这一点，在这里需介绍一下美国学者史蒂文·布兰德提出一条关于奖赏的“诫律”。这是布兰德提出的办好企业的“十条诫律”中的第六条，其内容是：“对员工超过目标的工作成效，应给予有效的奖赏。”

布兰德在解释这条有关奖赏的“诫律”时，特别强调了以下三点：第一，给予奖赏的目的，是让员工把多余的精力或才能用到对企业有利的活动中来。第二，在给予奖赏之前，首先要让大家对必须达到的最低标准达成共识。第三，奖赏的对象是工作成绩超过最低标准的某一个人，或某一群人。

奖金应该发给谁？应该发给那些工作成绩“超过”最低标准的员工，而不是那些“达到”最低标准的员工。工作成绩能“达到”而并没有“超过”最低标准的员工也应该有所得，但他们应该得到的是“工资”，而不是“奖金”。

那些工作成绩连最低标准都达不到的员工，应该受到什么样的处分呢？对他们的处分，应该是“扣发工资”，而不是“扣发奖金”。“扣发”这个词，本来就不应该和“奖金”连在一起。为什么这样说呢？因为，只有当你把多余的精力或才能用到工作中来，取得超过最低标准的工作成绩时，你才应该得到奖金。如果你并没有取得超过最低标准的工作成绩，那么，尽管你已经达到了最低标准，你也没有理由得到哪怕是一分钱的奖金。你没有得到奖金，这并不是因为有谁“扣发”了你的奖金，而是你本来就不应该得到奖金。工资与奖金不同，工资是员工“本应得到”的，所以，如果有谁未能得到足额的工资，那一定是被管理者“扣发”了；但是奖金只有“该不该拿”和“该拿多少”的问题，而并不存在“要不要扣”的问题。

曾经有一些旅游企业采用这样的办法来发放奖金：先定出奖金的最高标准，然后再做出一系列有关如何“扣发”的规定。这实际上是把奖金与工资混为一谈了。甚至可以说，这是在员工的心目中把“奖金”变成了“罚金”，即把员工对“奖金”的心理反应变成了对“罚金”的心理反应。

在实行这种办法的旅游企业里，当员工谈到奖金时，更多的是在谈论有关“扣奖金”的问题，而不是在谈论有关“拿奖金”的问题，因为最后能“拿”到多少完全取决于被“扣”掉了多少。大家所想的不是如何把多余的精力和才能用到工作中来，为旅游企业做更大的贡献，争取拿更多的奖金；而是如何避免出错，以及出了错以后如何避免被上司发现，以保证自己应得的奖金不至于被“扣”掉太多。

在这种情况下，“奖金”还能起到多大的激励作用呢？当你给他发奖金的时候，他认为这是“应该”的，并不认为他以后应该干得更好。而当奖金发得少了一点的时候，他想到的问题不是“我的贡献是不是不够大”，而是“我有什么错”“你凭什么要扣我的奖金”。当你要求他干得更好一点的时候，他即使嘴上不说，心里也会想：“凭什么我要干得更好？干得更好又能怎么样？”

只有把“奖金”和“工资”明确地区别开来，才能回答这个“凭什么要干得更好”和“干得更好又能怎么样”的问题。为什么要干得更好呢？因为不干得更好一点，你就只能拿到工资，而拿不到奖金；或只能拿到较少的奖金，而拿不到更多的奖金。干得更好又能怎么样？干得更好，你就能拿到更多的奖金！

二、奖赏要体现出管理者对员工的赞美与感激之情

员工要干得更好，就要在达到最低标准以后，把自己多余的精力和才能也用到工作中来，这完全要由员工自己来决定。旅游企业不能强迫员工把多余的精力和才能用到工作中来；对于那些把多余的精力和才能用在别的方面，而不是用到工作中来的员工，旅游企业也没有理由去扣发他们的工资。旅游企业所能做的只有一件事，那就是对那些自愿把多余的精力和才能用到工作中来的员工，表现出衷心的赞美与感激之情。只有这样，才能鼓励更多的员工把多余的精力和才能用来为旅游企业做更大的贡献。由此我们可以得出一条非常重要的结论：只有那些能够体现出赞美与感激之情的奖赏，才是能够激励员工为旅游企业做出更大贡献的奖赏。

美国学者休士曼和哈特菲尔德认为，管理者能够给员工的，除了货币之外，还有“心理货币”。现在，让我们采用休士曼和哈特菲尔德的说法，再来谈谈奖金与工资的区别。

工资是货币，奖金也是货币。但是，工资只是用于“等价交换”的货币，而奖金是用来体现“赞美与感激之情”的货币。换句话说，奖金应该是“货币与‘心理货币’的统一体”。如果采用与发工资完全相同的方式来发奖金，使人觉得发工资是“发钱”，发奖金也是“发钱”，那么，这“奖金”就已经不是名副其实的奖金了。

有的旅游企业在给优秀员工发奖金时，不仅送去“红包”，而且根据不同情况分别送上不同级别的管理者所写的热情洋溢的感谢信。这种能体现出对获奖者的赞美与感激之情的做法，就与单纯地“发钱”大不一样。

对员工的奖赏，无论是给钱还是给物，凡不能让获奖者感受到赞美与感激之情的，实际上都起不到奖赏所应有的作用。反之，无论采用什么样的形式，只要能体现出对获奖者的赞美与感激之情的，就都能起到奖赏的作用。有的旅游企业把优秀服务员与总经理的合影放大以后挂在员工宿舍的门口；有的旅游企业在优秀员工的工作服上印上特殊标志；有的旅游企业派管理人员到优秀员工家中慰问；有的旅游企业把优秀员工的亲属请到旅游企业里来，和优秀员工一起与高层管理者共进午餐……实践证明，这些做法虽然花钱不多，却能因为增加了获奖员工的自豪感而起到很大的激励作用。就连那些对奖金表示“不稀罕”的员工，对这些花钱买不到的荣誉也不能不“眼馋”。

三、惩罚要遵循“热火炉原则”

奖赏是做好管理工作的一种手段，惩罚也是做好管理工作的一种手段。尽管我们并不希望有人受罚，但是，在该罚的时候如果不罚，那实际上就是对错误行为的“强化”。然而，受罚毕竟不是一件能让人高兴的事，所以，有一些受罚的员工不是认真地总结经验教训，而是想方设法寻找各种借口，企图证明上司“罚得不对”“罚得不公”。这就使惩罚起不到它所应有的惩前毖后的作用。但也不能不承认，有时候管理者对员工的惩罚的确有些不公，以至于不仅受罚的员工不服，其他员工也不服。怎样才能做到让大家都口服心服，让惩罚起到它所应有的惩前毖后的作用，这的确是一个应该认真地加以研究的问题。

麦格雷戈等管理学专家曾经提出一套施加惩罚的“热火炉原则”，希望企业的管理者在对员工施加惩罚时，都能以热火炉为师。我们知道，热火炉是不允许人们来碰它的，谁敢碰它，它就烫谁。“烫”就是热火炉对那些胆敢“以身试法”的人所施加的一种惩罚。现在让我们来看一看，热火炉是根据什么样的原则去对人施加惩罚的，想一想作为旅游企业的管理者，在对员工施加惩罚的时候是不是也应该遵循同样的原则。

热火炉原则之一：只要你敢碰它，它就烫你，而且当时就烫你。热火炉的惩罚是很及时的，你今天碰了它，它绝不会等到明天才烫你。我们应该向热火炉学习，因为只有及时地给予惩罚，才能使受罚的员工把自己所受到的惩罚与自己所做的错事紧紧地联系在一起；才能让他明白、让他记住，正是因为他自己做错了事，而不是由于别的原因，他才受到惩罚的。

热火炉原则之二：第一次就烫得很厉害。热火炉是从来不说“姑念其初犯”和“下不为例”这一类的话的，它第一次就烫得你很厉害，所以，人们在碰了它一次以后，就再也不敢去碰它了。在这一点上，我们也应该向热火炉学习。

热火炉原则之三：它只烫你碰到它的那一部分，而不会烫你的全身。热火炉是很“讲原则”的，如果你用左手去摸它，它只会烫你的左手，而不会烫你的右手；如果你用右手去摸它，它只会烫你的右手，而不会烫你的左手，更不会去烫你的全身。我们的管理者在批评自己的部下时，是不是也应该这样呢？哪一件事做错了，就说哪一件事做错了；哪一点做得不对，就说哪一点做得不对。绝不要因为一个人有了一点毛病，就把他说得一无是处。

热火炉原则之四：对谁都一样，谁碰它，它就烫谁。热火炉和谁都没有“私交”，对谁都没有“私人感情”，所以，它能真正做到“对事不对人”。当然，人毕竟不是火炉，人不可能在感情上和所有的人全都“等距离”。但是，作为一名管理者，要做到公正就必须根据规章制度，而不是根据“个人感情”来行使自己手中的“赏罚大权”。

热火炉原则之五：你不碰它，它绝不会烫你。热火炉是因为你碰了它，它才烫你的，它绝不会因为它自己“想起了什么”而跑过来烫你。有人说，如此简单的事实，还有指出的必要吗？我们说，有这个必要。因为，在我们的企业中，员工不是由于自己的过错而受到惩罚的事情并非没有。本来惩罚这种管理手段是“不得已而用之”的，没有人犯错误也没有人受罚，才是最值得庆幸的。然而，在谁也没有犯错误，因而谁也没有受到惩罚的时候，有的管理者却并不认为这是好事，也并不因此而感到高兴，似乎一定要“罚几个”，他们才高兴。他们的想法是：“不罚几个，怎么能知道我的厉害！”热火炉会这样想吗？热火炉是绝不会这样想的。

要注意奖励和惩罚所起的作用是不同的，用惩罚的手段只能引起“回避性”的反应，用奖励的手段才能引起“趋求性”的反应。管理工作的实践也证明，如果管理者总是用惩罚的手段去对付员工，那么员工所考虑的问题就不是“该不该表现得更好一点”，而是“想个什么办法让你罚不着”。奖励是一种能够“引导人们向着大目标前进”的手段，是一种“必不可少”的手段；而惩罚只是一种“防止停滞和倒退”的手段，是一种“不得已而为之”的手段。

对于那些犯了错误应该受到惩罚的员工，仍然要关心他们、理解他们、尊重他们。不能在否定一个人的某一错误行为的同时，把他这个“人”也给否定了。不能因为他受到了惩罚，就不再珍惜他的价值和尊严。要让一个犯了错误的人改过自新，最重要的就是仍然珍惜他的价值和尊严。

所以在旅游企业的管理工作中，要把“严”与“爱”结合起来进行管理，严必须要严得足够，爱也必须要爱得充分。

本章小结

本章探讨了旅游企业员工管理中“严”与“爱”相结合的问题。

1. 旅游企业管理中要将“严”与“爱”相结合，是从布莱克和莫顿的管理方格理论提出的“关注工作”和“关注人”两个维度出发的。“严”与“爱”相结合的管理，就是要在管理中把严格的要求与关心相结合，把严肃的评价与理解相结合，把严明的赏罚与尊重相结合。管理者必须对员工提出要求，必须对员工的工作行为做出评价，还必须在按原来所提的要求对员工的行为做出评价以后，给予员工必要的奖赏和惩罚。管理工作的“严”意味着“严格的要求”、“严肃的评价”和“严明的赏罚”。管理工作的“爱”意味着对员工的关心、理解和尊重。

2. 要实行对员工的“要求”与“关心”相结合，就是要承认管理者和员工有一种“交换关系”，更要在双方之间建立一种超越了“等价交换”的、有情有义的人际关系。管理者需注意两个“部分与整体的关系”，绝不能把员工仅仅当作“达到企业目标的工具”来对待，而必须真正地把员工当作“复杂人”来关心。

3. “评价”针对员工的“行为”或“表现”，而“理解”是针对员工这个“人”的。评价不能代替理解，对员工的偏离行为只有评价而没有理解，是一种缺乏人情味的表现；理解也不能代替评价，理解员工的偏离行为，但不能以“情有可原”为理由改变对偏离行为的评价。强调评价与理解相结合，就是强调要引导员工选择（或改用）合理的、正当的方式来满足自己的欲望、表达自己的感情，这就叫作“因势利导”。原则上应该做到“标本兼治”，“急则治标，缓则治本”。

4. 要实行严格的管理，管理者必须对员工进行赏罚，同时也必须尊重员工的价值和尊严。对员工的奖赏应该体现出管理者对员工的赞美与感激之情。对员工的惩罚要遵循“热火炉原则”，只“烫”行为不“烫”人。对于那些犯了错误应该给予惩罚的员工，仍然要珍惜其价值和尊严。

思考与练习

1. 什么是“严”与“爱”相结合的管理？旅游企业为什么要实行“严”与“爱”相结合的管理？

2. 管理工作的“严”应该通过哪几个环节来体现？为什么？

3. 为什么说没有富于人情味的管理就没有富于人情味的服务？

4. 怎样做到把严格的要求与对员工的关心相结合？

5. 为什么说在旅游企业的管理工作中“评价”不能代替“理解”，“理解”也不能代替“评价”？

6. 试分析奖惩在旅游管理工作中的不同作用。

案例分析与讨论

台湾亚都大饭店每年都要举办为期三天的夏令营，全体员工分三批参加夏令营的活动。总裁严长寿和总经理等管理人员都换下平日的西装，穿上T恤、短裤，拿起彩球，在夏令营的营地跳着夏威夷舞欢迎员工的到来。到了晚上还和员工一起娱乐，既陪老员工痛痛快快地喝酒，也陪年轻的员工痛痛快快地跳迪斯科。

夏令营活动的一项极为重要的内容，是让员工分组讨论两个问题：一是“如何提升饭店对顾客的服务品质”；二是“如何提升公司对员工的服务品质”。

在分组时将原有的部门打散，每一个小组都包括门卫、客房服务人员、餐厅服务人员、厨师、业务公关、采购员等。没有公司的高阶主管参与其中，而是由员工自己推选主席来主持讨论，为的是让大家都可以没有心理压力地畅所欲言。

有人担心让员工自行讨论会“失去控制”，总裁严长寿说：“如果公司每一个新的服务观念、服务政策都是由总裁与总经理去制定，到了要执行的时候员工大多会想：‘你又出了个新点子要找我们的麻烦了！’但假设这个提议是由员工自己研拟出来的，你就让他有被肯定的成就感。更重要的是，在执行的过程中，他会对这个他认同的政策有参与感与荣誉感，也会很努力地把这个任务付诸实行，积极度会比预想的更高。而且员工是我们第一线的工作同人，他们的感受常反映了顾客的需求，我们重视员工的心声，员工也会更重视顾客的感受。”

关于让员工讨论“如何提升公司对员工的服务品质”，曾有很多主管担心：让大家畅所欲言，如果员工抛出一堆反对意见，如何收场呢？严长寿的回答是：“只要员工愿意说出对企业的建议，不论正面还是负面都是好的。一来你可倾听他内心真正的声音，二来即使他对公司政策有诸多不满，但至少他愿意说出来，就给了公司一个机会，可以再次向他解释及说服；特别是在夏令营中直接面对总裁，会让他觉得公司并没有逃避问题。倘若公司真的做不到，我也会很坦诚地向他说明公司的难处，而不是画饼充饥、任意敷衍。至于如果同人对某个政策或新计划有明显不能接受的反应时，主管更是要深入探讨。主管必须有个认识——一个不为员工接受的政策，很难有成功的机会。”

资料来源：吴锦勋. 你可以不一样：严长寿和亚都的故事. 上海：上海文艺出版社，2012.

[分析]

旅游企业需要实行“严”与“爱”相结合的管理，对于与人打交道的旅游企业的管理者来说，更要记住“没有富于人情味的管理，就不可能有富于人情味的服务”。旅游企业的管理者对员工表现出爱心，是员工去对客人表现出爱心的基础和前提。

旅游企业的管理者对员工的“爱”是通过对员工的关心、理解和尊重来体现的。亚都大饭店的管理者们换下平日的西装，穿上 T 恤、短裤，拿起彩球，与员工同乐，陪老员工痛痛快快地喝酒，与年轻的员工痛痛快快地跳迪斯科，体现了懂得员工、理解和关心员工。夏令营活动中讨论的重要论题是“如何提升公司对员工的服务品质”，由员工自己推选主席来主持讨论，使大家都可以没有心理压力地畅所欲言，重视员工的负面意见，给予员工充分的尊重。

员工只有在深切地感受到自己被尊重、被理解、被关心的情况下，才会充分地发挥自己的积极性，表现出“人性”的种种优点。所以作为管理者，要在管理工作中体现出对员工的“爱”，就是要让员工深切地感受到自己绝不仅仅是管理者要求、评价和赏罚的对象，更是管理者关心、理解和尊重的对象，对员工真正做到关心、理解和尊重是“人性化管理”的精髓。

[讨论]

通过对台湾亚都大饭店的夏令营活动的分析，从心理学角度总结其“人性化管理”的经验。

参考书目

1. 陈蔚德. 我的导游生涯. 北京：中国旅游出版社，2002.
2. 戴尔·卡耐基. 人性的弱点续集. 桂林：广西美术出版社，1997.
3. 戴维·丰塔纳. 驾驭压力. 北京：生活·读书·新知三联书店，1996.
4. 丹尼尔·戈尔曼. 情感智商. 上海：上海科学技术出版社，1997.
5. 多湖辉. 洞察者. 成都：成都科技大学出版社，1987.
6. 菲利普·布洛克，等. 西方企业的服务革命. 北京：旅游教育出版社，1989.
7. 甘朝有，齐善鸿. 旅游心理学. 天津：南开大学出版社，1995.
8. 甘朝有. 旅游心理学：修订版. 天津：南开大学出版社，2008.
9. 高觉敷. 西方近代心理学史. 北京：人民教育出版社，1982.
10. 黄希庭. 旅游心理学. 上海：华东师范大学出版社，2003.
11. JERRY M BURGER. 人格心理学. 8 版. 北京：中国轻工业出版社，2014.
12. 卡伦·霍妮. 我们时代的神经症人格. 北京：中国华侨出版社，2018.
13. 李昕，李晴. 旅游心理学基础. 北京：清华大学出版社，2006.
14. 刘纯. 旅游心理学. 北京：科学出版社，2004.
15. 马谋超，高云鹏. 消费者心理学. 北京：中国商业出版社，1997.
16. RICHARD J GERRIG，PHILIP G ZIMBARDO. 心理学与生活. 19 版. 北京：人民邮电出版社，2014.
17. 涉谷昌三. 察言观色的心理学. 台北：暖流出版社，1990.
18. 舒伯阳，廖兆光. 旅游心理学. 大连：东北财经大学出版社，2007.
19. 孙喜林，荣晓华. 旅游心理学. 大连：东北财经大学出版社，1999.
20. 屠如骥. 旅游心理学. 天津：南开大学出版社，1986.
21. 吴正平. 实用服务心理学. 北京：中国旅游出版社，1991.
22. 吴正平. 旅游心理学教程. 北京：旅游教育出版社，1994.
23. 吴正平，阎纲. 旅游心理学. 北京：旅游教育出版社，2003.
24. 小爱德华·J. 梅奥，兰斯·P. 贾维斯. 旅游心理学. 天津：南开大学出版社，1987.

24\. 薛群慧. 旅游心理学理论·案例. 天津：南开大学出版社，2010.

25\. 阎纲. 导游实操多维心理分析案例 100. 广州：广东旅游出版社，2003.

26\. 鈴木忠義. 現代観光論. 東京：有斐閣，1984.

27. 前田勇. サービスの科學. 東京：ダイヤモンドセールス編集企画，1982.
28. 前田勇. 観光とサービスの心理学：観光行動学序説. 東京：学文社，1995.
29. 前田勇. 現代観光総論. 東京：学文社，1995.
30. 鹽田靜雄. 消費者行動の理論と分析. 東京：中央經濟社，2002.
31. DONALD E LUNDBERG. Human relation in hospitality industry. New Jersey：John Wiley & Sons. Inc.，1991.
32. GLENN F ROSS. Psychology of tourism hospitality. Melbourne：Press Pty Ltd.，1998.
33. JAMES G MAXHAM. Service recovery's influence on consumer satisfaction，positive word-of-mouth，and purchase intentions. Journal of Business Research，2001，54 (1)：11-24.

图书在版编目（CIP）数据

旅游心理学/吕勤，沈苑编著．—3版．—北京：中国人民大学出版社，2019.5
21世纪高职高专规划教材．旅游与酒店管理系列
ISBN 978-7-300-26960-3

Ⅰ.①旅… Ⅱ.①吕…②沈… Ⅲ.①旅游心理学-高等职业教育-教材 Ⅳ.①F590-05

中国版本图书馆CIP数据核字（2019）第082594号

21世纪高职高专规划教材·旅游与酒店管理系列
旅游心理学（第三版）
吕 勤 沈 苑 编著
Lüyou Xinlixue

出版发行	中国人民大学出版社		
社　　址	北京中关村大街31号	**邮政编码**	100080
电　　话	010－62511242（总编室）		010－62511770（质管部）
	010－82501766（邮购部）		010－62514148（门市部）
	010－62515195（发行公司）		010－62515275（盗版举报）
网　　址	http://www.crup.com.cn		
经　　销	新华书店		
印　　刷	北京溢漾印刷有限公司	**版　　次**	2001年11月第1版
开　　本	787 mm×1092 mm　1/16		2019年5月第3版
印　　张	11.5	**印　　次**	2023年12月第6次印刷
字　　数	250 000	**定　　价**	29.00元